DIETE…

TROPISCHE MEERESTIERE

Bestimungsbuch für Taucher und Schnorchler

blv

Bibliografische Information Der Deutschen Bibliothek
Die Deutsche Bibliothek verzeichnet diese Publikation in der Deutschen Nationalbibliografie; detaillierte bibliografische Daten sind im Internet über http://dnb.ddb.de abrufbar.

Bildnachweis

P. Fischbacher: 71 u, 115 M, 199 M l, 233 u
A. Koffka: 103 u l
A. Rödiger/MTI-Press: 107 o
F. Sauer: 43
R. F. Myers: 133 u
R. Steene: 217 o

Alle anderen Fotos sowie die Grafiken stammen vom Autor

Bestimmung der Wirbellosen: Dr. Dietrich Kühlmann

Umschlaggestaltung: Anja Masuch, Fürstenfeldbruck

Fotos auf dem Umschlag: Dieter Eichler
(vorn: Juwelen-Fahnenbarsch, Nixen-Zwergbarsch, Zylinderrose;
hinten: Weichkoralle, Gelbrücken-Füsilier)

7., durchgesehene Auflage

BLV Buchverlag GmbH & Co. KG
80797 München

Lektorat: Dr. Friedrich Kögel
Herstellung: Hannelore Diehl

Gedruckt auf chlorfrei gebleichtem Papier

Printed in Germany · ISBN 978-3-8354-0301-7

Inhalt

Hinweise zur Benutzung des Buches

Die Korallenriffe tropischer Meere sind der am dichtesten besiedelte Lebensraum unserer Erde und erfreuen sich großer Beliebtheit. Immer mehr Menschen suchen hier schnorchelnd oder tauchend Erholung und Entspannung.

Die Freude, Neues zu entdecken, lässt in vielen den Wunsch aufkommen, mehr über das Gesehene zu erfahren. Die verwirrende Vielfalt unterschiedlicher Tiere oder Gebilde, die man zunächst gar nicht für Lebewesen hält, scheint unüberschaubar.

Ein Bestimmungsbuch über alle Arten wäre ein so umfangreiches Werk, dass man es nicht mit auf Reisen nehmen könnte und die Anschaffung wahrscheinlich für viele unerschwinglich wäre. So befassen wir uns hauptsächlich mit der Bestimmung häufiger Tiergruppen, die man anhand äußerer Merkmale erkennen kann. Auch Verhalten, Biotop und geografische Verbreitung können Aufschluss geben, zu welcher Familie oder Ordnung die Tiere gehören. Erwarten Sie also nicht, jedes Tier in diesem Buch zu finden, das Ihnen im Meer begegnet.

Die abgebildeten Arten wurden – soweit das möglich war – bestimmt. Wirbellose Tiere können aber oft nur dann genau bestimmt werden, wenn man sie tötet. Da dies aber weder im Sinne der meisten Taucher ist noch sich mit dem heutigen Umweltbewusstsein vereinbaren lässt, wurde bei den abgebildeten Tieren darauf verzichtet. Ebenso auf Angaben zur Zahl der Schuppen, Zähne und Flossenstrahlen.

In diesem Buch finden Sie Tiere, die im Roten Meer und Indopazifischen Ozean vorkommen; wenige Arten sind auch im Atlantik vertreten.

Die Angaben zur Größe der Tiere sind Maximalmaße, außer bei den Wirbellosen; bei diesen sind die Größen geschätzt. Jede Tiergruppe ist auf 1 oder 2 Doppelseiten beschrieben und mit einigen Fotobeispielen versehen. Auf diese Weise können Sie beim Lesen optische Merkmale vergleichen, ohne umblättern zu müssen. Die Erklärung der Fachwörter finden Sie auf Seite 265.

Bei den Abbildungen im Bestimmungsteil wurden auch die englischen Namen (in Klammern) genannt, damit bei Reisen in tropische Gebiete eine bessere Verständigung mit internationalem Publikum möglich ist.

An dieser Stelle möchte ich mich für die Hilfe von Dr. Doris Roth und Dr. Dietrich Kühlmann bedanken.

Ferner danke ich allen, die mich bei meinen Fotoarbeiten und Beobachtungen unterstützt haben:

- Atlantis Dive Center, Alona Beach, Panglao, Bohol, Philippinen: Kurt Biebelmann & Thomas Rheingans.
- Aquarius Diving, Boracay, Philippinen.
- Coco-Loco Diving, Roxas, Palawan, Philippinen: Urs Büchler.
- Dolphin Pacific Diving, Vava'u, Tonga.
- Jais Aben Resort, Madang, Neuguinea.
- Kon Tiki Diving, Lapu-Lapu, Cebu, Philippinen: M. F. Langer, J. A. Hansen.
- La Morena, Seychellen: Helga Kopp.
- MSDA, Villas Carolin, Flic en Flac, Mauritius: Pierre Szalay.
- MY Balena, Ägypten: Klaus Dieterich.
- Nautico Dive Center, Hurghada, Ägypten: Jürgen Hafter.
- One Earth, Shimoni, Kenia.
- Raie Manta Club, Rangiroa Atoll, Frz. Polynesien: Yves Lefevre.
- Sea-Explorer, Alona Beach, Panglao, Bohol, Philippinen: Chris Heim.
- Victory Divers, Boracay, Philippinen.
- Watersports Ha'apai, Pangai, Tonga.

Das biologische System

Jeder Organismus ist nach entwicklungsgeschichtlicher Verwandtschaft bestimmten systematischen Gruppen zugeordnet. Dieses hierarchische System ist in seinem schematischen Aufbau bei jeder Art gleich. Am Beispiel des Imperator-Kaiserfisches wird es dargestellt.

Reich:	Tiere	Animalia
Unterreich:	Vielzeller	Metazoa
Abteilung:	Gewebetiere	Eumetazoa
Stamm:	Chordatiere	Chordata
Unterstamm:	Wirbeltiere	Vertebrata
Überklasse:	Fische	Pisces
Klasse:	Knochenfische	Osteichthyes
Ordnung:	Barschartige	Perciformes
Familie:	Kaiserfische	Pomacanthidae
Gattung:	Eigentliche Kaiserfische	*Pomacanthus*
Art:	Imperator-Kaiserfisch	*imperator*

Der wissenschaftliche Name einer Art setzt sich aus 2 Namen zusammen: der Gattung und der Art; in unserem Beispiel *Pomacanthus imperator.*
In seltenen Fällen kann noch ein 3. Name hinzugefügt werden, der eine Unterart oder Form kennzeichnet. Häufig werden der wissenschaftlichen Bezeichnung der Name des Verfassers, der die Art erstmals beschrieben hat, und die Jahreszahl nachgestellt. Oft wurde eine Art von verschiedenen Verfassern beschrieben; in diesem Fall ist immer der älteste Name gültig. Deshalb ändern sich Namen manchmal: Findet man in einem Archiv eine ältere Beschreibung, erlangt dieser Name Gültigkeit. Wenn ein Vertreter einer Gattung noch nicht beschrieben wurde oder nicht bestimmt werden konnte, wird dem Gattungsnamen »sp.« angehängt; es bedeutet Species bzw. »eine Art aus dieser Gattung«. Ist auch die Gattung unbekannt, wird die Art als Genus sp. bezeichnet.
Das System ist nicht starr und wird bei neuen Erkenntnissen dem jeweiligen Wissensstand angepasst.

Noch vor relativ kurzer Zeit waren die Kaiserfische und Falterfische in der Familie Borstenzähner (Chaetodontidae) zusammengefasst; beide Gruppen hatten also den Status von Unterfamilien. Heute bilden sie jeweils eine eigene Familie.
Bei der biologischen Folge der Gruppen herrscht leider keine Einheitlichkeit. Für interessierte Laien ist es etwas verwirrend, wenn in jedem Buch eine andere Reihenfolge zu finden ist. Auf Anraten von Experten wurden hier folgende Systeme verwendet:

- Wirbellose Tiere nach Prof. Dr. Rupert Riedl,
- Haie nach Leonard J. V. Compagno,
- Knochenfische nach J. S. Nelson.

Obwohl sicher nicht viele Leser an den wissenschaftlichen Namen der Meerestiere interessieren sind, hier ein Hinweis, der manchem eine Hilfe sein kann: Alle Namen von Familien enden mit *idae*, Unterfamilien (falls vorhanden) mit *inae* und von Ordnungen (zumindest bei den Fischen) mit *iformes.* Die anderen Gruppen weisen keine Regelmäßigkeiten auf.

System der Meerestiere

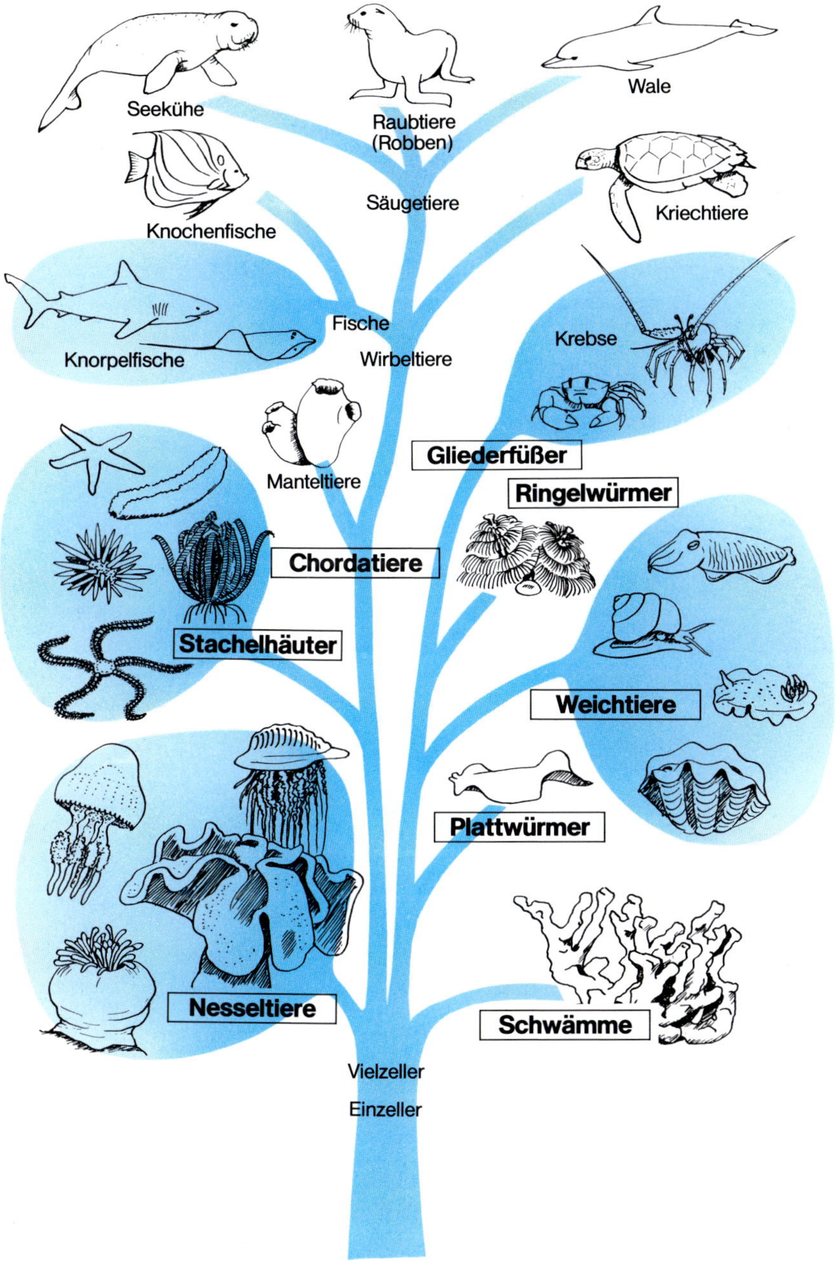
Seekühe
Raubtiere
(Robben)
Wale
Knochenfische
Säugetiere
Kriechtiere
Fische
Krebse
Knorpelfische
Wirbeltiere
Gliederfüßer
Manteltiere
Ringelwürmer
Chordatiere
Stachelhäuter
Weichtiere
Plattwürmer
Nesseltiere
Schwämme
Vielzeller
Einzeller

System der Knochenfische – Osteichthyes

①
②
③
④
⑤
⑥
⑦
⑧
⑨
⑩
⑪
⑫
⑬
⑭
⑮
⑯
⑰
⑱
⑲
⑳
㉑
㉒
㉓
㉔

㉕
㉖
㉗
㊱
㉙
㉘
㉛
㉚
㉜
㊶
㉝
㉟
㊴
㊳
㊲
㊵
㊲
㊷
㊸
㊹
㊺
㊻
㊼

Lebensgrundlagen im Meer

Plankton – Nahrung der Meerestiere

Der Begriff Plankton stammt von Victor Hensen aus dem Jahre 1887 und bedeutet »das Dahintreibende«; das Wort stammt aus dem Altgriechischen. Plankton besteht aus Organismen, die frei im Wasser schweben. Sie alle sind mit Einrichtungen ausgestattet, die ein Absinken verhindern: Manche können rhythmische Bewegungen ausführen (Quallen, Krebse), andere schweben durch Gas- oder Öleinlagerungen; bei einigen reicht der Unterschied des spezifischen Gewichts zwischen dem Salzwasser und der Körperflüssigkeit aus, den Schwebezustand zu erhalten.

Diese Organismen werden in zwei Gruppen eingeteilt; das Phytoplankton und das Zooplankton.

Phytoplankton ist pflanzliches Plankton, das aus mikroskopisch kleinen einzelligen Algen, Algenkolonien oder großen Algenarten wie Tang besteht. Die größte treibende Algenart ist das Sargassum, das nur im Sargassomeer vorkommt.

Das Zooplankton besteht aus tierischen Organismen, die sich in verschiedenen Entwicklungsstadien befinden: Eier, Larven, Medusen und voll entwickelte Tiere, deren Eigenbewegungen nicht ausreichen, gegen die Strömung des Wassers anzukommen. Ein Teil dieser Tiere führt in allen Stadien ihres Lebens ein planktonisches

Die sesshafte Lebensweise der Korallen macht sie von Nahrung abhängig, die ihnen die Strömung zuträgt. Es entstehen die faszinierendsten Formen, die den Reiz eines Korallenriffes ausmachen.

Luftaufnahme einer Insel im Nord-Male-Atoll der Malediven, im Hintergrund einige Miniatolle. Ohne das Wachstum der Steinkorallen gäbe es diese Inselgruppe nicht.

Dasein, während andere nur bestimmte Entwicklungsphasen planktonisch durchleben.
Viele Knochenfische laichen im freien Wasser, und die Eier treiben als Plankton davon. Auch die nach einiger Zeit schlüpfenden Larven leben planktonisch, bis sie sich kurz vor ihrer Umwandlung zum Fisch im Riff ansiedeln. Nun beginnt der Jungfisch sein nektonisches Leben. Zum Nekton gehören alle Tiere, die sich aus eigener Kraft gegen die Bewegungen des Wassers vorwärts bewegen können.
Zwischen Plankton und Nekton gibt es nicht immer klare Abgrenzungen. Eine Qualle, die sich bei ruhigem Wasser mit ihrer Eigenbewegung schneller bewegt als das Wasser, gehört zum Nekton; wenn aber die Wasserbewegung schneller wird (z. B. durch Gezeitenströmungen), gehört das gleiche Tier zum Plankton.
Die unvorstellbare Arten- und Individuenzahl des meist winzigen Planktons, das die Meere bevölkert, ist die Nahrungsgrundlage vieler, meist kleiner Tiere, die wiederum die Nahrung größerer sind. Zu den Planktonfressern gehören auch die Korallen.

Was sind Korallen?

Korallen sind Gebilde, die meist von vielen winzigen Tieren, den Korallenpolypen, gebaut und bewohnt werden. Es sind also Tierkolonien, die sich ihren Wohnraum selbst bauen. Von dem verwendeten Material, z. B. Horn

Korallenriff mit verschiedenen Steinkorallenarten in Indonesien.

oder Kalk, hängt es unter anderem ab, welchen biologischen Gruppen sie zugeordnet werden. Alle Korallen sind, zusammen mit anderen Blumentieren, Quallen und Polypen, im Stamm Nesseltiere (Cnidaria) zusammengefasst.
Es gibt Korallen, die sich nach ihrem Absterben fast rückstandslos auflösen und somit auf das Wachstum eines Riffes kaum einen Einfluss haben. Die für die Entstehung eines Korallenriffes wichtigsten Korallen sind:

Steinkorallen.
Die Polypen der Steinkorallen besitzen die Fähigkeit, an der Außenfläche ihres Körpers Kalk abzusondern, den sie dem Meerwasser entnehmen. Wenn sich ein Korallenpolyp auf einem festen Untergrund ansiedelt, bildet er zunächst um sich herum ein becherförmiges Kalknest, in das er sich zurückziehen kann und vor Fressfeinden relativ sicher ist (vgl. Grafik). Wenn das Kalkgerüst eine bestimmte Höhe hat, vermehrt sich der Polyp durch Knospung, und es entstehen weitere Polypen, die sich um den Primärpolypen entwickeln.
Eine weitere Art der Vermehrung ist die Teilung der Polypen durch Abschnürung. Aus einem Polyp entstehen erst 2, dann 4, 8 usw. Eine Koralle

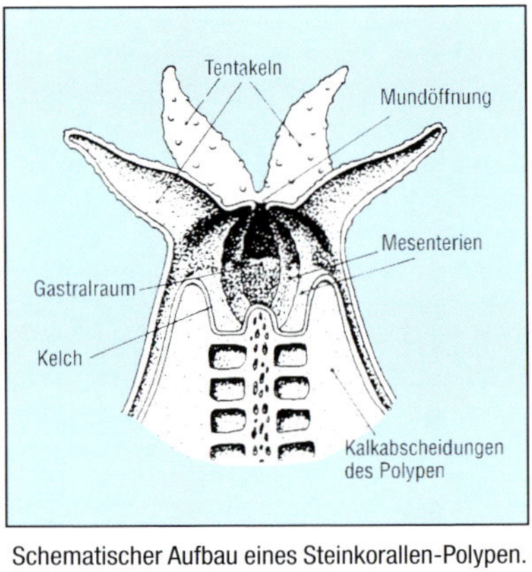

Schematischer Aufbau eines Steinkorallen-Polypen.

ist einem Hochhaus nicht unähnlich, nur mit dem Unterschied, dass die jeweils nächsten Etagen erst gebaut werden, wenn die darunterliegenden Wohnungen bereits bezogen sind.
Die vielen verschiedenen Polypenarten haben unterschiedliche Bauweisen, was zu dem großen Formenreichtum in den Korallenriffen führt. Die Arbeitsleistung dieser winzigen Tiere ist so gewaltig, dass die größten von Menschen erbauten Bauwerke winzig neben dem größten Korallenriff erscheinen. Das Große Barriere-Riff vor Australiens Nordostküste ist über 2000 km lang!
Aber nicht alle Steinkorallen sind zum Bau der Korallenstöcke fähig, es gibt einzeln (solitär) lebende Korallenpolypen. Die häufigsten sind die Pilzkorallen der Gattung *Fungia;* sie sind scheibenförmig rund, oval oder länglich und liegen lose auf dem Grund (s. Seite 57 unten).
Es gibt Steinkorallenarten bis in große Tiefen und auch in kalten Gewässern, die aber kleinwüchsig sind und keine Riffe bilden können.
Riffbildende Korallen müssen relativ schnell wachsen, was nur durch einen wichtigen chemischen Prozess möglich wird:

In Korallenriffen ist die Raumkonkurrenz groß: 2 Steinkorallenarten kämpfen um jeden Millimeter, der Licht und Nahrung bedeutet.

Die Photosynthese

Darunter versteht man die Synthese organischer Verbindungen aus anorganischen Ausgangsstoffen in Pflanzen mit Hilfe des Lichtes. Aus Wasser und Kohlendioxid entstehen durch Sonnenenergie Traubenzucker und Sauerstoff.
Durch Photosynthese produzieren alle grünen Pflanzen mit Hilfe des Farbstoffes Chlorophyll organische Stoffe. Auch im Meer vollbringen Algen durch Photosynthese gewaltige Leistungen; sie sind die Sauerstoffproduzenten der Erde. Bestimmte Algen, die Zooxanthellen, sind in Korallenpolypen eingelagert; sie leben in Symbiose (s. Seite 28). Die Algen ernähren die Korallen teilweise durch ihr Stoffwechselprodukt Traubenzucker und beschleunigen die Kalkabscheidung der Polypen um ein Vielfaches. Somit ist die Photosynthese ein wichtiger chemischer Prozess für die Entstehung der Korallenriffe.

$6\,CO_2 + 6\,H_2O$	+ Lichtenergie	$\rightarrow C_6H_{12}O_6 + 6\,O_2$
Kohlendioxid + Wasser		→ Traubenzucker + Sauerstoff

Die Riffbildung

Riffe können sich nur entwickeln, wo das Wasser klar und lichtdurchlässig für die Photosynthese ist. In einer Tiefe von 40–50 m ist das Tageslicht von der Filterwirkung des Wassers so weit absorbiert, dass kein schnelles Korallenwachstum mehr möglich ist.
Der zweite wichtige Faktor für die Wachstumsgeschwindigkeit ist die Wassertemperatur. Korallen wachsen am schnellsten zwischen 27 und 30 °C. Unter 20 und über 30 °C kann kaum noch Kalk abgeschieden werden.
Durch den Temperaturwechsel zwischen Sommer und Winter kann es nördlich und südlich des Wendekreises des Krebses nicht zu einer Riffbildung kommen. Wie weit Korallenriffe im Norden und Süden gedeihen können, hängt weitgehend von warmen Strömungen ab und davon, wie konstant diese das Jahr über sind.
Die von Osten nach Westen laufenden Äquatorialströme erwärmen sich an der Oberfläche. Wenn sie im Westen auf Landmassen stoßen, teilen sie sich nord- und südwärts. Deshalb findet man vor den Ostküsten der Kontinente die Korallenriffe wesentlich weiter nach Norden und Süden verbreitet als an den Westküsten.
Korallenriffe wachsen entweder vom Ufer seewärts oder vom Grund bis nahe der Oberfläche. Aus diesen beiden Wachstumsrichtungen entstehen alle Rifftypen, die wir kennen.
Das natürliche Riffwachstum ist in vielen Atollen der Malediven gut zu erkennen. Die großen Lagunen dieser Atolle sind häufig zwischen 25 und 50 m tief. An einer Untiefe (Verengung zwischen Grund und Oberfläche) kommt es oft zu einer stärkeren Strömung. Auf diese Weise werden

Junge Steinkoralle, die ein großes »Fundament« angelegt hat, damit die Statik für das Gewicht und den Strömungswiderstand der ausgewachsenen Koralle ausreicht.

Riffbildung durch Korallenwachstum

Auf einer Untiefe mit festem Untergrund wachsen Korallen wegen des stärkeren Lichteinfalls und des größeren Nahrungangebotes schneller; es entsteht ein Fleck- oder Hügelriff.

Wenn ein Hügelriff die Wasseroberfläche (bei Ebbe) erreicht hat, kann es nur noch nach außen wachsen; es entsteht ein Plattformriff.

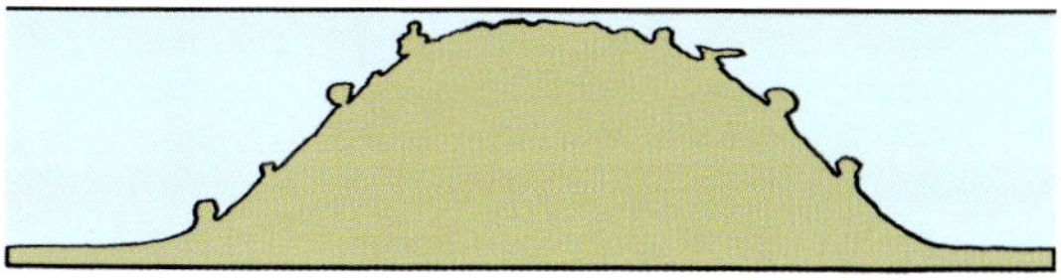

Das Riffdach eines Plattformriffes ist großflächig. Es kann durch Sandanhäufung zur Inselbildung kommen.

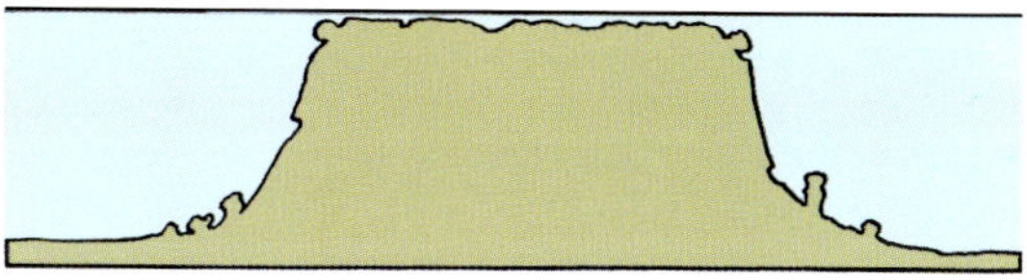

Ein Miniatoll entsteht, wenn der mittlere Teil des Riffdaches durch Erosion absinkt und sich eine Lagune bildet; dieser Rifftyp ist kein echtes Atoll.

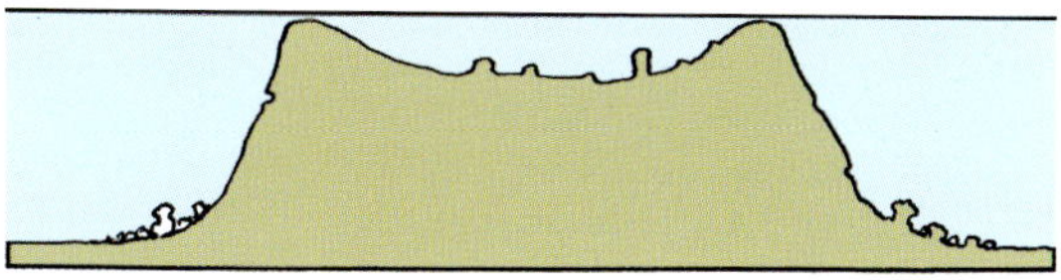

die Korallen besser mit Nahrung versorgt. Es siedeln neue Korallen an, die sich vermehren. Je höher die Untiefe wächst, umso mehr Licht bekommen die Korallen, was das Wachstum beschleunigt. Es entsteht ein Fleck- oder Hügelriff (siehe Grafik). Wenn die Korallen die Oberfläche bei Ebbe erreichen, kann das Riff sich nur noch nach außen ausweiten. Das Riffdach vergrößert sich und es entsteht ein Plattformriff. An der Riffkante werden die Korallenpolypen am besten mit Nahrung versorgt, so dass sich das Plattformriff ständig vergrößert.

Aber Korallenriffe wachsen nicht nur, sondern sie werden auch durch natürliche Vorgänge an bestimmten Stellen wieder zerstört. Ein Saumriff (siehe Seite 20), das bis nahe der Wasserfläche gewachsen ist, bildet eine Art Wall, der auf der landzugewandten Seite eine Stillwasserzone schafft. Dadurch wird der Wasserstrom gemindert, so dass die Korallen nicht mehr so gut mit Plankton versorgt werden. Meist kommt noch hinzu, dass diese Zonen relativ flach sind und die Wassertemperatur wegen der unzureichenden Zirkulation beachtlich ansteigen kann. Wie wir schon wissen, können Korallen bei über 30 °C kaum noch Kalk abscheiden; das Wachstum kommt fast zum Erlie-

gen. Nachts, wenn das Wasser abgekühlt ist, fehlt die Sonnenenergie für die Photosynthese.
Das bereits bestehende Riff wird aber auch durch die unterschiedlichsten Organismen von innen zermürbt. Schwämme, Muscheln, Seeigel und Algen bohren mechanisch oder chemisch Löcher in das Kalkgestein, bis der Korallenstock oder auch ganze Riffpartien in sich zusammenbrechen. Meist geschieht das dann, wenn durch Stürme eine starke Brandung entsteht. Auch gesunde Korallenbestände können bei starker Brandung abbrechen, wenn sie zu filigran in ihrer Form sind. Ein Riff kann sich aber nur entwickeln, wenn das Wachstum schneller voranschreitet als die Zerstörung. Durch diesen ständigen Wechsel entstehen die unterschiedlichsten Riffformen.

Saumriffe sind die am häufigsten vorkommenden Riffe; sie herrschen im Roten Meer vor. Wie der Name schon sagt, bildet das Riff einen Saum, der mehr oder weniger parallel zur Küste verläuft. Wie breit ein Saumriff werden kann, hängt von der Beschaffenheit des Grundes und der Tiefe ab.
Je weiter das Saumriff seewärts wächst, umso schlechter werden die Lebensbedingungen für die Korallen zwischen Außenriff und Küste. Ist die Zerstörung des Kalkgesteins in diesem Bereich weit genug vorangeschritten, beginnt der Grund abzusinken. Es entsteht eine Lagune und das Saumriff wird zum Lagunensaumriff. Wenn das Lagunensaumriff weit seewärts gewachsen ist, kann man es von einem Barriereriff kaum unterscheiden.
Saumriffe sind auch heute noch der wirksamste Schutz gegen die landabtragende Brandung des Meeres. Kein von Menschenhand erbauter Wellenbrecher leistet nur annähernd diesen dauerhaften Widerstand wie ein Korallenriff.

Barriereriffe unterscheiden sich von den Saumriffen dadurch, dass sie nicht von der Küste seewärts gewachsen sind, sondern vom Grund zur Oberfläche streben. Sie ziehen sich bandartig vor der Küste entlang, oft viele Kilometer davon entfernt. Das bekannteste Barriereriff befindet sich vor der Nordostküste Australiens.

Plattformriffe entwickeln sich aus Hügelriffen, die ringsum von relativ gleich tiefem Wasser umgeben sind, z. B. in Atoll-Lagunen. Das Hügelriff wächst zunächst bis knapp unter die Wasseroberfläche und dehnt sich dann nach allen Seiten aus, so dass

Schematische Darstellung eines Saumriffes.

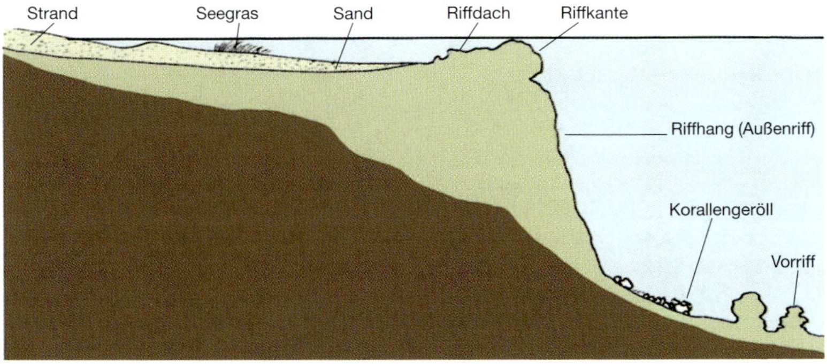

Die Grundformen der Korallenriffe

Lineare Riffe

Saumriffe verlaufen immer in Küstennähe und wachsen seewärts – wie weit, hängt von der Tiefe und Beschaffenheit des Grundes ab.

Barriereriffe sind der Küste vorgelagert, oft viele Kilometer entfernt, und wachsen aus einer Tiefe von höchstens 50 m nach oben (an der Küste verläuft ein Saumriff).

Zirkuläre Riffe

Plattformriffe entwickeln sich auf festem Grund, der nicht tiefer als 50 m sein darf; das Riffdach ist großflächig (siehe auch Seite 19).

Atolle sind meist von sehr tiefem Wasser umgeben und wachsen kranzförmig (siehe auch Seite 22, Atollentstehung).

sich eine Plattform bildet. Die Form kann rund oder länglich sein und eine Länge von über 10 km erreichen.
Im fortgeschrittenen Stadium senkt sich im ältesten Teil das Riffdach durch Erosion ab, so dass eine Lagune entsteht. Ringförmige Riffe werden oft als Kranzriffe bezeichnet. Ist dieses groß genug, ist es von einem Atoll nur schwer zu unterscheiden. Diese Pseudoatolle, die in den Atollen der Malediven häufig vorkommen, werden Miniatolle genannt.

Atolle sind ringförmige Riffe, die immer von sehr tiefem Wasser umgeben sind, das mehrere hundert bis tausend Meter abfallen kann.
Über die Entstehung dieser ungewöhnlichen Naturgebilde gibt es viele Theorien. Die wohl bekannteste ist die Darwin'sche Senkungstheorie (1837), die besagt, dass eine Insel mit einem Saumriff so langsam absinkt, dass die Korallen schnell genug im lichtdurchfluteten, oberflächennahen Wasser nachwachsen können. Wenn die Insel bis unter die Oberfläche abgesunken ist, entsteht aus dem Saumriff ein Atoll (siehe Grafik S. 22).
Darwins Theorie konnte bis jetzt in zwei Fällen nachgewiesen werden, als

Atollentstehung nach Darwin (1837)

Ein Saumriff entwickelt sich um eine Felseninsel.

Durch langsames Absinken der Insel wachsen die Korallen im lichtdurchfluteten Oberflächenwasser nach.

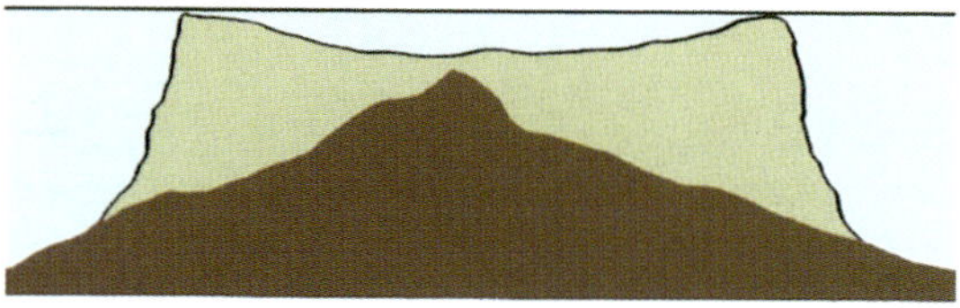

Wenn das Felsgestein bis unter die Oberfläche abgesunken ist, wachsen die äußeren Korallen schneller, und es bildet sich eine Lagune.

Bei kontinuierlichem Absinken des Grundes wächst nur noch der Riffkranz nach oben; es entsteht ein Atoll.

man 1951 im Bikini-Atoll bei Bohrungen in 800 m Tiefe immer noch Kalkgestein fand. Im Eniwetok-Atoll stieß man gar erst in 1400 m Tiefe auf Urgestein. Wie wir bereits wissen, können in dieser lichtlosen Tiefe keine riffbildenden Korallen mehr wachsen. Derartige Bohrungen sind sehr aufwendig, so dass es bei diesen Ergebnissen bis heute blieb.

Eine andere Theorie, die Eiszeit-Theorie nach Penck und Daly, besagt, dass während der Eiszeit der Meeresspiegel wesentlich tiefer lag als heute. Am Ende der Eiszeit wuchsen die Korallen mit dem langsamen Ansteigen des Wassers nach oben. Diese Theorie kann zumindest im Falle der bereits genannten Bohrungen nicht stimmen, da der Meeresspiegel nie 800, geschweige 1400 m absinken konnte. Es ist auch bekannt, dass während der Eiszeit die Temperaturen auf der Erde um ca. 8 °C niedriger lagen als heute. Es ist also fraglich, ob zu dieser Zeit riffbildende Korallen wachsen konnten.

Man kann diese Theorie aber nicht ganz von der Hand weisen, da in manchen Gebieten die Wassertemperatur heute ganzjährig zwischen 26 und 30 °C liegt. Das wären zur Eiszeit 18–22 °C gewesen, also ausreichend für das Korallenwachstum. Außerdem muss die Differenz zwischen den Lufttemperaturen nicht mit der Differenz der Wassertemperaturen identisch gewesen sein. Es ist aber anzunehmen, dass nur in relativ wenigen Gebieten ein Riffwachstum möglich war.

Das Absinken von Riffen oder Inseln kann sowohl durch das Eigengewicht auf einem relativ lockeren Untergrund als auch durch eine geologisch bedingte Bodenabsenkung bewirkt werden. Diese Absenkungen und auch Anhebungen sind in Bereichen der Kontinentalverschiebungen recht häufig. Auf einer Insel im Roten Meer fand ich etwa 30 m über dem Meeresspiegel versteinerte Korallen und Muscheln, die durch das niederschlagsfreie Klima sehr gut erhalten waren.

Es gibt aber auch fossile Korallenriffe, die kaum noch als solche zu erkennen sind; auch in Europa. Das Kalkgestein der Dolomiten und der Dachstein sind Zeugen, dass einst in Europa tropisches Klima herrschte, also Korallenwachstum und Riffbildung möglich waren.

In geschützten Gebieten wachsen Korallen im lichtdurchfluteten Wasser relativ schnell und erreichen die Wasseroberfläche (bei Ebbe).

Lebensraum Korallenriff

Lebensformen

Im Meer gibt es die unterschiedlichsten Lebensformen, die sich besonders in tropischen Korallenriffen zu den ausgefallensten Spezialisierungen entwickelt haben, weil hier aufgrund der hohen Konzentration von Tieren auf engstem Raum der Konkurrenzdruck ungeheuer groß ist. Mehrere Arten, die in dem gleichen Gebiet leben, können z. B. durch unterschiedliche Nahrung Konkurrenzdruck vermeiden. Jede heute noch existierende Art hat sich im Laufe der Entwicklung eine so genannte ökologische Nische erobert; auch eine offene Sandfläche oder das Freiwasser sind ökologische Nischen. Die große Artenvielfalt in einem Korallenriff konnte nur entstehen, weil es dort sehr viele Versteckmöglichkeiten gibt und die Strömung genügend Nahrung für so viele Individuen in Form von Plankton heranträgt. Diese Nahrungszufuhr ermöglicht einer großen Zahl von Tieren ortsgebunden zu leben.
Korallenriffe sind so vielgestaltig, dass die Besiedlung sehr verschieden sein kann. An einem Außenriff leben zum Teil ganz andere Arten als an einem Innenriff, und an der Riffkante tummeln sich andere Fische als in 30 m Tiefe. Die Zusammensetzung der Fauna wird auch durch Brandung, Strömung, Planktonangebot, Algenbewuchs und Riffgröße beeinflusst. Jeder Lebensraum hat seine charakteristischen Merkmale und Tierarten. Auch auf Sand- und Geröllböden und in Seegraswiesen gibt es spezialisierte Bewohner, die sich diesen Lebensbedingungen angepasst haben. Andere leben im freien Wasser, teils in großen Schwärmen, scheinbar ungeschützt den Raubfeinden ausgeliefert.
Nachts ändert sich das Bild im Riff; die tagaktiven Tiere haben sich zwischen den Korallen versteckt und die nachtaktiven sind auf Nahrungssuche. – Zwei völlig verschiedene Welten!

Biologie der Fische

In der englischen Sprache gibt es für Knochen und Gräten nur ein Wort = »bone«; in unserem Sprachgebrauch wird klar zwischen diesen beiden Begriffen unterschieden – außer in der Biologie. Hier heißen alle Fische, die Gräten besitzen, »Knochenfische«; sie bilden eine eigene Klasse.
Es gibt etwa 23 000 Knochenfischarten, sie sind damit wesentlich artenreicher als ihre nächsten Verwandten, die Knorpelfische; obwohl diese stammesgeschichtlich wesentlich älter sind. Während Knochenfische in allen Gewässern der Erde vorkommen, sind Knorpelfische meist Meeresbewohner, die aber gelegentlich stromaufwärts in Flüsse einwandern können. Nur der Stör ist ein Süßwasserfisch.
Die etwa 800 Arten umfassenden Knorpelfische unterteilt man in 2 Unterklassen – die Haie und Rochen. Alle anderen im Meer lebenden Fische sind Knochenfische (mit Ausnahme der Chimaeren). Das Skelett der Knorpelfische hat keine Knochen, auch die Zähne enthalten keine Knochensubstanz, sie sind aus Dentin aufgebaut. Außerdem unterscheiden sich Knorpelfische von den Knochenfischen dadurch, dass sie weder Schwimmblase noch Kiemendeckel oder Schuppen besitzen.
Die Haut der Haie wird durch winzige, pilzähnliche Hautzähne geschützt, die sehr widerstandsfähig sind. Es ist fast unmöglich, mit einem Messer die

Morphologie der Fische

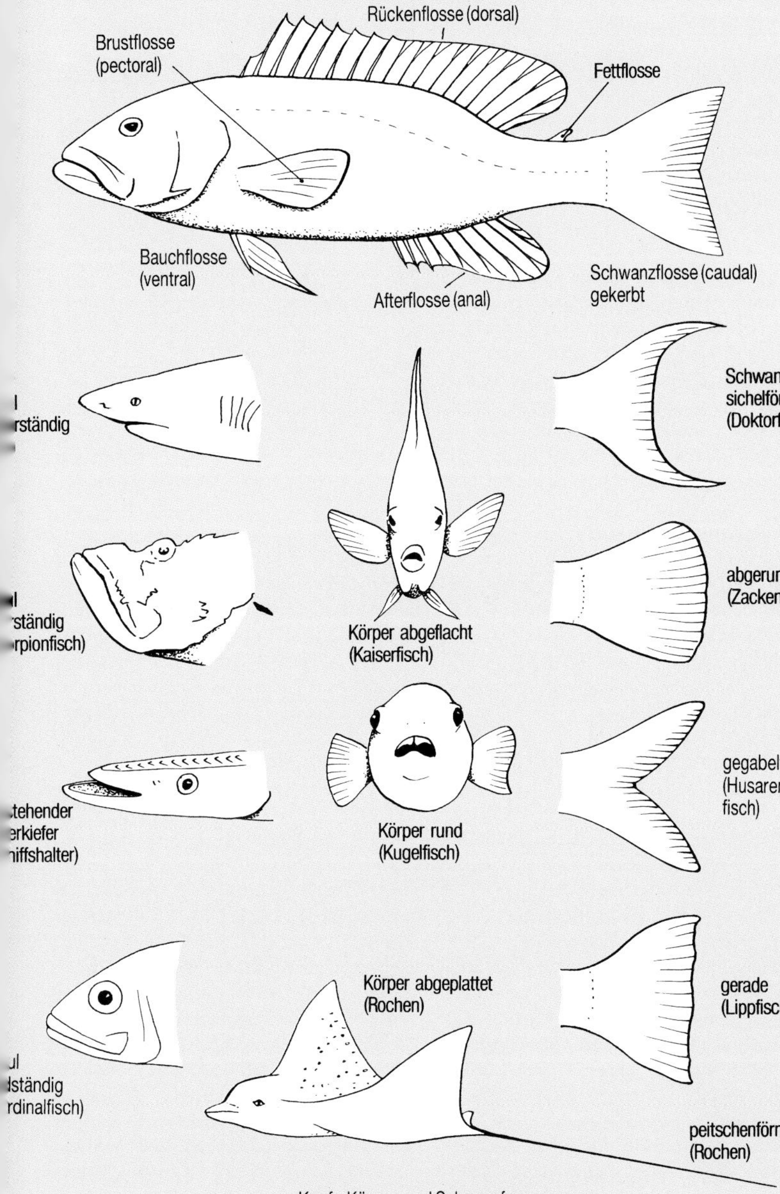

Kopf-, Körper- und Schwanzformen sind wichtige Bestimmungsmerkmale bei Fischen.

Haihaut von außen aufzuschneiden. Sie ist so rau, dass sie früher als »Schleifpapier« verwendet wurde.
Alle Fische haben paare und unpaare Flossen; zu den paaren gehören die Brust- und Bauchflossen, zu den unpaaren die Rücken-, After- und Schwanzflosse. Sie sind bei vielen Arten zum Teil mit Stacheln ausgerüstet; die 1. Rückenflosse hat Stacheln, auch wenn beide Flossen verbunden sind.
Fische besitzen meistens sehr gut entwickelte Sinnesorgane; sie können sehen, hören, riechen, schmecken und fühlen. Diese sind unterschiedlich entwickelt; tagaktive Raubfische haben meist ein gutes Sehvermögen (Haie, Barsche), während nachtaktive Räuber ein gut entwickeltes Geruchsorgan besitzen (Muränen). Ein zusätzliches Organ, das Landtieren fehlt, ist das Seitenlinienorgan; es ist bei manchen Arten als Punktlinie zu erkennen. Durch Poren in den Schuppen können Druckwellen registriert werden. Dies ermöglicht den Fischen, andere Tiere, Hindernisse und Ufernähe bei schlechten Sichtverhältnissen wahrzunehmen.
Die Sauerstoffversorgung der Fische erfolgt hauptsächlich über Kiemen, aber auch die Haut kann Sauerstoff aufnehmen. Knochenfische besitzen fast alle bewegliche Kiemendeckel, was die Wasserzirkulation durch die Kiemen gewährleistet. Bei Knorpelfischen erfolgt die Sauerstoffversorgung beim Ruhen durch so genannte Spritzlöcher, nasenähnliche Öffnungen, die Wasser ansaugen und durch die Kiemen leiten. Sie befinden sich bei Haien an der Schnauze und bei Rochen hinter den Augen. Beim Schwimmen öffnen Knorpelfische das Maul unmerklich, so dass eine größere Wassermenge die Kiemen umspült und somit der höhere Sauerstoffbedarf gedeckt wird. Die weit verbreitete Meinung, Haie müssten

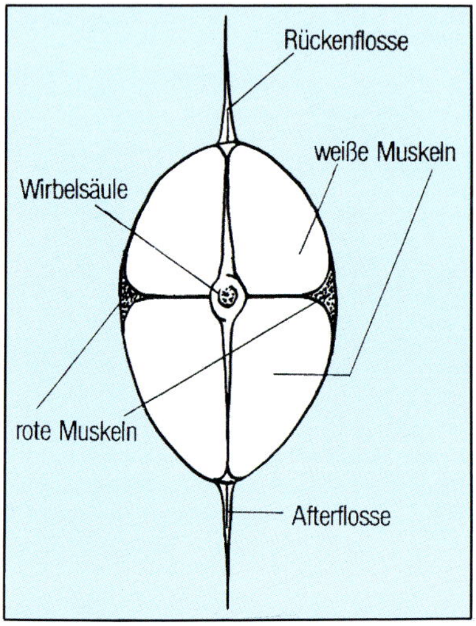

Schnittzeichnung eines Knochenfisches in Höhe der Afterflossen.

von der Geburt bis zum Tod schwimmen, damit sie mit Sauerstoff versorgt werden, trifft nur auf Hochseehaie zu. Die Kiemen der Fische haben auch Stoffwechselfunktion, indem sie den Salzgehalt im Blut steuern und Stoffwechselprodukte in Form von Ammoniak ausscheiden. Die Niere produziert hauptsächlich Hormone.
Im Gegensatz zu den Säugetieren besitzen Fische zwei unterschiedliche Arten von Muskeln (vgl. Grafik). Die rote Muskulatur arbeitet bei langsamer Dauerleistung, während die weiße bei kurzzeitiger, hoher Geschwindigkeit eingesetzt wird. Die weißen, schwach durchbluteten Muskeln machen den größten Teil des Fleisches aus. Bei schnellen Dauerschwimmern, wie Thunfischen, Makrelen und einigen Haiarten, sind die roten Muskeln relativ stark ausgeprägt. Ein Fisch, der seine weißen Muskeln über längere Zeit einsetzen muss, z. B. wenn er an einem Angelhaken kämpft, braucht etwa 24 Stunden, bis sich seine Energiereserven voll regeneriert haben.

Das Wachstum der meisten Fische endet nicht hormonabhängig, sondern läuft weiter. Je älter ein Fisch ist, umso größer ist er auch.

Namen – sind »Schall und Rauch«
Nirgends passt dieser Spruch besser als zu den Namen tropischer Fische. Nicht nur hier in Europa, weit weg von den tropischen Meeren, haben viele Fische die unterschiedlichsten Namen. Auch in tropischen Gebieten, wo die Fische direkt vor der Haustür schwimmen, gibt es in einem Land manchmal 6 oder 8 Namen für die gleiche Art. Das ist nicht nur dialektbedingt, sondern die Entfernungen zwischen den Inseln, die oft weit voneinander entfernt liegen, verhinderten eine einheitliche Benennung gleicher Tiere.
Sogar die wissenschaftlichen Namen sind nicht immer einheitlich – einfach deshalb, weil man Tiere in verschiedenen Gebieten fing und nicht nachweisen konnte, dass es sich um dieselbe Art handelte. So wurde z.B. der Graue Riffhai, *Carcharhinus amblyrhynchos,* auch *C. menisorrha, C. wheeleri* und *C. spallanzani* genannt. Dieser Hai wird oft fälschlich als Grauhai bezeichnet. Es gibt tatsächlich eine Familie Grauhaie, die aber zur Ordnung Kammzahnhaie (Hexanchiformes) gehört. Grauhaie sind im Gegensatz zum Grauen Riffhai extrem selten und fallen deutlich auf, da ihnen die typische Rückenflosse der Haie fehlt. Sie leben gewöhnlich in Tiefen, in die Sporttaucher nicht vordringen.
In dieser Auflage wurden verschiedene deutsche Namen geändert, da nun endlich Bemühungen im Gang sind, die Tiernamen einheitlich zu machen. Ob dieses Ziel jemals erreicht wird, bleibt abzuwarten, da viele Menschen dazu neigen, den Namen weiterzuverwenden, den sie als Erstes gehört haben.

Tarnung und Warnung

Jede Tarnung hilft entweder Friedfischen, sich vor Fressfeinden zu schützen, oder Beutefängern, an Nahrung zu gelangen. Auch in diesem Bereich gibt es ausgefallene Spezialisierungen. Manche Arten sind in ihrer Körperform und Färbung ihrer Umgebung so perfekt angepasst, dass meist nur geübte Augen die Tarnkünstler entdecken können. Einige passen sich wie Chamäleons in Sekundenschnelle farblich dem Untergrund an, andere imitieren ein welkes Blatt, das im Wasser hin- und herschaukelt (Mimese, siehe auch Seite 30). Manche haben die Fähigkeit, sich kopfüber im Sand einzugraben oder durch Flossenschläge ihren Körper mit Sand zu bedecken. Auch das Leben im Schwarm stellt ein Tarnverhalten dar. Viele glauben, ein

Fische, die im Freiwasser leben, schließen sich zu ihrem Schutz häufig zu großen Schwärmen zusammen.

Raubfisch brauche nur mit offenem Maul in einen Fischschwarm zu schwimmen, um sich satt zu fressen. Schwarmfische können einem solchen Angriff mühelos ausweichen. Die Jäger müssen ein einzelnes Opfer anvisieren, damit sie erfolgreich bei der Jagd sind. Durch die Bewegungen des fliehenden Schwarmes verliert ein Räuber das anvisierte Tier im Gewirr der gleichfarbigen Körper leicht aus den Augen, was einer Tarnung gleichkommt.

Im Gegensatz zur Tarnung gibt es auch Fische, die ihre Gefährlichkeit deutlich erkennen lassen, z. B. die Rotfeuerfische. Sie sind geschickte Jäger und haben wenig Feinde, so dass sie auf eine Tarnung verzichten können.

Tarnung und Warnung können aber auch bei einer einzigen Art verwirklicht sein. Der Buckeldrachenkopf und der Teufelsfisch, die als Vertreter der Familie Skorpionfische über gefährliche Giftstacheln und eine perfekte Tarnung verfügen, können durch das Wenden der Brustflossen Warnfarben zeigen (siehe Seite 145).

Auch harmlose Fische können ihr Äußeres verändern, um Feinde abzuschrecken. Igel- und Kugelfische vergrößern ihr Körpervolumen beträchtlich, indem sie Wasser schlucken; sie täuschen damit einen größeren Gegner vor.

Einige Falterfische verändern ihre Färbung und Zeichnung in der Dämmerung, wenn die Räuber der Riffe auf Jagd gehen. Die obere Körperhälfte wird dunkel und zwei helle Seitenflecken sind zu sehen. Bei schlechten Lichtverhältnissen täuschen sie ein großes Augenpaar vor.

Viele Falterfische besitzen dunkle Augenflecken, meist in der Nähe des Schwanzes. Das Auge selbst ist bei den meisten Arten durch einen dunklen Streifen getarnt. Man nimmt an, dass ein Angreifer sich dadurch in der zu erwartenden Fluchtrichtung der Beute täuscht. Diesen kleinen Zeitgewinn nutzt der Falterfisch aus, um sich zwischen den Korallen zu verstecken.

Die Symbiose

Eine andere Art des Schutzes vor Feinden sind Lebensgemeinschaften von 2 verschiedenen Organismen, die verwandtschaftlich sehr weit auseinander liegen können. Man spricht nur dann von Symbiose, wenn beide Arten einen Nutzen von der Lebensgemeinschaft haben. Die Symbiosen können aus 2 Wirbeltierarten bestehen, aus einer Wirbeltierart und einem Wirbellosen oder aber aus Algen und einem Wirbellosen.

Die Symbiose mit Algen ist in tropischen Gewässern sehr häufig. Korallen, Muscheln und Hydroiden haben in ihren Geweben Zooxanthellen eingelagert, die wichtige Funktionen haben (s. Photosynthese, Seite 17).

Die zu den Riffbarschen zählenden Anemonenfische leben in enger Gemeinschaft mit Anemonen, die zum Stamm der Nesseltiere gehören. Die Fische sind ihr Leben lang an ihre Anemone gebunden; ohne sie hätten sie kaum eine Überlebenschance. Nur ein Wechsel zu einer anderen, nahe gelegenen Anemone ist möglich (siehe auch Seite 201).

Eine weitere bekannte Lebensgemeinschaft ist die Putzersymbiose. Spezialisierte Fische oder auch Krebse ernähren sich in einem bestimmten Revier von den Parasiten anderer Fische, die sie von der Haut und den Kiemen entfernen.

Die Putzerstation

Die bekanntesten Putzerfische, wie *Labroides dimidiatus* und *L. bicolor*, unterhalten so genannte Putzerstationen. Unterschiedliche Fischarten suchen diese Stellen auf und geben durch Signale zu erkennen, dass sie

Porzellankrebse, hier *Neopetrolisthes maculatus,* sieht man in Anemonen, mit denen sie in Symbiose leben.

Der kleine Putzerfisch *Labroides dimidiatus* aus der Familie Lippfische reinigt einem größeren Lippfisch das Auge. Sie schwimmen auch in die Mundhöhle und unter den Kiemendeckel und fressen die Hautparasiten.

geputzt werden möchten. Das Abspreizen der Brustflossen und Abheben der Kiemendeckel oder das Öffnen des Mauls verrät dem Putzerfisch, dass es sich um einen »Putzkunden« handelt, der von seinen Parasiten befreit werden möchte.

Die Putzerfische entfernen aber nicht nur die Parasiten von der Körperoberfläche, sondern schwimmen auch in das Maul oder unter die Kiemendeckel. Bei Gefahr wird der Putzerfisch durch Zucken der Kiefer – einer ritualisierten Schließbewegung – gewarnt, der daraufhin die Mundhöhle verlässt. In dicht besiedelten Gebieten kann man gelegentlich beobachten, dass mehrere »Kunden« an einer Putzerstation geduldig warten, bis sie an der Reihe sind.

Ist kein Kunde da, macht der Putzerfisch durch einen bestimmten »Tanz« auf sich aufmerksam. Dieses auffällige Verhalten sowie seine Färbung sind ein Schutz gegen das Gefressenwerden; Putzerfische sind für Raubfische tabu.

Den Schutz, den die Putzerfische genießen, macht sich der räuberisch lebende Falsche Putzerfisch *Aspidontus taeniatus* zunutze, indem er den »echten« Putzerfisch imitiert.

Mimikry

Mimikry wird die Nachahmung der Gestalt und des Verhaltens einer anderen Art genannt, die sowohl der Verteidigung als auch dem Angriff dient. Der räuberisch lebende Putzernachahmer der Familie Schleimfische imitiert einen Putzerfisch aus der Familie Lippfische, damit er an einen »getäuschten Kunden« nahe genug herankommt. Dann reißt er mit seinen scharfen Zähnen Stücke aus Schuppen oder Flossen.

Mimese

Als Mimese bezeichnet man die Fähigkeit eines Tieres, die Umgebung, z.B. leblose Gegenstände, in Form und Färbung nachzuahmen. Steinfische und Skorpionfische sind typische Vertreter dieser Gruppe.

Kraken können zudem ihre relativ glatte Oberfläche in Sekunden so verformen, dass der Körper – mit stachelig wirkenden Noppen besetzt – wie eine abgestorbene Koralle aussieht. Diese Tarnung dient nicht nur der Jagd, sondern wird auch beim Erscheinen von Feinden angewandt.

Ein Skorpionfisch ahmt ein abgestorbenes Korallenstück nach und lauert gut getarnt auf Beute.

Nahrung

Jeder Organismus, der im Meer heranwächst, ist gleichzeitig auch Nahrung für andere Lebewesen. Pflanzliche Stoffe werden von Vegetariern gefressen und diese von Raubtieren oder sie dienen, falls sie eines natürlichen Todes sterben, den Aasfressern als Futter.
Die Schönheit tropischer Riffe täuscht oft über den harten Existenzkampf hinweg, der sich hier täglich abspielt; der Kampf ums Fressen und Gefressenwerden dauert seit 2 Milliarden Jahren an. Alle Arten, die sich nicht durchsetzen konnten, wurden im Laufe der Evolution ausgeschieden. Nur die am besten Angepassten hatten eine Überlebenschance.
Meerestiere ernähren sich sehr vielfältig, z. B. von Algen, Seegras, Tang, Phyto- und Zooplankton, Bakterien, Schwämmen, Detritus, Korallen und Fischen. Es gibt die unterschiedlichsten Nahrungsspezialisten. Ergänzend zu diesem Kapitel finden sich genauere Angaben im Bestimmungsteil.

Korallen sind Filtrierer; sie halten ihre Tentakel passiv in die Strömung und fangen Plankton. An den 8 gefiederten Armen der Polypen ist zu erkennen, dass es sich um eine Koralle aus der Gruppe Octocorallia handelt.

Wirbellose Tiere

Unter den Wirbellosen findet man viele sessile Formen, die an einen bestimmten Platz gebunden sind, den sie meist zeitlebens nicht verlassen können. Sie fangen ihre Nahrung – das Plankton – auf unterschiedliche Weise: Zu den Strudlern gehören Schwämme, Manteltiere und Muscheln, die durch Geißel- und Wimpernschläge einen Wasserstrom erzeugen, der durch ihren Körper geleitet wird. An den Wimpern bleiben alle verdaubaren Stoffe hängen, die das Tier als Nahrung benötigt.
Filtrierer nennt man alle Tiere, die sich Plankton fangen, indem sie ihre gefiederten Tentakel passiv in die Strömung halten, z. B. Röhrenwürmer.
Korallen und Hydroiden gehören zu den Nesseltieren, die mit ihren giftigen Nesselkapseln Tiere töten und mit Klebekapseln die Beute festhalten. Bei den Nesseltieren finden wir aber auch Arten, die keine gefiederten Tentakel besitzen, wie Anemonen und Zylinderrosen.
Andere sessile Tiere, die keine Nesseltiere sind, erzielen einen ähnlichen Erfolg, indem sie Klebefallen auslegen. Das können sowohl Tentakel

als auch Schleimfäden sein, an denen die Nahrung hängen bleibt. Dieser Fangmethode bedienen sich Wurmschnecken; die Schleimfäden werden mit den hängen gebliebenen Partikeln eingesaugt.
Die Rankenfüßer der Klasse Krebse sind gleichzeitig Strudler und Filtrierer. Sie führen mit ihren gefiederten Beinen aktive Schlagbewegungen aus und erbeuten so ihre Nahrung.
Zu den vagilen, also freilebenden Wirbellosen gehören Haarsterne, verschiedene Seegurken- und Schlangensternarten, die ihre gefiederten oder weit verzweigten Arme in die Strömung halten. Vagile Strudler erzeugen auch durch Wimpernschläge einen Wasserstrom, der aber nicht durch den Körper fließt, sondern die Nahrung der Mundöffnung zuleitet.
Korallenfresser gefährden in der Regel nicht die Existenz der Korallenriffe; nur die Dornenkronen, die sich ausschließlich von Korallenpolypen ernähren, haben in den letzten Jahren große Schäden angerichtet. Sie stülpen sich über Steinkorallen und töten die Polypen, indem sie Verdauungssekrete ausstoßen; anschließend werden die Polypen aus ihren Kelchen gesaugt. Das Kalkskelett der Korallen sieht dann schneeweiß aus (siehe Foto rechts).
Diese Seesternart vermehrt sich in manchen Gebieten extrem stark und zerstört ganze Riffgebiete. Vergleichsweise harmlos dagegen sind andere Korallenfresser wie Kissenseesterne und einige Schneckenarten, die aber keine bleibenden Schäden an den Korallen hinterlassen.
Bei den Wirbellosen finden wir auch Räuber, die Fische fressen. So können einige Schneckenarten gezielt Giftpfeile auf Fische abschießen, die sie betäuben und im Ganzen verschlingen.
Zu den Weidegängern gehören Seeigel, die sich vegetarisch ernähren, und Schnecken, die mit ihren Raspelzungen unterschiedlichen Bewuchs abweiden.
Unter den Krebsen gibt es spezialisierte Garnelen, die sich als »Putzer« betätigen und die Hautparasiten von Fischen fressen (siehe Seite 76).
Detritus – organische Schwebe- und Sinkstoffe – wird hauptsächlich von am Boden lebenden Tieren, wie den meisten Seegurkenarten, gefressen.

Fische

Bei den Fischen gibt es viele Planktonfresser. Nicht nur die kleinsten, sondern auch die größten, wie Mantas und Walhaie, ernähren sich von Plankton. Sie schwimmen mit geöffnetem Maul, oft nahe der Oberfläche, und filtrieren die Schwebeorganismen aus dem Wasser. Die kleinen Planktonfresser, wie Fahnenbarsche und Schwertgrundeln, schwimmen in der Strömung und machen Jagd auf Zooplankton.
Doktorfische, Kammzahnschleimfische, Kaninchenfische und einige Kaiserfischarten weiden die Algen von Felsen oder Korallengestein ab.
Korallen werden auf unterschiedliche Weise gefressen: Einige Spezialisten zupfen mit ihrer verlängerten, spitzen Schnauze die Polypen ganz oder teilweise aus ihren Kelchen. Zu ihnen gehören Falterfische und einige Lipp- und Feilenfische. Papageien- und Drückerfische können mit ihren starken Gebissen Korallenäste abbeißen oder die Oberfläche abschaben.
Ein großer Teil der in Korallenriffen lebenden Tierarten ernährt sich räuberisch: Haie, Barrakudas, Barsche, Skorpionfische, Schnapper, Muränen, Soldatenfische und viele andere. Auch Allesfresser und Mischköstler gibt es unter den Fischen; typische Vertreter sind Halfter- und Kugelfische.

Der Dornenkronen-Seestern ist ein Feind der Steinkorallen. In kurzer Zeit tötet er die Korallenpolypen und saugt sie aus ihren Kelchen, bis nur das weiße Kalkskelett übrig bleibt (links oben).

Der größte Fisch ist der Walhai; er ernährt sich von den kleinsten Organismen – dem Plankton.

Vermehrung und Entwicklung

Wirbellose Tiere

Bei dieser Gruppe gibt es geschlechtliche und ungeschlechtliche Vermehrung. Die ungeschlechtliche erfolgt über Teilung oder Knospung.

Bei der Teilung entstehen aus einem Individuum durch eine Abschnürung zwei gleichwertige Tiere.

Knospung nennt man die Entstehung neuer Individuen, die sich aus einem Mutterpolypen entwickeln. Zuerst bildet sich ein knospenartiger Auswuchs (Name), der sich zu einem kompletten Tier entwickelt und sich schließlich vom Muttertier löst. Die Jungtiere verbleiben z. B. bei Steinkorallen direkt neben dem Mutterpolypen; sie sind identisch und bilden eine Kolonie.

Bei anderen Nesseltieren entwickeln sich die Knospen der Polypen zu Medusen, das sind im Freiwasser lebende Quallen. Wenn sie geschlechtsreif werden, entwickeln sie Eier und Sperma. Aus den befruchteten Eiern schlüpfen Larven, die zunächst planktonisch leben und sich dann zu sessilen Polypen entwickeln. Jede Generation hat also die gleiche Gestalt wie die »Großeltern«, aber nie die der »Eltern«. Der Generationswechsel erfolgt immer von Medusen zu sessilen Formen oder umgekehrt und kommt bei fast allen Nesseltieren vor.

Bei der geschlechtlichen Vermehrung der Wirbellosen gibt es außer der getrenntgeschlechtlichen Fortpflanzung auch viele Zwitter.

Zwitter produzieren sowohl Eier als auch Sperma und können sich gegenseitig befruchten. Diese Vermehrung ist bei Arten, die sich selten begegnen, für die Erhaltung der Art von Bedeutung, da kein andersgeschlechtlicher Partner gesucht werden muss. Eine Selbstbefruchtung wird dadurch vermieden, dass das Sperma zuerst ausgestoßen wird und die Eier später.

Bei der getrenntgeschlechtlichen Vermehrung unterscheidet man äußere und innere Befruchtung. Manche Schneckenarten haben Kopulationsorgane entwickelt und bei den Kopffüßern führt das Männchen mit einem

Bei der Paarung der Sepien umschlingen sich die Partner; dabei führt das Männchen ein »Samenpaket« mit einem seiner 10 Arme in die Mantelhöhle des Weibchens ein.

bestimmten Arm dem Weibchen ein Samenpaket in die Mantelhöhle. Aber auch bei sessilen Arten kennt man innere Befruchtung: Schwämme und einige Steinkorallen strudeln das ins Freiwasser ausgestoßene Sperma bei der Sauerstoff- und Nahrungsaufnahme in den Körper ein. Dabei werden die in den Körperhohlräumen befindlichen reifen Eier befruchtet.
Manche Steinkorallen betreiben sogar Brutpflege. Erst wenn die Larven schlüpfen, werden sie ins Freiwasser ausgestoßen. Die Weibchen vieler Oktopusarten bewachen die Eier, bis die Jungtiere schlüpfen. Während dieser Brutpflege nehmen sie keine Nahrung zu sich und sterben dann.
Bei der äußeren Befruchtung werden Sperma und Eier ins Freiwasser abgegeben. Die befruchteten Eier entwickeln sich also während einer planktonischen Lebensphase.

Das Gelege der Spanischen Tänzerin *(Hexabranchus sanguineus)*, einer Nacktschnecke, ist spiralförmig angeordnet. Diese zarten Gebilde kann man in verschiedenen Farben sehen.

Viele Korallenarten vermehren sich geschlechtlich; männliche Korallen geben das Sperma ins Wasser ab, das von weiblichen Polypen dann in den Gastralraum eingestrudelt wird.

Knorpelfische

Sie vermehren sich durch innere Befruchtung durch Kopulation und sind häufig lebendgebärend (vivipar); es werden aber auch Eier abgelegt (ovipar). Außerdem gibt es in dieser Gruppe noch eine dritte Variante: Die Eier, die sich in der Gebärmutter entwickeln, werden nicht ausgestoßen, sondern bleiben im Eileiter, bis die Jungtiere lebensfähig sind und schlüpfen (ovovivipar).
Die Eier der Haie und Rochen besitzen eine kissenähnliche Form und sind an den Ecken mit spiraligen Haftfäden versehen. Damit verhängen sie sich an Pflanzen oder Korallen und werden nicht von der Strömung verdriftet. Wenn die Jungtiere schlüpfen, sind sie voll entwickelt und beginnen mit der Nahrungssuche.
Bei den lebendgebärenden Haien trennen sich Männchen und Weib-

chen vor der Geburt der Jungen. Die trächtigen Weibchen suchen bestimmte Gebiete auf, wo die Jungtiere zur Welt kommen. So wird verhindert, dass männliche Haie die Neugeborenen fressen. Die weiblichen Tiere haben während und nach der Geburt eine Beißhemmung und können in dieser Zeit, in der die Jungen gefährdet sind, nicht fressen.

Knochenfische

Die meisten Knochenfische sind ovipar, d.h. sie legen Eier. Lebendgebärende Arten sind bei Knochenfischen selten. Bei ihnen gibt es im Allgemeinen auch keine innere Befruchtung.

Die Eier der Knochenfische sind gewöhnlich sehr klein, etwa um 1 mm Durchmesser, und es dauert durchschnittlich eine Woche, bis die Larven schlüpfen.

Eine Larve ist ein Jugendstadium, das sich von den erwachsenen Tieren im Körperbau unterscheidet. Zum Vergleich denken wir an eine Kaulquappe, die ein Larvenstadium des Frosches ist.

Fischlarven sind oft mit einem Dottersack ausgerüstet, von dem sie sich anfangs ernähren. Manche Arten können sich von Geburt an selbst mit Phytoplankton versorgen. Sie treiben mit der Strömung und gehören damit zum Zooplankton.

Mit der Entwicklung der Larven bilden sich oft Stacheln und Knochenplatten, die einen gewissen Schutz vor Räubern bieten.

Die Länge des Larvenstadiums variiert stark und kann die Verbreitung einer Art beeinflussen. Kurzlebige Larven können keine großen Strecken treiben. Oft sind deshalb solche Arten auf ein relativ kleines Gebiet beschränkt. Man spricht dann von endemischen Arten.

Wenn das Larvenstadium zu Ende geht, müssen die Jungtiere vieler Arten im relativ flachen Wasser eine geeignete Stelle finden, wo sie ansiedeln können. Im offenen Meer haben nur spezialisierte Arten eine Überlebenschance.

Die Larven verwandeln sich in wenigen Tagen zum Jungfisch. Pigmente, Schuppen und alle Flossen werden in kürzester Zeit entwickelt.

Viele Knochenfischarten machen während ihrer Entwicklung eine Geschlechtsumwandlung durch. Anemonenfische z.B. werden männlich geboren und können sich bei Bedarf in Weibchen umwandeln. Bei Barschen ist es umgekehrt, sie sind als Jungtiere meist weiblich.

Das Wachstum der Fische verläuft bei vielen Arten kontinuierlich, das bedeutet, dass ein großer Fisch auch entsprechend alt ist. Andere Arten wachsen bis zu einer bestimmten Größe relativ rasch, dann aber nur noch langsam. Das Wachstum kann auch durch eine soziale Rangordnung gehemmt werden, z. B. bei Anemonenfischen.

Bei den Knochenfischen gibt es Kurzzeit- und Langzeitbindungen, Einehen und Vielehen (Harem). Männliche Fahnenbarsche besitzen einen Harem mit 6–8 Weibchen. Solange dieses Verhältnis stimmt, kann sich kein Weibchen in ein Männchen verwandeln. Erst wenn das Männchen stirbt, verändert das ranghöchste Weibchen das Geschlecht.

Knochenfische laichen paarweise oder in Gruppen. Entweder werden die Eier ins Freiwasser abgegeben oder auf einem vorbereiteten Untergrund angeheftet; nur wenige bauen Nester und betreiben Brutpflege. Drückerfische, Anemonenfische, Schleimfische und Grundeln bewachen und hegen das Gelege, bis die Larven schlüpfen.

Eine spezielle Form der Brutpflege betreiben die Maulbrüter, zu denen die Kardinalfische und Brunnenbauer gehören. Ein Elternteil oder beide nehmen die befruchteten Eier ins Maul, wo sie vor Fressfeinden sicher sind und mit Sauerstoff versorgt werden. Meistens übernehmen die Männchen die Brutpflege, deshalb haben sie wahrscheinlich einen größeren Kopf. Noch einige Zeit nach dem Schlüpfen flüchten die Jungfische bei Gefahr in das Maul.

Noch ungewöhnlicher ist die Fortpflanzung der Seepferdchen und Seenadeln. Die weiblichen Tiere verstauen die Eier in der Bruttasche des Männchens, die sich am Bauch befindet! Darin werden die Eier befruchtet und ausgebrütet. Wenn die Jungen schlüpfen, werden sie »vom Vater zur Welt gebracht«!

Knochenfische laichen teilweise in dem Gebiet, in dem sie leben, andere unternehmen weite Wanderungen, damit sie geeignete Laichplätze erreichen. Diese Wanderungen und auch anderes Paarungsverhalten werden durch bestimmte Mondphasen und Jahreszeiten zeitlich gesteuert. Die Tiere laichen häufig in der Abenddämmerung bei Ebbe; dadurch werden nicht so viele Eier von Riffbewohnern gefressen.

Das offene Meer ist wesentlich dünner besiedelt als Riffe. Die Überlebensrate ist trotzdem relativ gering, wenn man bedenkt, dass manche größeren Fische bis zu 1 Million Eier freisetzen. Trotzdem wird nur ein kleiner Teil davon erwachsen und garantiert den Fortbestand der Art.

Viele Fischarten verändern während ihrer Entwicklung Form, Farben und Muster (s. auch Seite 209, Papageifische). Der Bäumchen-Lippfisch ist nur im Jugendstadium so attraktiv, erwachsen ist er unscheinbar.

Schwämme – Porifera

Stamm Schwämme. Etwa 5000 Arten. Von wenigen Millimetern bis fast 3 m groß (in der Tiefsee bis 5 m).
Erkennungsmerkmale: Schwämme sind am Untergrund festgewachsene Tiere, die, außer dem Schließen der Ausströmöffnung, keine Eigenbewegungen ausführen können. Die Formen variieren sehr stark: Knollen, Röhren, Krusten, Bäumchen, Äste, Becher, Kugeln und andere bizarre Formen. Die meisten Arten wachsen asymmetrisch und sind in allen Helligkeitsstufen in Braun, Grau, Gelb, Rot, Violett bis Blau zu finden. Nur selten kommt eine Musterung vor. Auf ihrer Oberfläche sind oft Poren zu erkennen.
Vorkommen: Weltweit, bis in Tiefen von 50 m häufig. Vorwiegend auf Steinen, aber auch auf Korallen und Schalen von Weichtieren; meistens an schattigen Stellen unter Überhängen und in Höhlen.
Lebensweise: Die Oberfläche der Schwämme ist eine von Poren durchlöcherte Zellschicht. Im Inneren befindet sich ein mit Kragengeißelzellen ausgekleideter zentraler Hohlraum, der mit den Poren durch dünne Kanäle verbunden ist. Durch Geißelschlag erzeugen die Kragengeißelzellen einen Wasserstrom, der den Schwamm mit Sauerstoff und Nahrung versorgt. Die Nahrungspartikel bleiben an den Kragengeißelzellen hängen. Das filtrierte Wasser wird zu einer großen Ausströmöffnung, dem Osculum, geleitet. Ein Schwamm kann mehrere Oscula haben. Diese Ernährungsweise macht Schwämme von der Meeresströmung unabhängig; man findet sie deshalb oft an schattigen Plätzen, wie Höhlen und unter Überhängen, die nicht so dicht besiedelt sind. In den inneren Zellschichten befinden sich Skelettelemente, die aus Kalk (Kalkschwämme) oder Kieselsäure (Kieselschwämme) bestehen. Die Kieselnadeln können durch elastisches Spongin zu einem Gerüst verbunden sein. Die harten Kalk- und Kieselnadeln schützen die Tiere vor dem Gefressenwerden; beim Menschen können sie Hautreizungen verursachen. Viele Arten sind durch Gift geschützt. Muskeln, Organe und Nerven fehlen. Wird ein Schwamm, z. B. durch einen Anker, beschädigt, können die Stücke unter günstigen Bedingungen wieder regeneriert werden.
Nahrung: Bakterien, Kleinalgen, Detritus.
Fortpflanzung: Meist ungeschlechtlich durch Knospung, aber auch geschlechtlich. Das ins Wasser ausgestoßene Sperma männlicher Schwämme wird von weiblichen Tieren eingestrudelt und die Eier werden innerlich befruchtet. Die Entwicklung vom Ei bis zur Larve erfolgt bei vielen Arten im Muttertier. Die Larven beginnen dann ihr planktonisches Leben. Durch das lange Larvenstadium sind viele Arten weit verbreitet.

Roter Buschschwamm
(Branching Sponge)
etwa 30 cm
Die Wuchsform erinnert sehr an eine Koralle.

Grauer Röhrenschwamm ▶
Siphonochalina sp.
(Branching Tubular Sponge)
etwa 60 cm
Diese Art ist im Roten Meer häufig.

Roter Wabenschwamm ▶
Cinachyra sp.
(Red Ball Sponge)
etwa 15 cm

Feuerkorallen – Milleporidae

Familie Feuerkorallen, Klasse Hydrozoa, Stamm Nesseltiere (Cnidaria). Siehe auch Seite 42. Größe etwa 1 m.
Erkennungsmerkmale: Sie sind den Steinkorallen sehr ähnlich, aber durch ihre beige bis bräunliche Färbung mit weißen verdickten Spitzen zu unterscheiden. Sie wachsen fächerförmig, gitter- oder geweihartig, manchmal auch flächig. Sie stehen meist quer zur Hauptströmung.
Vorkommen: Tropische Meere; in relativ flachem Wasser.
Lebensweise: Feuerkorallen sind tagaktiv, da die Fresspolypen von sehr stark nesselnden Wehrpolypen umgeben sind. Diese dienen nicht nur der Feindabwehr, sonden fangen auch Beute, die sie an die Fresspolypen weiterreichen. Feuerkorallen sind zur Kalkabscheidung, also zum Skelettbau, fähig. Das poröse Kalkskelett, das den Körper der Polypen umgibt, ist mit Kanälen (Stolonen) durchzogen, durch die die Polypen in Verbindung stehen und mit Nahrung versorgt werden. Sie leben in Symbiose mit Zooxanthellen.
Nahrung: Zooplankton.
Fortpflanzung: Feuerkorallen entwickeln spezielle Polypen, von denen sich winzige planktonische Medusen ablösen.

Verzweigte Feuerkoralle
Millepora tortuosa
(Branching Fire Coral)
bis 2 m
Sie siedeln an erhöhten Stellen nahe der Oberfläche.

Hydroiden – Hydroidea

Ordnung Hydroiden, Klasse Hydrozoa. Etwa 2000 Arten. Bis 15 cm.
Erkennungsmerkmale: Die Hydropolypen bilden Kolonien in Form von Federn, dünnen Bäumchen oder Sträuchern. Sie siedeln häufig auf festem Untergrund. Die Färbung variiert.
Vorkommen: Weltweit; an schattigen Plätzen.
Lebensweise: Aufgrund ihres sesshaften Lebens sind sie auf Strömung angewiesen, die ihnen die Nahrung zuträgt. Die Einzelpolypen werden von trichterförmigen Schutzhüllen umgeben, in die sie sich zurückziehen können.
Nahrung: Vorwiegend tierisches Plankton.
Fortpflanzung: Der Hydroidenstock vergrößert sich durch ungeschlechtliche Knospungen. Durch spezielle Knospungen entstehen Hydromedusen, kleine quallenähnliche Gebilde, die sich pulsierend im Wasser bewegen. Die Hydromedusen vermehren sich geschlechtlich, d.h. ein Ei wird befruchtet, aus dem eine Larve entsteht. Wenn die Larve auf dem Grund ansiedelt, entsteht wieder ein Hydropolyp, der durch Knospung einen neuen Stock bildet. Eine Art existiert also in zwei völlig unterschiedlichen Formen.

Vorsicht: Das Nesselgift aller Hydrozoa kann schmerzhafte Verbrennungen verursachen.

Brettartige Feuerkoralle ▶
Millepora platyphylla
(Plank-like Fire Coral)
etwa 1,5 cm
Alle Feuerkorallen besitzen Nesselkapseln.

Fieder-Hydrozoe ▶
Lytocarpus philippinus
(White Stinging Hydroid)
etwa 10 cm
Diese pflanzenähnlichen Tierkolonien nesseln stark.

Staatsquallen – Siphonophora

Ordnung Staatsquallen, Stamm Nesseltiere (Cnidaria). Etwa 150 Arten. Wenige Millimeter bis 3 m ohne Tentakel.
Erkennungsmerkmale: Diese formenreiche Gruppe lebt in warmen Gewässern vorwiegend in tieferen Bereichen, in kühleren Meeren dagegen in oberflächennahen Schichten. Staatsquallen führen entweder pulsierende Schwimmbewegungen aus oder werden durch Öl- oder Gaseinlagerungen im hydrostatischen Gleichgewicht gehalten. Manche Arten besitzen einen stark vergrößerten Gasbehälter, so dass sie an der Oberfläche treiben. Unter dem Gasbehälter hängen viele spiralig eingezogene Tentakel, die als Fangfäden bis 50 m lang gestreckt werden können. Staatsquallen bestehen aus vielen Einzeltieren, die wie in einem »Staat« zusammenleben und zeitlebens miteinander verbunden sind. Alle Arten können nur im Salzwasser leben.
Vorkommen: Warme und gemäßigte Meere.
Lebensweise: Die medusen- oder polypenförmigen Einzeltiere einer Staatsqualle haben verschiedene Funktionen, die zum Erhalt der Kolonie notwendig sind. Fresspolypen, Geschlechtsglocken, Deckblätter und Fangfäden agieren zusammen wie die Organe höherer Lebewesen. Entsprechend ihren Funktionen sind sie unterschiedlich geformt. Die Fangfäden sind mit Nesselkapseln ausgestattet, und Beutetiere, die damit in Berührung kommen, werden betäubt. Durch spiraliges Verkürzen der Fangfäden wird die Beute den Fresspolypen zugeführt. Viele Arten sind bewegungsunfähig und treiben mit der Strömung. Sie können die Öl- oder Gaseinlagerungen beeinflussen und dadurch ihr Dichte verändern. So steuern sie ihren Auf- oder Abtrieb. Die weltweit in warmen Meeren verbreitete Portugiesische Galeere *(Physalia physalis)* ist die bekannteste Staatsqualle; sie tritt gelegentlich in großen Ansammlungen auf. Ihr Gasbehälter ähnelt einem aufblasbaren, transparenten Plastikkissen. Vom Wind getrieben, »segeln« diese Staatsquallen scheinbar hilflos über die Meere und werden oft an Land gespült.
Nahrung: Plankton und Fische.
Fortpflanzung: Geschlechtlich und ungeschlechtlich. Staatsquallen produzieren männliche und weibliche Geschlechtszellen, die ins Wasser abgegeben werden. Daraus entstehen Planula-Larven, die sich später zu Syphonula-Larven entwickeln.

Vorsicht: Das Nesselgift kann beim Menschen Störungen des Kreislauf- und Nervensystems und starke Hautverbrennungen mit heftigen Schmerzen verursachen. Gestrandete Staatsquallen niemals berühren, die Nesselkapseln sind noch lange aktiv!

Portugiesische Galeere
Physalia physalis
(Portuguese Man of War)
Gasbehälter etwa 20 cm
Fangarme bis 50 m
Diese stark nesselnde Staatsqualle treibt an der Oberfläche und ist selten, kommt aber zu bestimmten Jahreszeiten in manchen Gebieten in Massenansammlungen vor.
Zirkumglobal.

Nesseltiere – Cnidaria

Nesseltiere sind mit Klebe- und Nesselkapseln ausgestattet. Nesselkapseln sind mikroskopisch kleine, längliche, mit Nesselgift gefüllte Bläschen, die bei geringen Berührungsreizen explodieren. Dabei dringt ein im Inneren befindlicher, peitschenartiger Schlauch, der zusammengerollt unter Spannung steht, dem Opfer in die Haut. Das Nesselgift wird durch diesen Schlauch injiziert.
Die Klebekapseln sind ähnlich gebaut, aber mit einer klebrigen Substanz gefüllt. Der herausgeschleuderte Schlauch bleibt an der Oberfläche der Beute kleben, die dann zur Mundöffnung transportiert wird.

Vorsicht: Nesseltiere verursachen bei vielen Menschen starke Hautreizungen. Die Wirkung ist unterschiedlich und hängt von der Haut und ihrer allergischen Reaktion ab. Die gefährlichsten Nesseltiere findet man in der Klasse der Würfelquallen. Am bekanntesten ist die Seewespe *(Chironex fleckeri)*, die für einige Todesfälle verantwortlich ist. Sie kommt fast nur in australischen Gewässern vor und erscheint nur zu bestimmten Jahreszeiten. Nach Kontakt mit Nesseltieren befinden sich oft noch geladene Kapseln auf der Haut. Durch Reiben entladen sie sich und verschlimmern die Wirkung.

Schirmquallen – Scyphozoa

Klasse Schirmquallen, Stamm Nesseltiere (Cnidaria). Über 250 Arten. Größe bis 1 m Durchmesser.
Erkennungsmerkmale: Meist mit halbkugel- oder glockenförmigem Schirm, unter dem sich verdickte bis traubenartige Tentakel befinden. Einige Arten besitzen dünne Tentakel am Rand des Schirmes. Sie sind häufig transparent, gelegentlich leicht bläulich oder rötlich.
Vorkommen: Weltweit in allen Meeren.
Lebensweise: Schirmquallen bewegen sich durch Kontraktionen des Schirmes vorwärts. Mit ihren nesselnden Tentakeln fangen sie ihre Nahrung.
Nahrung: Zooplankton und kleine Fische.
Fortpflanzung: Zumeist getrenntgeschlechtlich. Aus den Eiern schlüpfen bewimperte Larven, die sich bald ansiedeln, aber keine Kolonien bilden. Der sich bildende Polyp vermehrt sich durch Abschnürung neuer kleiner Medusen.

Die Giftwirkung der Schirmquallen ist gering.

Wurzelmund-Qualle
Mastigias papua
(Jellyfish)
etwa 60 cm
Junge Bastard-Stachelmakrelen (Carangidae) schnappen nach Plankton; bei Gefahr suchen sie Schutz unter dem Schirm.

Sternhimmel-Qualle
Mastigias sp.
(Jellyfish)
etwa 40 cm
Die traubenartigen Gebilde sind nesselnde Tentakel.

Schwarze Korallen – Antipathidae

Familie Schwarze Korallen, Ordnung Dörnchenkorallen (Antipatharia), Unterklasse Hexacorallia, Klasse Blumentiere (Anthozoa), Stamm Nesseltiere (Cnidaria). In Tiefen von 50 m bis mehrere Meter groß. Etwa 150 Arten.

Erkennungsmerkmale: Koloniebildende, baumartige Stöcke mit kräftigem Stamm. An den Enden der Verzweigungen befinden sich dünne, rotbraune Hornruten, die an Kiefernadeln erinnern und unter Wasser dunkelgrün aussehen. Das hornartige harte Skelett ist dunkelbraun oder schwarz und ist mit einer Haftscheibe auf festem Grund verankert. Man fertigt daraus Schmuck und Rosenkränze.

Vorkommen: Tropische Meere, meist tiefer als 10 m.

Lebensweise: Schwarze Korallen wachsen sehr langsam und brauchen viele Jahre, bis sie sich zu einem großen »Baum« entwickelt haben. Sie werden am größten an strömungsexponierten Stellen in etwa 50 m Tiefe. Diese schönen Tierkolonien fallen aber oft der Habgier der Menschen zum Opfer.

Nahrung: Mikroplankton und Detritus.

Fortpflanzung: Polypen getrenntgeschlechtlich; in einem Stock können männliche und weibliche Tiere auftreten. Ungeschlechtliche Vermehrung erfolgt durch Knospung, wodurch die Kolonie wächst.

Schwarze Koralle
Antipathes sp.
(Bushy Black Coral)
etwa 1,8 m
Diese Tierkolonien können mehrere Meter groß werden.

Drahtkorallen – Cirripathes

Gattung Drahtkorallen, Familie Schwarze Korallen (Antipathidae). Bis max. 6 m lang.

Erkennungsmerkmale: Lange, dünne Koralle, die sich kaum verjüngt. Sie besitzt niemals Verzweigungen und hat keine einheitliche Form. Sie wächst nicht geradlinig und nur selten nach oben, sondern immer vom Riff in Richtung freies Wasser. Die unregelmäßigen Krümmungen verlaufen oft spiralförmig. Bei näherer Betrachtung kann man die Korallenpolypen erkennen. Die Färbung ist bräunlich.

Vorkommen: Tropische Meere; meist tiefer als 15 m auf festem Untergrund; vorwiegend an steilen Riffen mit viel Strömung.

Lebensweise: Drahtkorallen besitzen ein kräftiges, zähelastisches Skelett, das sich auch bei starker Strömung nur geringfügig zur Seite drücken lässt.

Vorsicht: In der Nähe dieser Koralle muss man aufpassen, dass man nicht hängen bleibt, z. B. mit den so genannten Jetdüsen der Schwimmflossen. Man kann diese Koralle weder schneiden noch brechen.

Drahtkoralle
Cirripathes sp.
(Black Whip Coral)
etwa 1 m
Diese zart wirkende Koralle besitzt ein zähelastisches Skelett, aber die Oberfläche besteht aus einer sehr empfindlichen Gewebeschicht, die leicht beschädigt werden kann.

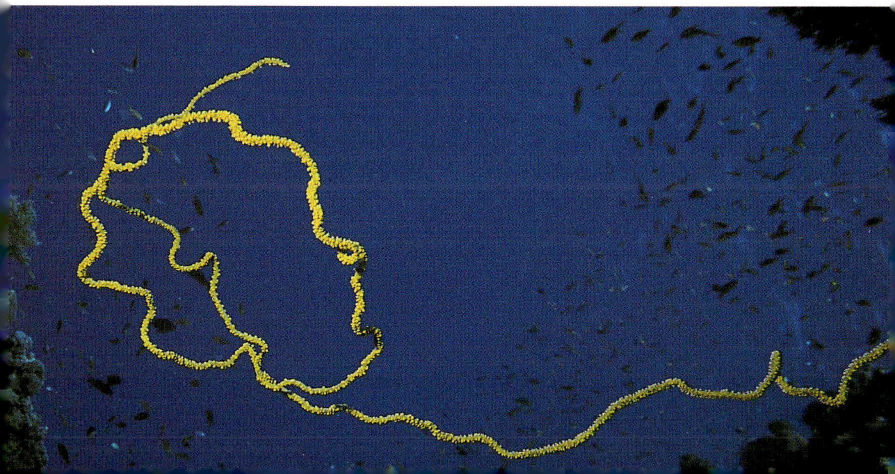

Zylinderrosen – Ceriantharia

Ordnung Zylinderrosen, Unterklasse Hexacorallia, Klasse Blumentiere (Anthozoa). Größe bis 40 cm.
Erkennungsmerkmale: Der langgestreckte Körper des Tieres steckt immer in einer selbst gefertigten Wohnröhre, die im Bodensediment steckt. Sie besteht aus einer gallertartigen Substanz, die den Sand zusammenhält. Bei Gefahr zieht sich das Tier sehr schnell darin zurück. Diese Wohnröhre kann bis zu 1 m lang sein und schließt häufig in Höhe des Bodens ab, so dass der äußere Tentakelkranz auf dem Grund als Klebefalle ausliegt. Die spitz zulaufenden Tentakel sind mit vielen Klebekapseln ausgestattet. Die Röhre kann aber auch weit über dem Boden enden. Ein typisches Erkennungsmerkmal sind die wesentlich längeren Tentakel der äußeren Reihen und die kurzen, leicht fluoreszierenden Tentakel des Zentrums. Die Färbung variiert von braun, violett, gelb, weiß bis grün.
Vorkommen: Tropische und kalte Gewässer, bis 35 m Tiefe, auf Böden mit Sedimentablagerung.
Lebensweise: Die ortsgebundene Zylinderrose hat nur einen kleinen Bewegungsspielraum in ihrer Wohnröhre. Sie besitzt kein Skelett und fängt sich wie alle Blumentiere vorbeidriftende Beute.
Nahrung: Zooplankton und kleine Tiere.
Fortpflanzung: Geschlechtlich, Larven leben planktonisch.

Zylinderrose
Cerianthus filiformis
(Tube Anemone)
etwa 12 cm Durchmesser
An ihren kurzen Innententakeln sind sie von Anemonen leicht zu unterscheiden.

Krustenanemonen – Zoantharia

Ordnung Krustenanemonen, Unterklasse Hexacorallia, Klasse Blumentiere (Anthozoa), Stamm Nesseltiere (Cnidaria). Etwa 300 Arten. Meist 1–2 cm Durchmesser.
Erkennungsmerkmale: Fast ausnahmslos koloniebildende Polypen, die sich eine zapfenartige Kruste aus siliziumhaltigen Partikeln von Schwämmen und Einzellern aufbauen. Dieses feine Fremdskelett wird vom Ektoderm überwachsen und befindet sich in der Rumpfwand des Polypen. Die Einzeltiere sind untereinander durch Kanälchen (Stolonen) verbunden. Sie siedeln auf festem Untergrund und sind unterschiedlich gefärbt – abhängig von den eingelagerten Zooxanthellen. In tropischen Gewässern können die Kolonien aus über 1000 Individuen bestehen.
Vorkommen: Weltweit, bis in die Polarregionen; auch im Süßwasser. Nicht sehr häufig.
Lebensweise: Ihr Nesselgift schützt sie weitgehend vor Fischen und weidenden Wirbellosen. Sie leben von Nahrung, die ihnen die Strömung zutreibt.
Fortpflanzung: Teils geschlechtlich, teils ungeschlechtlich; Knospung ist häufig.

Krustenanemonen
Palythoa sp.
(Daisy Coral)
etwa 12 mm Durchmesser
Sie leben fast ausschließlich in Kolonien.

Anemonen – Actiniaria

Ordnung Anemonen, Unterklasse Hexacorallia. 35 Arten, bis 1,5 m Durchmesser und damit größter Polyp.
Erkennungsmerkmale: Der meist scheibenartige Körper wird am Tag weit geöffnet, so dass die vielen Tentakel zu sehen sind. Die Tiere leben häufig mit mehreren der gleichen Art auf engem Raum zusammen und bilden eine Art »Rasenfläche«. Wenn es dunkel wird, zieht sich der Außenrand zusammen und die Tentakel verschwinden in einem ballonartigen Mantel; dann sind die Einzeltiere gut zu unterscheiden. So kann man auch die an der Basis befindliche große Fußscheibe gut erkennen, mit der sich das Tier auf Hartböden mit Klebekapseln anheftet. In nährstoffreichen Gewässern kommt es oft vor, dass sie sich schon am Tag schließen, wahrscheinlich weil ihr Nahrungsbedarf gedeckt ist. Anemonen besitzen unterschiedlich lange Tentakel. Die Färbung ist unauffällig graugrün oder beige, in seltenen Fällen fluoreszierend rötlich. Der Mantel hat häufig sehr kräftige Farben: violett, blau, rot, aber auch grau, braun und grünlich. In tropischen Gewässern kann man oft Anemonenfische zwischen ihren Tentakeln sehen; diese leben aber nur mit 10 Anemonenarten in Symbiose.
Vorkommen: In warmen und kalten Gewässern, meist in relativ flachem Wasser; die kleinen Schmarotzeranemonen leben auf den Gehäusen von Einsiedlerkrebsen.
Lebensweise: Anemonen führen ein sesshaftes (sessiles) Leben, können sich aber langsam kriechend fortbewegen. Sie besitzen kein Skelett. Bei Anemonen sind Symbiosen sehr häufig. Am bekanntesten ist die mit Anemonenfischen. Der Anemonenfisch ist zwischen den nesselnden und klebenden Tentakeln vor Raubfischen sicher. Andererseits verteidigt er seine Anemone gegen spezialisierte Feinde, die versuchen, die Tentakel abzubeißen. Außerdem schleppt er größere Futterbrocken aus der Umgebung heran, die die Anemone nicht erreichen kann. In Anemonen kann man auch verschiedene Krebsarten beobachten, die gegen das Nesselgift offensichtlich ebenso immun sind. Die kleinen Schmarotzeranemonen, die auf den Gehäusen von Einsiedlerkrebsen leben, werden auf diese Weise herumgetragen und kommen so zu unterschiedlicher Nahrung; der Krebs wird durch die nesselnden Tentakel geschützt (s. auch Foto Seite 81).
Nahrung: Zooplankton und Fische.
Fortpflanzung: Meist getrenntgeschlechtlich, einige Arten betreiben Brutpflege, bis die Larven schlüpfen. Andere vermehren sich ungeschlechtlich durch Abschnürung an der Basis oder Teilung des ganzen Tieres. Sie haben kein Medusenstadium.

Prachtanemone
Heteractis magnifica
(Sea Anemone)
etwa 80 cm
Am Tag sieht man meist nur die Tentakel. Die Färbung des Mantels variiert bei dieser Art sehr stark (vgl. die Fotos unten).

Prachtanemone
Heteractis magnifica
(Sea Anemone)
etwa 40 cm
In der Dämmerung zieht sich der Mantel zusammen, bis alle Tentakel umhüllt sind.

Prachtanemone
Heteractis magnifica
(Sea Anemone)
etwa 20 cm
Nur in wenigen Gebieten sind symbiotische Anemonen so häufig, dass nicht alle von Anemonenfischen besiedelt werden.

Steinkorallen – Madreporaria

Ordnung Steinkorallen, Unterklasse Sechsstrahlige Korallen (Hexacorallia), Klasse Blumentiere (Anthozoa). Stamm Nesseltiere (Cnidaria). Etwa 2500 heute lebende Arten. Größe der Polypen 1 mm bis ca. 40 cm. Größe der Stöcke bis mehrere Meter.

Erkennungsmerkmale: Steinkorallen sind bis auf wenige Ausnahmen fest am Grund angewachsene harte und unbewegliche Gebilde. Die Formen variieren sehr stark. Man findet Kugeln, Säulen, Becher, Platten, Bäumchen, Geweihe und viele andere. Steinkorallen sind vorwiegend bräunlich und grünlich gefärbt. Eine Kolonie wird von vielen, sehr kleinen Korallenpolypen gebaut und bewohnt. Je nach Art sind die Polypen mehr oder weniger gut erkennbar. Am Tag leben die Tiere eingezogen, aber nachts werden die Tentakel zum Fang von Nahrung ausgestreckt. Jeder Polyp besitzt sechs ungefiederte Tentakel. Im Zentrum befindet sich eine kleine, längliche Mundöffnung.

Vorkommen: Weltweit in tropischen Meeren; bis 50 m Tiefe. In sonnendurchflutetem Wasser mit einer Mindesttemperatur von 18 °C ganzjährig.

Lebensweise: Korallenpolypen produzieren zum Bau ihrer ständig wachsenden Skelette Kalk (Kalziumkarbonat), der im Meerwasser reichlich in Form von gelöstem Kalzium vorhanden ist. Die chemische Umwandlung von Kalk zu Kalkstein ist in atmosphärischer Luft durch die Aufnahme von Kohlendioxyd (CO_2) sehr einfach. Unter Wasser ist es aber ein sehr komplizierter Prozess. Ein Korallenriff kann aber nur entstehen, wenn der Aufbau der Kalkskelette schneller voranschreitet als die Zerstörung. Riffe werden duch viele Faktoren zerstört, auf die wir später zurückkommen. Korallenpolypen können nur mit Hilfe der Zooxanthellen – winziger Algen – schnell genug Kalk produzieren, dass es zur Riffbildung kommt. Die Polypen leben mit den Zooxanthellen in Symbiose; diese befinden sich in großer Zahl in den Geweben der riffbildenden (hermatypischen) Steinkorallen. Die Zooxanthellen können durch Photosynthese organische Verbindungen aufbauen und nehmen bei diesem Prozess Kohlendioxyd aus dem Organismus des Polypen auf. Das fördert die Ausscheidung von Aragonitkristallen, dem Baustoff für das Kalkskelett der Korallen. Die Kalkproduktion wird dadurch um das 10-fache gesteigert. Riffbildende Korallen wachsen mit zunehmender Wassertiefe langsamer, denn sie bekommen weniger Licht. Die meisten Steinkorallenarten kommen nur bis in 50 m Tiefe vor. Vereinzelt gibt es auch Korallen in Tiefen, in die nie ein Lichtstrahl durchdringt. Ohne die Symbiose zwischen den Zooxanthellen und den Korallenpolypen gäbe es weder das große Barriere-Riff in Australien noch die Malediven.

Geweihkoralle
Acropora elseyi
(Staghorn Coral)
Diese und ähnliche Arten besiedeln oft riesige Gebiete.

Kelchkoralle ▶
Tubastrea coccinea
(Daisy Coral)
etwa 6 cm
Links: Am Tage sind die Polypen eingezogen.
Rechts: Nachts ▶ und bei Strömung entfalten sich die Tentakel zu voller Pracht.

Steinkorallen (Fortsetzung)

Obwohl die Polypen fast nur am Tag den Kalk produzieren können, sind sie nachtaktive Tiere, die in der Dunkelheit aus ihrer Kalkfestung kommen, wenn die Korallenfische schlafen. Würden sie am Tag ihre Tentakel nach Plankton ausstrecken, wären sie schnell Opfer vieler Korallenfischarten – z. B. einiger Feilen- und Falterfische. Sobald ein tierischer Planktonorganismus mit den Polypen in Berührung kommt, wird er durch Nesselkapseln betäubt oder getötet und zur Mundöffnung geführt. Die gifthaltigen Nesselkapseln, die sich in großer Zahl besonders auf den Tentakeln konzentrieren, dienen auch der Feindabwehr. Korallen sind aber nicht nur auf diese eine Art der Ernährung angewiesen.
Steinkorallen wachsen am schnellsten in nährstoffarmem Wasser bei einer Temperatur von 25–30 °C. Das liegt daran, dass das Licht, das für die Photosynthese so dringend benötigt wird, durch den geringeren Planktonanteil tiefer in das Wasser eindringen kann. Auch die Wärme ist für den chemischen Prozess von großer Bedeutung. Deshalb gibt es auch in Gebieten, wo kaltes Wasser aus tieferen Schichten aufsteigt, keine Korallenriffe. Wegen der Nährstoffarmut des Wassers sind die Korallenpolypen auf weitere Nahrungsquellen angewiesen. Die Natur hat sie mit mikroskopisch feinen Wimpern ausgestattet, die sich auf der Körperoberfläche befinden. Alle Partikel, die als Nahrung erkannt werden, werden in Richtung Mundöffnung transportiert. Nicht Verdaubares, wie z. B. Sand, wird nach außen befördert. So reinigt sich die Koralle selbst. Auch mikroskopisch kleine Organismen, wie Bakterien, werden als Nahrung genutzt. Die Polypen können ihre Oberfläche mit einem Schleim bedecken, an dem diese Mikroorganismen haften bleiben. Die Wimpern transportieren den Schleim dann zum Mund. Außerdem nehmen die Polypen Zucker und Aminosäuren auf – die Stoffwechselprodukte der Zooxanthellen. Die letzte, wenn auch minimale Nahrungsquelle stellen organische Lösungen dar, die sich im Meerwasser befinden und über die Körperoberfläche aufgenommen werden können.
Eine weitere Voraussetzung für das Leben der Polypen ist der Salzgehalt des Wassers. Wenn bei extremer Ebbe die Korallen trocken in der heißen Sonne liegen, können sie durch eine schützende Schleimschicht 1 bis 2 Stunden überleben. Wenn es aber in dieser Zeit regnet, werden die Polypen in kurzer Zeit getötet. Vor Flussmündungen findet man in keinem Gebiet der Erde Korallen. Das hängt aber nicht nur mit dem verminderten Salzgehalt des Brackwassers zusammen. Alle Flüsse tragen ungeheure Mengen von Sedimenten ins Meer. Sie sind der größte Feind der Korallen.

Gleichmäßige Folienkoralle
Turbinaria frondens
(Disk Coral)
etwa 70 cm

Feinverzweigte Tischkoralle
Acropora spicifera
(Finely Branched Table Coral)
etwa 1,5 m
Unter günstigen Bedingungen können die Tierkolonien mehrere Meter groß werden.

Steinkorallen (Fortsetzung)

Sobald die Sedimentmenge größer ist, als die Koralle bei ihren Reinigungsarbeiten abtransportieren kann, versandet sie und stirbt ab. In Gebieten mit stärkerer Sedimentablagerung können sich deshalb steil stehende Korallen besser halten als flächige. Schnell wachsende Steinkorallen können unter günstigen Bedingungen während eines Jahres fast 10 cm wachsen, andere nur wenige Millimeter.
Korallen haben viele Feinde; am bekanntesten ist eine Seesternart, die Dornenkrone. Sie kommt in allen Korallenriffen vor und gefährdet diese nicht, solange sie nicht überhand nimmt. Ihr natürlicher Feind ist das Tritonshorn, eine sehr große Schnecke, die zum ökologischen Gleichgewicht im Riff beiträgt. Durch den ständig wachsenden Tourismus und dem damit verbundenen Kauf der Schneckengehäuse werden die Tiere vermehrt gesammelt. Die zwangsläufige Folge ist die Vermehrung der Dornenkrone. Die Seesterne stülpen sich über Steinkorallen und geben aus dem Magen Verdauungsfermente ab, welche die Polypen töten und vorverdauen. Danach saugen sie die halbverflüssigten Polypen aus ihren Kelchen. Weitere spezialisierte Polypenfresser sind Falter- und Feilenfische, die mit ihren spitzen Schnauzen die Polypen ganz oder teilweise abzupfen. Papageienfische schaben mit ihren starken Zahnplatten über die Korallen und hinterlassen deutliche Spuren. Sie beißen auch Korallenstücke ab. Andere Feinde der Steinkorallen sind bohrende Organismen, die das Skelett von innen schwächen, bis es durch die Wasserbewegung oder das Eigengewicht zusammenbricht. Zu diesen Bohrern zählen manche Schwämme, Muscheln, Krebse und Algen. Korallen werden auch durch Raumkonkurrenten gefährdet, z. B. überwachsen Algen Korallenstöcke und ersticken die Polypen. Das vermehrte Algenwachstum ist häufig auf Düngemittel zurückzuführen, die oft weit entfernt vom Meer durch Regen in Bäche gelangen und zum Schluss ins Meer transportiert werden. Das führte in manchen Gebieten zum totalen Absterben von Riffgebieten.
Nahrung: Zooplankton.
Fortpflanzung: Hauptsächlich ungeschlechtlich durch Teilung der Polypen, aber auch geschlechtlich. Die von männlichen Korallen abgegebenen Samenzellen gelangen auf dem gleichen Weg wie die Nahrung in den Gastralraum der weiblichen Polypen, in dem die Eier befruchtet werden. Die Eier reifen teilweise in den Mutterpolypen, bis die Larven schlüpfen und ins freie Wasser ausgestoßen werden. Das Larvenstadium dauert je nach Art mehrere Stunden oder Tage. Wenn die Larven sich setzen, dauert es etwa 1 Woche, bis sie sich ungeschlechtlich vermehren.

Blasenkoralle
Plerogyra sinuosa
(Rounded Bubble Coral)
Am Tag werden die einzelnen Polypen durch erhöhten Innendruck aufgeblasen.

Pilzkoralle
Fungia sp.
(Mushroom Coral)
etwa 20 cm
Eine der wenigen solitären Korallen, d.h. dass die Koralle nur aus einem Polypen besteht. Sie können bis 80 cm groß werden.

Weichkorallen – Alcyonacea

Ordnung Weichkorallen, Unterklasse Octocorallia, Klasse Blumentiere (Anthozoa), Stamm Nesseltiere. Größe der Kolonien bis ca. 1 m.

Erkennungsmerkmale: Oft bäumchenartige, fleischige Kolonien mit dicken Stämmen. Die mit Polypen bedeckten Verzweigungen können wie Blüten aussehen (Blumentiere); Stamm und Äste häufig transparent, so dass die eingelagerten Kalknadeln (Skleriten) gut zu erkennen sind. Bei manchen Arten stehen in der Nähe der Polypen die Skleriten wie Stacheln aus den Zweigen. Die Gattung *Sarcophyton* hat eine pilzähnliche Form, nur der Rand des Hutes verläuft extrem wellenförmig und vergrößert so die Oberfläche der Kolonie. Diese Arten sind hellgrau oder beige gefärbt. Ungewöhnlich sind die aktiven Bewegungen von Vertretern der Familie Xeniidae; ihre Polypenarme können sich blütenartig rhythmisch öffnen und schließen. Durch diese Bewegungen werden Strömungen und Wirbel erzeugt und eine größere Menge Wasser gefiltert. Die Polypen der Weichkorallen sind relativ groß und stehen auf langen Stielen; sie sind weiß, hellgrau oder beige. Weichkorallen werden auch Lederkorallen genannt. Dieser Name stammt wahrscheinlich von der Gattung *Sinularia*. Die Arten bedecken tote Korallenstöcke mit einer dicken, lederartigen Schicht, die mit hochstehenden Wülsten und Zäpfchen versehen ist. *Sinularia* ist ein starker Raumkonkurrent der Steinkorallen. Farben: beige oder graublau. Außer den Xeniidae können alle Weichkorallen ihre Polypen einziehen.

Vorkommen: Rotes Meer, Andamanen und Nikobaren. Man findet sie aber auch in anderen Gebieten, manche Arten sogar in kaltem Wasser.

Lebensweise: Weichkorallen sind schlauchartige Gebilde, die ihren Halt von dem Wasserdruck im Inneren bekommen. Dieser wird durch umgebildete Polypen ventilartig gesteuert. Nachts werden die Weichkorallen aktiver und richten sich durch erhöhten Innendruck zu ihrer vollen Größe auf. Eine weitere Stütze sind die Kalkskleriten. Weichkorallen besitzen kein inneres Achsenskelett. Sie siedeln auf Hartböden, wie Fels oder Korallengestein, aber auch auf Muschelschalen. Die Polypen sind durch ein Röhrensystem miteinander verbunden, das eine Ernährung untereinander möglich macht. Gäbe es diese »soziale Einrichtung« nicht, bekäme ein Teil der Kolonie keine Nahrung. Der Innendruck könnte nicht gehalten werden, und die Koralle würde zu Boden sinken.

Nahrung: Zooplankton.

Fortpflanzung: Geschlechtlich, Larven leben planktonisch, sonst wenig bekannt.

Weichkoralle ►
Nephthya sp.
(Soft Coral)
etwa 70 cm
Nachts sind die Tiere aktiv und richten sich durch erhöhten Innendruck zu ihrer vollen Größe auf.

Weichkoralle ►
Dentronephthya sp.
(Soft Coral)
etwa 60 cm
Am Tag lassen sie oft die »Zweige« hängen.

Lederkoralle
Sarcophyton sp.
(Soft Coral)
etwa 80 cm
Die weißen Punkte sind die Polypen.

Hornkorallen – Gorgonacea

Ordnung Hornkorallen, Unterklasse Octocorallia, Klasse Blumentiere (Anthozoa), Stamm Nesseltiere. Etwa 1200 Arten. Größe der Kolonien bis 3 m.

Erkennungsmerkmale: Man könnte sie aufgrund ihrer Form eher für Pflanzen halten. Sie wachsen zwei- oder dreidimensional und sind meist stark verzweigt. Die einzelnen Äste sind relativ dünn und mit vielen, oft dicht stehenden Polypen bedeckt. Zweidimensionale Arten stehen quer zur vorherrschenden Strömung. Der ganze Fächer steht häufig auf einem kurzen Stamm, der auf festem Untergrund verwachsen ist. Die Haftfläche ist entweder flächig vergrößert oder wurzelartig verzweigt. Die Skelette der Tierkolonien bestehen aus einer elastischen Hornsubstanz, dem Gorgonin, das mit Kalkeinlagerungen (Skleriten) verstärkt ist. In Gebieten mit großen Vorkommen sind die Skleriten nach dem Absterben der Hornkoralle an der Riffbildung geringfügig beteiligt. Sie sind in den unterschiedlichsten Farben zu finden: rot, orange, gelb, violett; sehr große Arten sind meist grauviolett; die Polypen sind weiß oder gelb. Zu den Hornkorallen gehören auch die Peitschenkorallen, die meist vom Grund senkrecht nach oben wachsen; das sich verjüngende Ende hängt oft peitschenartig nach unten. Sie sind nicht verzweigt und leuchtend rot oder beige gefärbt. Alle Arten besitzen achtstrahlige, gefiederte Polypen mit einer schönen Symmetrie.

Vorkommen: Tropische bis kalte Meere; im Westatlantik besonders häufig. Im Roten Meer und Indopazifik.

Lebensweise: Hornkorallen sind durch ihre sesshafte Lebensweise von der Planktondrift abhängig. Mit ihrem oft großflächigen, engen Fächer filtrieren sie optimal das Plankton aus dem Wasser. Aber es setzen sich dadurch auch viele Larven an, die die Korallen teilweise überwachsen. Zu diesen Feinden zählen verschiedene Algenarten, Schwämme, andere Nesseltiere, Röhrenwürmer und Muscheln. Hornkorallen sind mit einer sehr empfindlichen, lebenden Gewebsschicht umgeben, die bei mechanischer Berührung leicht beschädigt wird. Die Schicht besteht aus den Polypen und einem Stützgewebe, das mit Verdauungskanälen durchzogen ist. Durch diese Kanäle sind die Polypen untereinander verbunden, wodurch die Ernährung der ganzen Kolonie gesichert ist. Wenn durch bestimmte Umstände ein Teil der Kolonie kein Plankton erbeuten kann, wird er von anderen Polypen versorgt.

Nahrung: Plankton.

Fortpflanzung: Getrenntgeschlechtlich; die Eier und der Samen befinden sich im Gastralraum der Polypen. Die Eier werden durch eingestrudelten Samen befruchtet und dann ins freie Wasser ausgestoßen.

Gorgonie
Subergorgia sp.
(Gorgonian Fan Coral)
etwa 1,8 m
Hornkorallen haben eine empfindliche, lebende Gewebsschicht, die bei Berührung leicht beschädigt werden kann.

Peitschenkoralle
Juncella sp.
(Whip Coral)
etwa 80 cm
Man kann auch am Tag die Polypen erkennen.

Seefedern – Pennatulacea

Ordnung Seefedern, Unterklasse Octocorallia, Klasse Blumentiere (Anthozoa), Stamm Nesseltiere. Über 300 Arten. Größtes vermessenes Exemplar 2,3 m; meist nur bis 20 cm.
Erkennungsmerkmale: Diese Tierkolonien erinnern an eine im Sand steckende Feder. Sie bestehen aus einem Primärpolypen mit einer keulenähnlichen Form und vielen Sekundärpolypen, die meist nach 2 Seiten aus den Wänden des Primärpolypen hervorsprießen. Eine große Seefeder kann über 35 000 Sekundärpolypen auf 40 Zweigpaaren besitzen. Der Primärpolyp erstreckt sich von dem im Boden verankerten Fuß bis zur Spitze der Kolonie und wird bei vielen Arten von einem hornigen Skelettstab gestützt, der etwa ein Drittel der Gesamtlänge des Polypen besitzt. Diese Hohltiere ändern ihre Größe, indem sie den Innendruck vergrößern oder auf ein Minimum reduzieren. Bei starker äußerer Reizung wird das Wasser innerhalb von 30 Sekunden durch kräftige Kontraktion ausgespritzt. Sie können so extrem schrumpfen, dass der Skelettstab oben aus der Seefeder herausragt. Nicht alle Arten haben eine federähnliche Form; bei einigen sprießen die Sekundärpolypen nach allen Seiten aus dem Primärpolypen. Seefedern kommen in vielen Farben vor: rot, orange, gelb, beige, braun und weiß, häufig in Pastelltönen. Nachts können sie durch Absondern eines lumineszierenden Schleimes in verschiedenen Farben leuchten. Diese durch Reizung der Nerven ausgelöste Reaktion ist bei manchen Arten besonders stark.
Vorkommen: Zirkumglobal, in Sand- und Sedimentböden.
Lebensweise: Obwohl sie, mit ihrem Fuß im Boden verankert, scheinbar sessil leben, sind sie imstande, ihren Standort zu verändern. Zu diesem Zweck wird durch Wechseln des Innendruckes der Körper gestreckt und wieder zusammengezogen. Auf diese Weise bewegt sich das Tier kriechend vorwärts. An einem geeigneten Standort bohrt sich der Fuß durch Verändern des Druckes in den Untergrund und verankert sich. Nachts wird zum Planktonfang der Innendruck der Kolonie erhöht und sie richtet sich zu ihrer vollen Größe auf, bei Tagesanbruch schrumpft die Kolonie wieder und liegt scheinbar leblos auf dem Grund oder zieht sich unter die Oberfläche zurück. Alle federförmigen Arten bevorzugen Gebiete mit nur einer Strömungsrichtung, während runde Formen auch in Gebieten mit wechselnder Strömung vorkommen.
Nahrung: Ausschließlich Plankton.
Fortpflanzung: Alle Polypen einer Kolonie sind entweder männlich oder weiblich. Die meisten Arten geben ihre Keimzellen ins Wasser ab, nur wenige sind lebendgebärend. Die Planula-Larven leben einige Tage pelagisch.

Seefeder
Pteroeides sp.
(Sea Pen)
bis etwa 20 cm
Diese schönen Tierkolonien sind vorwiegend nachtaktiv und nur selten am Tag zu sehen. Sie kommen vorwiegend in Gebieten vor, die eine vorherrschende Strömungsrichtung aufweisen.
Zirkumglobal.

Rippenquallen – Ctenophora

Stamm Rippenquallen. Über 80 Arten. Von wenigen Millimetern bis max. 1,5 m (Venusgürtel), meist nur bis 10 cm.
Erkennungsmerkmale: Formenreiche Gruppe mit transparentem, fast glasklarem Körper, der rosa getönt sein kann. Sie leben fast ausnahmslos im Freiwasser und sind unter dem volkstümlichen Namen Seestachelbeeren bekannt. Ihr Wuchs kann kugel-, birnen-, glocken- oder eiförmig sein. Von den meist runden Körperformen weicht die Ordnung Venusgürtel (Cestidea) sehr ab. Ihr bandartiger Körper ist meist 0,5–1 m lang. Alle Rippenquallen sind sehr schwer zu entdecken, am ehesten kann man bei Sonnenlicht ihre »Rippen« (in Reihen angeordnete Wimperplättchen) erkennen, die in den Regenbogenfarben irisieren. Trotz ihrer Ähnlichkeit mit den Nesselquallen besitzen Rippenquallen keine Nesselkapseln. Die Angehörigen der Unterklasse Tentakeltragende Rippenquallen (Tentaculifera) besitzen Tentakel – dünne, mit Greifzellen ausgestattete Fäden, die dem Beutefang dienen. Einige Arten sind mit 2 verzweigten Tentakeln ausgerüstet, die sehr lang werden und vollkommen in tiefe Tentakeltaschen eingezogen werden können. Die Vertreter der Unterklasse Tentakellose Rippenquallen (Atentaculata) besitzen eine sehr große Mundöffnung, mit der sie Beutetiere bis zur eigenen Größe verschlingen können; sie ernähren sich von anderen Rippenquallen. Viele Arten der Rippenquallen haben die Fähigkeit, nachts zu leuchten; manche so intensiv, dass man in ihrer Nähe lesen kann. Bei tropischen Arten wird diese Erscheinung durch eine Reizung für nur wenige Sekunden ausgelöst.
Vorkommen: Weltweit in allen Meeren.
Lebensweise: Die im Freiwasser lebenden Arten bewegen sich mit ihren Wimperplättchen vorwärts, die langsam in die eine Richtung und kräftig in die andere geschlagen werden. Der Schlag beginnt am oberen Scheitelpol und läuft allseitig nach unten. Durch unterschiedlich kräftiges Schlagen der verschiedenen Reihen können die Tiere gut manövrieren und in jede Richtung steuern. Venusgürtel können bei Reizungen auch schlängelnde Schwimmbewegungen ausführen. Die Tiere sind sowohl einzeln als auch in großen Schwärmen anzutreffen. Diese Ansammlungen treten oft gemeinsam mit Nesselplankton auf, was man durch Brennen auf der Haut bemerkt. Da man das Nesselplankton nicht sieht, glauben viele, dass Rippenquallen zu den Nesseltieren gehören würden.
Nahrung: Plankton, Salpen und andere Rippenquallen.
Fortpflanzung: Alle Arten sind Zwitter, die männliche und weibliche Geschlechtszellen produzieren. Bei einigen Arten wird eine zweimalige Geschlechtsreife beobachtet.

Rippenqualle
Hormiphora sp.
(Comb Jellyfish)
bis 10 cm
Rippenquallen sind in den meisten tropischen Meeren – besonders in klarem Wasser – selten zu sehen. Gelegentlich kommt es in manchen Gebieten mit planktonreichem Wasser zu Massenansammlungen.
Zirkumtropisch.

Rippenqualle
Hormiphora sp.
(Comb Jellyfish)
bis etwa 10 cm
Rippenquallen kommen oft zusammen mit Nesselplankton vor. Deshalb glauben viele, dass sie zu den Nesseltieren gehören würden. Sie besitzen aber keine Nesselkapseln.
Alle tropischen Meere.

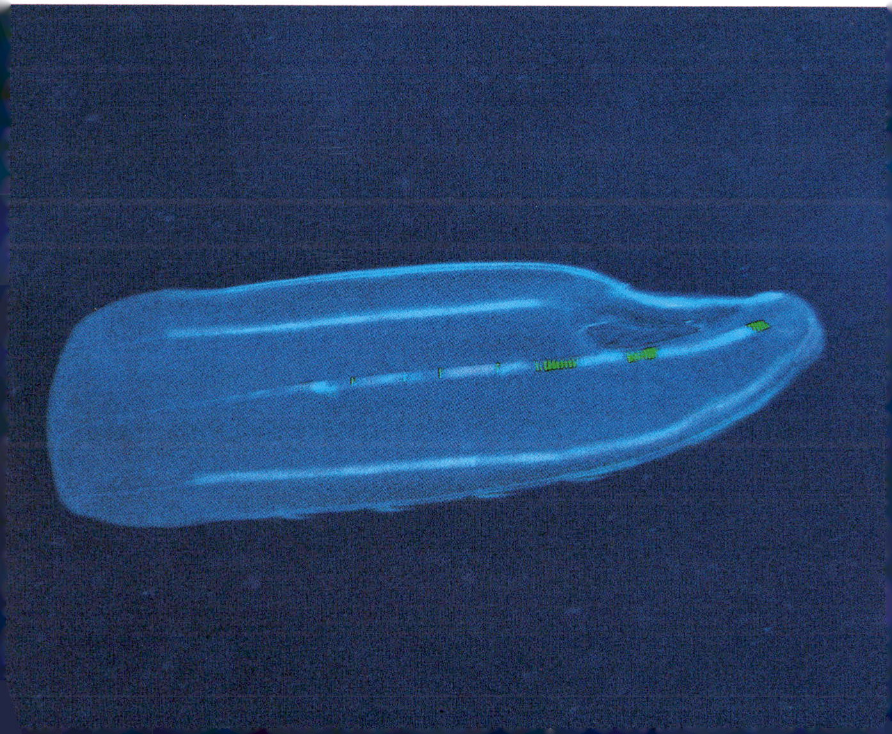

Meeresstrudelwürmer – Policladida

Ordnung Meeresstrudelwürmer, Klasse Strudelwürmer (Turbellaria), Stamm Plattwürmer (Plathelminthes). Etwa 2500 Arten. Ca. 1 mm bis 10 cm lang.

Erkennungsmerkmale: Diese zarten Geschöpfe lassen einen Betrachter nicht auf die Idee kommen, dass es sich hier um einen Wurm handelt. Sie erinnern sehr an Nacktschnecken; diese haben aber auf dem Rücken meist gefiederte Kiemenbüschel, Warzen, Wülste oder höckerartige Erhöhungen, die den Strudelwürmern fehlen. Ihr stark abgeplatteter Körper besteht aus einer breiten Fußscheibe, die am Rand in einen dünnen Flossensaum übergeht. Am Vorderende der Tiere befinden sich 2 Fühler. Bei manchen Arten bildet der Saum 2 ohrenartige Ausstülpungen, die relativ nahe beieinander stehen. Die dunkel pigmentierten Augen befinden sich hinter den Fühlern; manche Arten haben 4 Augen, andere gar keine. Die Körperoberfläche ist dicht mit Wimperhärchen besetzt. Viele Arten sind prächtig gefärbt und auffallend gemustert.

Vorkommen: In allen Gewässern auf jedem Untergrund. Gelegentlich schwimmen sie in Bodennähe.

Lebensweise: Strudelwürmer haben ihren Namen von ihrer nicht alltäglichen Fortbewegungsart. Durch das Schlagen der Cilien entstehen um den Körper herum kreisende Wasserstrudel. Außerdem werden die Längsfasern der Kriechsohlenmuskeln rhythmisch in Wellen von vorn nach hinten kontrahiert und schieben den Körper auf den Schleimabsonderungen voran. Diese Kombination verleiht den Tieren so harmonische Bewegungen, wie sie nicht oft zu beobachten sind. Auch die eleganten Schwimmbewegungen der Strudelwürmer stehen den Kriechbewegungen nicht nach. Die Tiere sind tag- und nachtaktiv. Ihre Regenerationsfähigkeit ergänzt fehlende Körperstücke, und aus Teilen können wieder ganze Individuen entstehen. In dieser Gruppe befinden sich nicht nur Pflanzenfresser, sondern auch Räuber. Trotz der langsamen Bewegungen können sie andere Lebewesen erbeuten. Wenn sie ein Tier aufgespürt haben, kriechen sie langsam heran und ziehen ihren Körper dabei zusammen. Im Moment des Angriffs wird der Vorderkörper plötzlich gestreckt und die rüsselartig ausstülpbare Mundöffnung an der Unterseite ergreift das Opfer.

Nahrung: Algen, Schwebe- und Sinkstoffe; räuberische Arten kleine Niedere Tiere.

Fortpflanzung: Alle Plattwürmer sind Zwitter, die sich durch Kopulation befruchten. Die kleinen runden Eier werden einzeln abgelegt; es kommen aber auch gestielte Gelege mit 30–40 Eiern vor. Nur selten leben die Larven planktonisch, sie entwickeln sich fast ausschließlich am Boden. Das Larvenstadium dauert 1–3 Wochen.

Bedfords Strudelwurm
Pseudobiceros bedfordi
(Bedford's Flatworm)
bis 10 cm
Strudelwürmer können auch elegant Schwimmen.

Goldflecken-Strudelwurm
Pseudoceros sp.
(Flatworm)
etwa 4 cm
Das Nesselgift der Steinkoralle, über die er kriecht, schadet ihm offensichtlich nicht.

Vorderkiemer (Schnecken) – Prosobranchia

Unterklasse Vorderkiemer, Klasse Schnecken (Gastropoda); Unterstamm Schalenweichtiere (Conchifera), Stamm Weichtiere (Mollusca). Etwa 20000 im Meer lebende Arten. Bis 60 cm lang.

Erkennungsmerkmale: Der Körper gliedert sich in Kopf, muskulöse Fußscheibe und Mantel, der in einem asymmetrischen, spiralig gedrehten Gehäuse untergebracht ist. Die im Meer lebenden Schnecken unterscheiden sich von den Landschnecken nur durch die Kiemen, die sich zusammen mit anderen inneren Organen in der Mantelhöhle befinden. Der Kopf der Tiere ist mit Fühlern, teils mit Augen und einer Raspelzunge ausgestattet. Die Außenhaut des Mantels besitzt die Fähigkeit, Kalk abzusondern, und bildet auf diese Weise das Schneckengehäuse. Bei Gefahr kann sich das ganze Tier in sein Gehäuse zurückziehen und die Öffnung mit einem passend geformten Deckel, dem Operculum, verschließen. Die Gehäuse unterscheiden sich nicht nur in ihrer Größe, sondern auch in ihrer Form, Färbung und Zeichnung. Die meisten Arten haben einen starken Bewuchs auf dem Gehäuse, der sie in ihrer natürlichen Umgebung gut tarnt. Nur Porzellanschnecken, zu denen die bekannten Kaurischnecken gehören, überziehen ihr Gehäuse mit ihren Mantellappen. Dadurch kann sich zu Lebzeiten auf ihrer Oberfläche kein Bewuchs bilden.

Vorkommen: Weit verbreitet in allen Gewässern, von der Gezeitenzone bis in große Tiefen.

Lebensweise: Schnecken bewegen sich langsam kriechend auf ihrer Fußscheibe vorwärts. Dabei werden große Mengen von Schleim abgesondert. Unter Schnecken finden wir nicht nur harmlose Weidegänger, sondern auch viele räuberische Arten. Sie überfallen andere Schalenweichtiere und durchbohren mit ihrer scharfen Raspelzunge die Schalen ihrer Opfer. Es gibt sogar Schnecken, die in der Lage sind, Fische zu erbeuten. Sie können gezielt Giftpfeile abschießen, die die Fische betäuben. Die räuberisch lebenden Schneckenarten haben Stielaugen, die auch aus dem Gehäuse schauen können, wenn das Tier eingezogen ist.

Nahrung: Je nach Art verschieden, z.B. Pflanzen, Plankton, Weichtiere, Aas, Hydroiden, Schwämme.

Fortpflanzung: Sie sind in der Regel getrenntgeschlechtlich. Befruchtung häufig durch kopulieren, aber auch freie Samenabgabe ins Wasser. Relativ langes Larvenstadium; viele Larven mit »Segel«, das abgeworfen wird, wenn ihr benthisches Leben beginnt.

Vorsicht: Einige Arten können Giftpfeile abschießen, die auch dem Menschen gefährlich werden können.

Tritonshorn
Charonia tritonis
(Triton's Trumpet)
etwa 35 cm
Viele Taucher nehmen Schnecken in die Hand und lassen sie dann fallen. In Rückenlage kann die Schnecke aber erst nachts ihr schützendes Haus verlassen und sich in Kriechposition drehen.

Treppenschnecke
Volema sp.
(Stair Snail)
12 cm
Nur nachts, wenn die Tiere auf Nahrungssuche sind, kann man den Kriechfuß und Sipho deutlich erkennen. Indopazifik.

Gezähnte Kreiselschnecke ▶
Tectus dentatus
(Marine Snail)
etwa 8 cm
Durch verschiedenen Bewuchs auf dem Gehäuse sind viele Schnecken gut getarnt.

Eierschnecke ▶
Ovula ovum
(Egg Cowry)
etwa 7 cm
Eierschnecken können mit ihren Mantellappen das Gehäuse ganz überziehen; das Gehäuse ist deshalb immer blank.

Hinterkiemer (Schnecken) – Opisthobranchia

Unterklasse Hinterkiemer, Klasse Schnecken (Gastropoda). Bis 30 cm lang, meist aber um 5 cm. Etwa 4500 im Meer lebende Arten.

Erkennungsmerkmale: Die unter dem volkstümlichen Namen Nacktschnecken bekannten Hinterkiemer haben bis auf wenige Arten kein Gehäuse. Ihre Kiemen befinden sich hinter dem Herzen. Der Körper besteht aus dem meist fühlertragenden Kopf, der muskulösen Fußscheibe und dem rückgebildeten Mantel. Die Kiemenbüschel befinden sich auf der hinteren Hälfte des Körpers. Bei manchen Arten fehlen die Kiemen völlig. Die Sauerstoffaufnahme erfolgt dann über die Körperoberfläche, die durch Höcker, Warzen und Wülste vergrößert wird. Die Körperform variiert extrem von oval bis langgestreckt dünn. Nacktschnecken besitzen oft Flossensäume oder die verschiedensten Auswüchse. Arten der Familie Fadenschnecken haben einen sehr dünnen, langgestreckten Körper mit vielen Anhängseln, die symmetrisch in Gruppen angeordnet sind. Viele Arten sind prächtig gefärbt und auffallend gemustert.

Vorkommen: In tropischen bis kühleren Meeren, auf allen Böden, am häufigsten in nicht zu tiefem Wasser.

Lebensweise: Nacktschnecken bewegen sich wie ihre nächsten Verwandten, die gehäusetragenden Schnecken, kriechend vorwärts. Sie scheiden dabei Schleim aus Drüsen am vorderen Teil der Kriechsohle aus. Viele Arten sind auch in der Lage zu schwimmen. Dabei werden die seitlichen Flossensäume in großen, wellenförmigen Schlägen bewegt. Diese eleganten, anmutigen Bewegungen faszinieren jeden Betrachter. Besonders größere Arten, wie die Spanische Tänzerin, die im Roten Meer purpurrot gefärbt ist, bewegen sich eindrucksvoll. Die gehäuselosen, scheinbar schutzlosen Geschöpfe können zwar kein Gift produzieren, aber mit der Nahrung aufnehmen und im Körper speichern, ohne dass die Giftstoffe ihnen schaden. Diese stammen von Schwämmen und Algen (Blau- und Braunalgen); Arten aus 2 Gattungen können sogar aktive Nesselkapseln speichern.

Nahrung: Organische Sedimente, Seegras, Algen, Schwämme, Nesseltiere, Aas und andere Schnecken.

Fortpflanzung: Nacktschnecken sind fast ausnahmslos Zwitter. Es wurden Paarungen in Ketten beobachtet, bei denen das erste Tier die weibliche, das letzte die männliche Rolle hatte. Alle dazwischen befindlichen Schnecken übernahmen beide Rollen. Die Eier werden in Schnüren oder Bändern in Schleimhüllen, oft spiral gedreht, abgelegt. Das planktonische Larvendasein ist unterschiedlich lang und umfaßt 1–2 Stadien.

Gebänderte Sternschnecke
Chromodoris magnifica
(Pyjama Nudibranch)
etwa 6 cm
Hinterkiemer schützen sich durch Giftstoffe, die sie mit der Nahrung aufnehmen.
Philippinen bis Australien.

Schwarzfleck-Sternschnecke
Chromodoris tritos
(Nudibranch)
etwa 5 cm
Die Kiemenbüschel auf dem Rücken der Hinterkiemer befinden sich hinter dem Herzen (Name).
Seychellen bis Malediven.

Spanische Tänzerin
Hexabranchus sanguineus
(Spanish Dancer)
bis 50 cm
Von dieser großen Sternschnecke gibt es geografisch unterschiedliche Farbvarianten.
Nur sehr selten kann man beobachten, wenn sich eine Spanische Tänzerin vom Substrat löst und frei im Wasser schwimmt.
Rotes Meer bis Pazifik.

Variable Warzenschnecke
Phyllidia varicosa
(Nudibranch)
bis 10 cm
Warzenschnecken besitzen kein spezielles Atemorgan. Sie nehmen den Sauerstoff über die Körperoberfläche auf, die durch Wülste und Noppen vergrößert wird.
Rotes Meer bis Zentralpazifik.

Trauer-Sternschnecke
Jorunna funebris
(Nudibranch)
bis 5 cm
Diese Art lebt bevorzugt auf Schwämmen.
Malediven, Philippinen bis Australien.

Rückenschildschnecke
Barthella martensi
(Nudibranch)
5 cm
Die Vertreter dieser Familie haben die Kiemen zwischen Mantel und Fußscheibe.
Mauritius bis Ostpazifik.

Gefleckte Bäumchenschnecke
Bornella anguilla
(Nudibranch)
7 cm
Sie hat eine ungewöhnliche Schwimmweise: Mit seitlichen Körperbewegungen schwimmt sie ähnlich wie ein Fisch und erreicht dabei ein erstaunliches Tempo.
Mauritius bis Marshall-Inseln.

Fadenschnecke
Pteraeolidia ianthina
(Nudibranch)
15 cm
Durch die fadenförmigen Anhängsel wird die Körperoberfläche wesentlich vergrößert und der Sauerstoff aufgenommen.
Rotes Meer und Indopazifik.

Muscheln – Bivalvia

Klasse Muscheln, Stamm Weichtiere (Mollusca). Etwa 8000 Arten. Größe 0,5–60 cm, selten größer.

Erkennungsmerkmale: Der Körper wird von 2 Schalen eingeschlossen. Die beiden Schalenhälften sind teils symmetrisch, teils asymmetrisch; bei manchen Gruppen kann eine davon fest mit dem Untergrund verwachsen sein. Beide Hälften sind elastisch mit einem Band, dem Ligament, verbunden und werden durch kräftige Schließmuskeln zusammengehalten. Die Formen der Schalen variieren von rund über elliptisch, keilförmig bis zur langgestreckten Scheidenform. Die Schalen sind oft prächtig gefärbt und gemustert, aber auf der Außenseite meist mit unansehnlichem Bewuchs überdeckt. Oft sind die Tiere am Grund mit Bartfäden (Byssusfäden) verankert, die aus einem erstarrten Haftsekret bestehen. Die beim Nahrungserwerb geöffneten Schalen geben oft den Blick auf die Mantelränder frei, die bei wenigen Arten nach außen gestülpt werden können. Diese sind oft prächtig in schillernden Tönen gefärbt und gemustert. Einige Arten haben auf den Mantelrändern eine große Zahl von einfachen Sinnesorganen, die in der Nähe ausgeführte Bewegungen registrieren und das schnelle Schließen der Schalen auslösen.

Vorkommen: In allen Meeren, von der Gezeitenzone bis in die Tiefsee, auf allen Böden.

Lebensweise: Nur ein kleiner Teil der vielen Muschelarten ist auf dem Grund oder an Gestein angeheftet zu sehen. Der weitaus größere Teil lebt im Verborgenen; eingegraben in Sand oder Schlamm, aber auch in Holz oder Gestein, in das sich die Muscheln mechanisch oder mit kalklösenden Ausscheidungen einbohren. Sie zerbohren auch Korallengestein, bis Korallen oder auch ganze Riffteile abbrechen oder in sich zusammenfallen. Einige Arten beenden ihre zerstörerische Tätigkeit, wenn sie im Gestein geschützt eingebettet sind, und halten nur die Atemröhre frei, durch die sie ihre Nahrung einstrudeln. Nur wenige Muscheln bewegen sich schnell vorwärts; Herzmuscheln sind fähig, mit ihrem abgewinkelten Fuß Sprünge zu machen, und Feilen- und Kammmuscheln bewegen sich durch Öffnen und Schließen der Schalen schwimmend nach dem Prinzip des Rückstoßes vorwärts. Riesenmuscheln können über 100 Jahre alt werden. Feinde der Muscheln sind größere Seesterne, Krebse, räuberische Schnecken und Fische. Es sind auch Symbiosen mit kleinen Krebsen bekannt.

Nahrung: Plankton und Schwebestoffe werden eingestrudelt und mit netzartigen Kiemen ausgefiltert. Muscheln speichern auch Giftstoffe in ihrem Körper.

Fortpflanzung: Eier und Samen werden ins freie Wasser ausgestoßen.

Stachel-Auster
Spondylus varius
(Thorny Oyster)
etwa 30 cm
Muscheln haben an den Mantelrändern einfache Lichtsinnesorgane, die Feinde wahrnehmen.

Riesenmuschel
Tridacna squamosa
(Giant Clam)
etwa 80 cm
Einige Muschelarten können die Mantellappen ausstülpen, die mit vielen Lichtsinnesorganen ausgestattet sind.

Sepien – Sepioidea, Kalmare – Teuthoidea

Ordnungen Sepien und Kalmare, Klasse Kopffüßer (Cephalopoda), Stamm Weichtiere (Mollusca). Die Klasse umfasst 650 Arten. Größter vermessener Riesenkalmar (Tiefseebewohner) 21,95 m.

Erkennungsmerkmale: Der leicht abgeplattete Körper besteht aus dem Kopf und Mantel mit Mantelhöhle, der eine abgerundete, sackartige Form hat und von einem Flossensaum ganz oder teilweise umgeben ist. Am Kopf befinden sich 10 Arme, die um das schnabelartige Maul angeordnet sind. Zwei davon sind stark verlängerte Fangarme, die in Taschen eingezogen werden können. Die acht kurzen Arme werden beim Schwimmen dicht zusammengehalten und verlängern den Kopf wie eine Spitze. Auf jedem der Arme befinden sich vier Reihen von Saugnäpfen. Die zwei langen Fangarme sind sehr schlank und haben nur vorn an den blattartig verbreiterten Enden viele Saugnäpfe. Kopffüßer besitzen sehr hoch entwickelte, große Augen, die in ihrem Aufbau den Augen eines Wirbeltieres gleichen.

Vorkommen: Weltweit, oberflächennah bis 5000 m tief.

Lebensweise: Kalmare sind sehr gute Schwimmer, die vor- und rückwärts schwimmen können. Sie bewegen dabei ihre Flossensäume wellenförmig. Der Rückstoß des ausgepressten Atemwassers unterstützt diese Bewegung. Kalmare leben vorzugsweise im offenen Meer, kommen aber zur Nahrungssuche und zur Paarung an Riffe. Sepien halten sich mehr über Sandböden auf und graben sich tagsüber gern dort ein. Sie sind nacht- und dämmerungsaktiv. Alle Tintenfische können zur Tarnung ihre Oberflächenstruktur und Färbung extrem schnell verändern. Aber die »Tinte«, die in Drüsenzellen produziert und im Tintenbeutel gespeichert wird, ist zu ihrem Schutz ebenso wirkungsvoll. Wenn sich ein Raubfeind auf die vermeintliche Beute stürzt, flieht der Tintenfisch mit kräftigem Rückstoß und stößt das dunkle, melaninhaltige Sekret aus, das bei manchen Arten eine lähmende Wirkung auf das Geruchsorgan hat. Zudem wechselt er seine Farbe – wird blass, fast farblos – und verändert seine Schwimmrichtung. Der Angreifer schnappt nach der Scheingestalt – der Tintenwolke –, denn er kann den blassen Tintenfisch nicht mehr sehen.

Nahrung: Fische, Garnelen und Schwimmschnecken.

Fortpflanzung: Zur Paarung erscheinen die Tintenfische in flachen Riffen oder in küstennahen Gebieten. Kalmare kommen in Schwärmen und schwimmen paarweise zu Korallen, unter die sie ihre Eier heften. Bei der Paarung umschlingen sich die Tiere, dabei wird dem Weibchen ein Samenpaket mit einem besonderen Kopfarm in die Mantelhöhle eingeführt. Während der Paarungszeit hat der Flossensaum einen auffälligen leuchtend blauen Streifen.

Sepien
Sepia sp.
(Cuttlefish)
etwa 40 cm
Während der Balz bekommen Sepien blaue Streifen an der Basis des Flossensaumes.

Kalmare
Sepioteuthis lessoniana
(Squid)
etwa 25 cm
Sie können sich schnell farblich ihrer Umgebung anpassen. Bei der Eiablage schwimmen sie paarweise zu einem geeigneten Unterschlupf; während das Weibchen die Eier anheftet, wartet das Männchen davor (rechts unten). Drei andere Paare warten geduldig, bis sie in die gleiche Höhle können.

Kraken – Octopoda

Ordnung Kraken, Klasse Kopffüßer (Cephalopoda), Stamm Weichtiere (Mollusca). Maximallänge selten größer als 2,5 m. Etwa 650 Arten.
Erkennungsmerkmale: Körper besteht aus einem großen, sackförmigen Mantel und dem Kopf mit 8 etwa gleich langen Fangarmen. Kraken können fast 2000 Saugnäpfe besitzen, wenn sie ausgewachsen sind. Im Zentrum der Arme befindet sich das Maul mit den kräftigen Kiefern. Der giftige Biss dieses »Papageienschnabels« tötet die Beutetiere; Giftbildung in den Speicheldrüsen. Hoch entwickelte Linsenaugen. Kraken besitzen keinen Schulp. Auch große Tiere können sich durch engste Spalten quetschen. Zur Tarnung wird nicht nur die Farbe sehr schnell gewechselt, sondern auch die Oberfläche der Haut kann zur Anpassung an die Umgebung stark verändert werden. Bei der Balz und anderen Erregungszuständen verfärben sich Kraken intensiv. Die Farbveränderung wird von zahlreichen Farbstoffträgern, den Chromatophoren, gesteuert, die sich bis 20-fach vergrößern können. Kraken haben wahrscheinlich ein sehr ausgeprägtes Empfinden und sind aufgrund ihres hoch entwickelten Nervensystems wohl die intelligentesten Wirbellosen.
Vorkommen: Weltweit; bevorzugt auf hartem Grund.
Lebensweise: Kraken bewegen sich kriechend mit den Armen auf dem Untergrund vorwärts. Bei einer drohenden Gefahr versuchen sie, sich in einer Höhle oder Spalte zu verstecken. Wenn diese nicht zur Verfügung steht, fliehen sie, indem sie das Wasser aus dem Trichter pressen und einen kräftigen Rückschub erzeugen. Sie können auf diese Weise recht schnell, aber nicht ausdauernd schwimmen. Bei der Flucht stoßen sie oft eine Tintenwolke aus.
Nahrung: Fische, Krebstiere, Muscheln.
Fortpflanzung: Die Männchen besitzen einen besonders umgebildeten Arm, mit dem sie die Spermatophoren in die Mantelhöhle der Weibchen einführen. Die zahlreichen Eier (bis 100 000) werden vom Weibchen meist an Höhlendecken oder unter Steinen angeheftet und bewacht. Wenn die Larven schlüpfen, stirbt das Muttertier und die Larven beginnen ihr planktonisches Leben.

Vorsicht: Kraken können mit ihrem schnabelartigen Gebiss kräftig zubeißen. Das Gift ist für Menschen nicht gefährlich, aber von den Philippinen bis Australien gibt es eine kleine Krakenart, den Blauring-Oktopus. Er wird nur etwa 12 cm groß und zeigt bei Bedrohung auffällige blaue Ringe und Flecken. Sein Gift kann einen Menschen innerhalb von zwei Stunden töten.

Langarmiger Krake
Octopus macropus
(Octopus)
etwa 70 cm
In tropischen Gewässern nicht häufig.

Vielborster – Polychaeta

Klasse Vielborster, Stamm Ringelwürmer (Annelida). Etwa 5500 Arten. Größe bis 20 cm.

Erkennungsmerkmale: Bei Vielborstern finden wir sehr unterschiedliche Erscheinungsformen. Ihr gemeinsames Merkmal ist der in zahlreiche Segmente gegliederte Körper, die Anzahl der Segmente variiert.

Borstenwürmer sind in tropischen Meeren nur selten zu sehen; sie leben meist sehr versteckt. Ihr gegliederter Körper wird an den Seiten von vielen nadelspitzen Borsten oder Borstenbüscheln gesäumt. Bei Berührung dringen sie in die Haut ein, brechen ab und verursachen brennende Schmerzen. Der Kopf ist mit mehreren Tastorganen ausgestattet, manche Arten besitzen Augen.

Röhrenwürmer sind in manchen tropischen Gewässern recht häufig. Einige Arten bauen Wohnhöhlen aus kalkhaltigem Material, andere kleben mit einem schnell härtenden Schleim Sand und Muschelbruchstücke zusammen oder bauen eine lederartige, elastische Röhre aus Sekreten. Die häufigste Art hat sich den sichersten Aufenthaltsort gewählt – ihre Röhren befinden sich im Kalk der Korallen. Alle Arten strecken aus ihrer Wohnröhre ein oder zwei Tentakelkronen, über die sie mit Sauerstoff und Nahrung versorgt werden. Die Tentakelkronen bestehen aus gefiederten Strahlen, die sich meist schraubenartig nach oben verjüngen. Sie sind in vielen Farben zu finden: rot, gelb, blau, weiß, violett, beige, braun, oft auch zweifarbig.

Vorkommen: In allen tropischen bis kühlen Meeren.

Lebensweise: Im Gegensatz zu den Borstenwürmern sind die Röhrenwürmer an eine sesshafte Lebensweise gebunden. Ihre Bewegungen beschränken sich auf den kurzen Weg in ihrer Wohnröhre und das Ausstrecken sowie Einziehen ihrer Tentakelkronen. Ohne ihre zarten Tentakel wären sie nicht lebensfähig. Im Laufe ihrer Entwicklung konnten sie nur überleben, wenn sie diese bei Annäherung von Fressfeinden schnell genug einzogen. Die Öffnung der Röhre kann bei vielen Arten mit einem konischen Pfropf, der sich aus ein oder zwei Tentakeln umgebildet hat, verschlossen werden. Zum Nahrungserwerb werden die Tentakel reglos in die Strömung gehalten und filtrieren das Plankton heraus, das durch Wimpernschläge zur Mundöffnung befördert wird.

Nahrung: Plankton und organische Schwebstoffe.

Fortpflanzung: Fast alle Arten sind getrenntgeschlechtlich. Sowohl ungeschlechtliche als auch geschlechtliche Vermehrung kommt in vielen Variationen vor; Befruchtung durch Kopulation, aber auch freie Abgabe der Geschlechtsprodukte ins Wasser ist möglich. Die meisten Larven entwickeln sich planktonisch.

Spiralröhrenwürmer
Spirobranchus giganteus
(Christmas-tree Worms)
etwa 2 cm
Sie siedeln gern auf Steinkorallen und bauen eine Wohnröhre, die später einwächst.

Spiralröhrenwurm ▶
Spirobranchus giganteus
(Christmas-tree Worm)
Jedes Tier besitzt 2 Tentakelkronen, die bei Gefahr blitzschnell eingezogen werden.

Schrauben-Sabelle ▶
Sabellastarte indica
(Fan Worm)
etwa 8 cm
Umgeben von Scheibenanemonen.

Entenmuscheln – Lepadomorpha

Unterordnung Entenmuscheln, Unterklasse Rankenfüßer (Cirripedia), Klasse Krebse (Crustacea), Stamm Gliederfüßer (Arthropoda). Etwa 460 Arten. Größe max. 5 cm.
Erkennungsmerkmale: Nur bei näherer Betrachtung kann man erkennen, dass aus den leicht geöffneten Schalen dünne, tentakelartige Beine rhythmisch herausschlagen (Rankenfüße). Die mandelförmigen Schalen sitzen auf Stielen, die fest am Untergrund angewachsen sind.
Vorkommen: Alle Meere, an Felsküsten und auf beweglichen Objekten wie Treibgut und Schiffen.
Lebensweise: Die Bewegungen der sessilen Entenmuscheln beschränken sich auf das Öffnen und Schließen der Schalen und das Schlagen der Beine, die als Seihapparate lediglich dem Nahrungserwerb dienen. Die Beine sind an der Unterseite mit vielen kleinen Härchen ausgestattet, an denen die Nahrungspartikel hängen bleiben.
Nahrung: Plankton.
Fortpflanzung: Sie sind vorwiegend Zwitter, die sich in dichten Kolonien gegenseitig befruchten. Die Eier entwickeln sich im Körper der Tiere; Larven planktonisch.

Entenmuscheln
Lepas sp.
(Goose Barnacles)
etwa 4 cm
Diese kleinen Krebse siedeln bevorzugt auf Treibgut und an Schiffen.

Seepocken – Balanomorpha

Unterordnung Seepocken, Unterklasse Rankenfüßer. Etwa 1000 Arten. Größe bis 3 cm.
Erkennungsmerkmale: Seepocken sind sesshafte Krebse, die man kaum als solche erkennt. Ihr Körper ist völlig von einem Mantel umgeben, in dessen Außenschicht Kalkplatten eingelagert sind. Oben in der Mitte befindet sich eine Öffnung, durch die sie ihre Nahrung aufnehmen. Bei Gefahr oder Trockenfallen bei Ebbe wird die Öffnung durch innere Schalenplatten verschlossen. Die rauen, oft gerieften Schalen sind meist grau. Die Beine dienen dem Nahrungserwerb, indem sie aus der zentralen Öffnung schlagen und mit feinen Härchen Partikel fangen (Rankenfüße).
Vorkommen: In allen Meeren, meist auf felsigem Grund in Oberflächennähe, aber auch auf Schildkrötenpanzern und an Schiffsrümpfen. In Korallenriffen selten.
Lebensweise: Die Larven heften sich mit dem Rücken kopfabwärts an den Untergrund und bilden bei ihrer Umwandlung zum Krebs ihr Kalkgehäuse.
Nahrung: Plankton und organische Schwebstoffe.
Fortpflanzung: Wie Entenmuscheln.

Vorsicht: Bei Dünung im Gezeitenbereich: alle Rankenfüßer haben raue und scharfkantige Gehäuse.

Seepocken
Tetraclita sp.
(Barnacles)
etwa 2 cm
Sie sind an Felsküsten im Gezeitenbereich häufig.

Fangschreckenkrebse – Stomatopoda

Ordnung Fangschreckenkrebse, Unterklasse Höhere Krebse (Malacostraca), Klasse Krebse (Crustacea), Stamm Gliederfüßer (Arthropoda). Über 300 Arten. Zwischen 3 und 33,5 cm lang.

Erkennungsmerkmale: Sehr bewegliche, schlanke Krebse, die laufen und schwimmen können. Sie besitzen 3 scherenlose Gangbeinpaare und 5 klauenbewehrte Fangfußpaare. Auffallend ist das zweite Fangfußpaar, das sich zu 2 sehr großen Fangklauen (Maxillipeden) entwickelt hat und einem Klappmesser ähnlich sind. Diese gefährlichen Waffen dienen dem Beutefang und der Verteidigung. Fangschreckenkrebse besitzen hoch entwickelte Augen, die unabhängig voneinander gedreht werden können. Unterhalb der Augen stehen 2 blattähnliche Antennen nach beiden Seiten ab. Unter dem gegliederten Hinterkörper befinden sich 5 Paar Ruderblätter (Pleopoden), mit denen die Krebse sich schwimmend fortbewegen können. Der große Schwanzfächer dient als Ruder, wird aber auch zum Schwimmen eingesetzt: Durch kräftige Schläge unter den Körper können Fangschreckenkrebse sehr schnell rückwärts schwimmen.

Vorkommen: Vorwiegend in warmen Meeren, aber auch in gemäßigten Zonen; selten auch im Brackwasser.

Lebensweise: Die ausnahmslos räuberisch lebenden Fangschreckenkrebse haben unterschiedliche Jagdtechniken: Einige Arten suchen und verfolgen ihre Beute, während andere am Eingang selbst gegrabener Höhlen auf unachtsame Tiere lauern. Mit den Fangklauen spießen manche Arten ihre Beute regelrecht auf. Andere führen damit Box-schläge mit unglaublicher Kraft aus: Mit wenigen Schlägen können sie ein Schneckenhaus zertrümmern oder Beutetiere betäuben. Die kraftvollen Schläge jagen auch Angreifer in die Flucht, die wesentlich größer sind. Fangschreckenkrebse sind von erstaunlicher Beweglichkeit und können in ihren engen Höhlengängen jederzeit wenden. Wenn sie nicht mit dem Beutefang beschäftigt sind, putzen sie sich intensiv.

Nahrung: Fische, Garnelen, Einsiedlerkrebse, Schnecken, und Muscheln; manche Arten auch Aktinien.

Fortpflanzung: Getrenntgeschlechtlich. Die Weibchen kleben sich die Eier in Ballen unter den Schwanz und betreiben eine intensive Brutpflege. Die Eier werden ständig gewendet, damit sie ausreichend mit Sauerstoff versorgt werden. Mit der Brutpflege sind sie so beschäftigt, dass sie bis zum Schlüpfen der Larven keine Nahrung aufnehmen können. Die Larven leben etwa 2 Monate planktonisch, bevor sie auf den Grund sinken. Sie durchlaufen mehrere Larvenstadien (frei schwebend als auch am Boden).

Scheinaugen-Fangschreckenkrebs
Odontodactylus scyllarus
(Mantis Shrimp)
bis 20 cm
Bei Gefahr zeigen sie ihren Schwanzfächer mit den Scheinaugen, um Feinde abzuschrecken.
Malediven bis Mikronesien.

Fangschreckenkrebs
Gonodactylus sp.
(Mantis Shrimp)
etwa 8 cm
Lebt vorwiegend auf flachen Geröllflächen. Mit ihren Fangklauen führen sie kräftige Schläge aus und können Beutetiere aufspießen.
Indopazifischer Ozean.

Garnelen – Natantia

Unterordnung Garnelen, Ordnung Zehnfußkrebse (Decapoda), Unterklasse Höhere Krebse (Malacostraca), Klasse Krebse (Crustacea), Stamm Gliederfüßer (Arthropoda). Etwa 8000 Arten (Decapoda). Max. 15 cm lang.

Erkennungsmerkmale: Die meisten Arten sind gute Schwimmer, die im offenen Meer leben. Nur wenige kann man in küstennahen Gewässern beobachten. Überwiegend zarter Körperbau, Schwanz gestreckt. Von den fünf Beinpaaren tragen die ersten zwei oder drei Paare Scheren.

Familie Putzergarnelen (Stenopodidae), Überfamilie Geißelgarnelen (Penaeidea). Sind durch das stark vergrößerte 3. Scherenbeinpaar gekennzeichnet. Tropische Arten sind auffällig gefärbt und stark behaart (siehe Foto). Sie besitzen sechs sehr lange, weiße Antennen.

Familie Harlekingarnelen (Gnathophyllidae), Überfamilie Caridea. Nur das 1. und 2. Beinpaar besitzen Scheren; zwei Antennen sind glasklar und können kaum gesehen werden, zwei weitere sind blattartig verbreitert. Harlekingarnelen sind weiß und haben auf dem Panzer und Schwanz bläuliche, auch rötliche Flecken; die Beine sind kräftiger gefärbt und gebändert.

Familie Pistolenkrebse (Alpheidae), Überfamilie Caridea. Das 1. Scherenbeinpaar ist relativ groß. Sie besitzen zwei sehr lange Antennen. Als Bewohner von Sand- und Geröllgrund sind sie meist unauffällig gefärbt und gemustert.

Vorkommen: Tropische und gemäßigte Gewässer.

Lebensweise: Putzergarnelen putzen hauptsächlich benthische Tiere, z. B. Muränen, denen sie auch ins Maul krabbeln und die Kiemen von Schmarotzern befreien. Harlekingarnelen leben in Höhlen und ernähren sich ausschließlich von Seesternen, die sie mit ihren Antennen wittern. Sie kriechen in dem Geruchsstrom auf sie zu und drehen sie in wenigen Sekunden auf den Rücken.

Pistolenkrebse leben mit Wächtergrundeln in Symbiose. Sie graben im Sand- oder Geröllboden eine Höhle, die die Wächtergrundel mit als Unterschlupf benutzen kann. Der ständig nachrieselnde Sand zwingt die Garnele, sie laufend zu räumen. In der Zwischenzeit liegt die Grundel außen auf Wachstation. Bei Gefahr flieht sie in die Höhle, die der Pistolenkrebs nur verlässt, »wenn die Luft rein ist«. Er ernährt sich von kleinen Wirbellosen (siehe auch Grundeln, Seite 222).

Nahrung: Siehe Lebensweise.

Fortpflanzung: Getrenntgeschlechtlich; Übergabe einer Spermatophore an ein frisch gehäutetes Weibchen. Die Eier werden unter dem Schwanz getragen, bis die Larven schlüpfen. Das planktonische Leben der Larven dauert 1–3 Monate und umfasst mehrere Stadien.

Scherengarnele
Stenopus hispidus
(Banded Cleaner Shrimp)
etwa 8 cm ohne Antennen
Sie putzen meist benthische Fische und werden deshalb oft Putzergarnelen genannt.

Harlekingarnele ▶
Hymenocera elegans
(Gnathopyllid Shrimp)
etwa 5 cm
Ernähren sich ausschließlich von Seesternen (auf dem Foto *Ophidaster hemrichi*), die sie sehr schnell auf den Rücken drehen.

Blinder Pistolenkrebs ▶
Alpheus djeddensis
(Snapping Shrimp with Goby)
etwa 6 cm
Leben in Symbiose mit der Schwarzkopf-Wächtergrundel, *Amblyeleotris steinitzi*, in einer gemeinsamen Wohnhöhle.

Langusten – Palinuridea

Überfamilie Langusten, Ordnung Zehnfußkrebse (Decapoda), Unterklasse Höhere Krebse (Malacostraca), Klasse Krebse (Crustacea), Stamm Gliederfüßer (Arthropoda). Über 8000 Arten. Größe etwa 45 cm.

Erkennungsmerkmale: Sie sind an ihren extrem langen, antennenartigen Fühlern, die die Körperlänge weit überragen, und dem Fehlen der großen Scheren eindeutig von anderen Krebsfamilien zu unterscheiden. Ihr langer Schwanz trägt am Ende einen Schwanzfächer, der sie zum Schwimmen befähigt. Der Schwanz wird aber meist nach unten eingeschlagen; er ist in mehrere Segmente gegliedert. Der Körper des Tieres ist von einem Außenskelett umgeben, das als Panzer oder (im vorderen Bereich) Carapax bezeichnet wird. Die auf großen Teilen des Körpers befindlichen spitzen Dornen und Stacheln sind die einzigen Verteidigungswaffen der Langusten. Sie besitzen 5 lange Laufbeinpaare, die längs gestreift sind.

Vorkommen: In allen warmen und kühlen Meeren, meist in zerklüfteten Gebieten mit vielen Höhlen.

Lebensweise: Langusten leben fast ausschließlich auf festem Grund; das kann auch die Decke einer Höhle sein, an der sie hängen. Sie sind geschickte und flinke Läufer, die ihren Feinden leicht entgehen könnten. Häufig verhalten sie sich aber abwartend und versuchen mit ihren langen Fühlern, den Gegner zu ermitteln. Das wird ihnen oft zum Verhängnis. Seit dem Populärwerden des Tauchsports sind die Bestände dieser Tiere deutlich zurückgegangen. Auch Fischer bedienen sich heute der Tauchausrüstungen und dezimieren den ohnehin dünnen Bestand. Der natürliche Feind der Langusten ist der Oktopus, der sie mit seinem kräftigen Schnabel tötet, indem er den Panzer durchbeißt. Wie bei allen Krebsarten ist das Außenskelett starr und besteht aus Chitin und Kalkeinlagerungen. Es wächst nicht mit, so dass sich Krebse im Laufe ihrer Entwicklung mehrmals häuten müssen. Dabei wird der alte, zu klein gewordene Panzer mitsamt Schmarotzern und Bewuchs abgestoßen. Die neue, darunter befindliche Außenhaut ist noch elastisch und liegt in Falten, denn sie ist größer als die alte. In dieser Phase ist das Tier ungeschützt und lebt versteckt. Alle Krebstiere wachsen nur während der Häutungen.

Nahrung: Schnecken, Muscheln und Aas, auch Algen.

Fortpflanzung: Die getrenntgeschlechtlichen Tiere vermehren sich, indem das Männchen einem frisch gehäuteten Weibchen einen Samenbehälter (Spermatophore) übergibt. Die Eier werden vom Weibchen unter dem Schwanz getragen, bis die Larven ihr planktonisches Leben beginnen. Die komplizierte Entwicklung geht über mehrere Stadien und kann bis 3 Monate dauern.

Langfuß-Languste
Palinurus versicolor
(Spiny Lobster, Crayfish)
etwa 30 cm ohne Antennen
Sie sind leider sehr selten geworden.

Langfuß-Languste
Palinurus versicolor
(Spiny Lobster, Crayfish)
etwa 30 cm
Halten sich oft an Höhlendecken auf.

Einsiedlerkrebse – Paguridea

Überfamilie Einsiedlerkrebse, Ordnung Zehnfußkrebse (Decapoda). Bis etwa 18 cm lang (ohne Haus).
Erkennungsmerkmale: Sie leben ausschließlich in den Gehäusen von Schnecken, die sie sich entsprechend ihrer Größe suchen. Sie schützen darin nicht nur ihren weichen und empfindlichen Hinterleib, sondern ziehen sich bei Gefahr ganz zurück und verschließen die Gehäuseöffnung mit ihrer größten Schere. Das Scherenbeinpaar ist meist asymmetrisch, ebenso der Hinterleib des Tieres, der entsprechend der Form des Schneckengehäuses nach rechts oder links gedreht sein kann. So können linksgedrehte Einsiedlerkrebse nie ein rechtsgedrehtes Gehäuse beziehen. Mit dem letzten Laufbeinpaar, das eine raue, rutschfeste Oberfläche hat, hält sich der Krebs im Gehäuse fest und verlässt es nur, wenn er in ein größeres umzieht. Auffallend sind die langen Stielaugen, die beim langsamen Herauskommen die Umgebung sondieren. Die Gehäuse sind manchmal von Schwämmen überwachsen oder von Schmarotzeranemonen besiedelt.
Vorkommen: Weit verbreitet in allen Meeren, in nicht zu tiefem Wasser. Die an Land lebenden Einsiedlerkrebse stammen zwar von den »Meeres-Einsiedlern« ab, haben aber rückgebildete Kiemen und würden im Wasser ertrinken.
Lebensweise: Sie sind vorwiegend nachts aktiv, können aber auch am Tag in Korallenriffen beobachtet werden. Es sind ausgezeichnete Kletterer, die nicht selten auf Steinkorallen herumturnen. Gelegentlich kommt es vor, dass sie sich im Gewirr der Korallenäste so verklemmen, dass sie sich nicht mehr befreien können. Auch unter diesen Umständen verlässt der Krebs das Gehäuse nicht, da er sonst mit seinem wurmartigen Hinterleib schnell das Opfer eines Fisches würde. Einsiedlerkrebse leben teilweise mit Schmarotzeranemonen in Symbiose, die den Krebs vor Feinden schützen. Schmarotzeranemonen tragen diesen Namen zu Unrecht, denn sie werden von dem Krebs aktiv dazu animiert, das Gehäuse zu besiedeln. Bei manchen Arten packt der Einsiedler die Anemone mit seinen Scheren recht unsanft und drückt sie so lange auf sein Haus, bis sie sich festsaugt. In anderen Fällen wurde beobachtet, dass der Krebs die Anemone mit den Beinen vorsichtig umschlang und durch »Streicheln« sie dazu bewegte, die Fußscheibe langsam vom Untergrund zu lösen und auf sein Gehäuse zu übersiedeln. Wechselt der Krebs das Gehäuse, nimmt er seine Anemonen mit.
Nahrung: Allesfresser, der sich auch räuberisch ernährt.
Fortpflanzung: Die Larven durchlaufen zwei planktonische Stadien, bevor sie sich ansiedeln.

Diogenes-Einsiedlerkrebs
Dardanus diogenes
(Diogenes Hermit Crab)
etwa 7 cm
Auf dem Gehäuse befinden sich kleine Schmarotzeranemonen.

Kleiner Einsiedlerkrebs
Paguristes sp.
(Hermit Crab)
etwa 6 cm
In dem Haus einer Kaurischnecke.

Bärenkrebse – Scyllaridae

Familie Bärenkrebse, Überfamilie Langustenartige (Palinuridea), Ordnung Zehnfußkrebse (Decapoda). Etwa 60 Arten. Länge bis 45 cm, meist kleiner als 20 cm.
Erkennungsmerkmale: Sie besitzen einen breiten, abgeplatteten Körper mit relativ kurzen Beinen, Scheren und Antennen. Das zweite Antennenpaar hat sich zu breiten, schildartigen Platten entwickelt, die den Krebsen ein typisches Aussehen verleihen. Schwanz stets gestreckt.
Vorkommen: In Fels-, Korallen- und Sandgebieten tropischer bis kalter Meere, bis 400 m tief.
Lebensweise: Bärenkrebse leben sehr versteckt und sind nur in manchen Gebieten zu bestimmten Jahreszeiten häufiger zu sehen. Sie sind kaum scheu und fliehen gewöhnlich nicht; wahrscheinlich sind sie mit ihren Antennenschilden sehr wehrhaft. Damit können sie sich im Sand eingraben oder im Boden nach Nahrung suchen. Meist sind sie in Felsgebieten anzutreffen, wo sie sich am Tag in Spalten und Höhlen verstecken. Erst nachts kommen sie aus ihren Verstecken und gehen auf Nahrungssuche. Ihr größter Feind ist der Oktopus, der den gleichen Lebensraum bewohnt.
Nahrung: Wirbellose.
Fortpflanzung: Die Weibchen tragen die meist roten Eier unter dem Schwanz.

Bärenkrebs
Scyllarides tridacnophaga
(Rock Lobster)
etwa 25 cm
Bärenkrebse haben weder Scheren noch lange Antennen. Letztere haben sich zu plattenförmigen Lamellen entwickelt, mit denen sich die Krebse schnell eingraben können. Indopazifik.

Porzellankrebse – Porcellanidae

Familie Porzellankrebse, Überfamilie Galatheoidea, Ordnung Zehnfußkrebse (Decapoda). Etwa 120 Arten. Etwa 3 cm.
Erkennungsmerkmale: Kleine krabbenähnliche Krebse mit eingeschlagenem Hinterleib, der mit einem Schwanzfächer ausgestattet ist. Sie unterscheiden sich außerdem von den Krabben durch ihre Nahrungsaufnahme: Mit ihrem dritten Maxillarbeinpaar, das gefiedert ist, filtrieren sie Plankton mit Schlagbewegungen aus dem Wasser.
Vorkommen: Tropische und gemäßigte Meere, vorwiegend im Flachwasserbereich, max. bis 30 m.
Lebensweise: Porzellankrebse leben oft als Kommensalen in Anemonen, Röhren von Ringelwürmern oder zusammen mit Einsiedlerkrebsen in Schneckengehäusen und sind immer kleiner als ihre Partner. Manche Arten leben auch einzeln versteckt unter Steinen. Porzellankrebse werden fast nur in Anemonen entdeckt, da sie im Schutz der nesselnden Tentakel auch am Tag gefahrlos Plankton filtrieren können.
Nahrung: Plankton.
Fortpflanzung: Die Begattung kann nur nach der Häutung des Weibchens erfolgen.

Gepunkteter Anemonenkrebs
Neopetrolisthes maculatus
(Porcelain Crab)
etwa 6 cm breit
Lebt mit Anemonen in Symbiose. Alle Porzellankrebse ernähren sich von Plankton, das sie mit ihren federborstenbesetzten Maxillarfüßen fangen (auf dem Foto gut zu erkennen). Indopazifik.

Krabben – Brachyura

Unterordnung Krabben, Ordnung Zehnfußkrebse (Decapoda). Meist bis max. 30 cm. Etwa 4500 Arten.
Erkennungsmerkmale: Alle Arten haben einen gedrungenen Körper, der oft breiter als lang ist. Der Hinterleib ist verkümmert und immer unter dem Brustpanzer nach vorn geschlagen; bei den Weibchen ist er verbreitert und dient der Brutpflege. Krabben werden in folgende Familien geordnet: Spring- und Porzellankrebse, Rundkrabben, Seespinnenartige, Dreieckskrabben, Schwimmkrabben, Bogenkrabben und Viereckskrabben. Von den fünf Laufbeinpaaren ist immer das erste Paar mit Scheren ausgestattet. Diese können symmetrisch, aber auch asymmetrisch sein. Die Beinlängen variieren stark. Bei den Schwimmkrabben ist das letzte Beinpaar zu Ruderblättern verbreitert, mit denen sie gut schwimmen können. Das Außenskelett ist oft mit Stacheln und scharfen Kanten ausgerüstet, andere Krabben sind stark behaart. Färbung und Zeichnung sind sehr vielseitig.
Vorkommen: In allen Meeren, vorwiegend in Küstengebieten, auch außerhalb des Wassers.
Lebensweise: Während man an Stränden und Felsküsten verschiedene im Wasser und an Land lebende Krabbenarten recht häufig beobachten kann, führen die ausschließlich im Wasser lebenden Arten ein verstecktes Dasein. Sie sind nachtaktiv und am Tag nur selten zu sehen. Schwimmkrabben halten sich meist im offenen Meer auf. Krabben fallen durch ihre ungewöhnliche Gangart auf. Sie laufen seitwärts, obwohl sie auch vorwärts und rückwärts gehen können. Im Klettern sind sie geschickter als Krebsarten mit einem langen Schwanz, der zwar zum Schwimmen nützlich ist, aber beim Laufen behindert. Die Scheren der Krabben dienen der Nahrungsaufnahme, sind aber auch kräftige Verteidigungswaffen. Sie weiden damit Algenbewuchs von den Felsen oder zerkleinern größere Nahrungsbrocken. Seespinnenartige haben ein ausgeprägtes Tarnverhalten: Mit ihren Scheren setzen sie z. B. Algen und Schwämme auf ihren Panzer und halten sich vorzugsweise dort auf, wo sie gut getarnt sind. Werden sie in ein Gebiet versetzt, in dem sie nicht gut getarnt sind, beginnen sie sehr bald, geeignete Tiere und Algen auf ihrem Panzer anzusiedeln.
Nahrung: Allesfresser, Kannibalismus ist häufig.
Fortpflanzung: Meist getrenntgeschlechtlich; bis zum Schlüpfen der Larven tragen die Weibchen die Eier unter dem Hinterleib. Das planktonische Larvenstadium kann bis zu 3 Monaten dauern und umfasst drei verschiedene Stadien.

Vorsicht: Krabben können sporadisch sehr giftig sein.

Schwimmkrabbe
Charybdis sp.
Familie Portunidae
(Swimming Crab)
etwa 10 cm
Die hinteren Ruderfüße sind hochgestellt.

Schwarzhand-Krabbe
Atergatis integerrimus
Familie Xanthidae
(Rock Dwelling Crab)
etwa 15 cm
Am Tage leben sie versteckt in Höhlen oder Spalten.

Moostierchen – Bryozoa

Klasse Moostierchen, Stamm Tentaculata. Etwa 3000 Arten. Von wenigen Millimetern bis 25 cm; selten bis 1 m.
Erkennungsmerkmale: Moostierchen sind Tierkolonien, die aus vielen Individuen gebildet werden. Sie sind von ungewöhnlicher Formenvielfalt und werden oft mit Korallen oder Algen verwechselt. Die Skelette der Kolonien können aus einer elastischen Hornsubstanz bestehen oder durch Kalkeinlagerung brüchig hart werden. Schon bei geringen Berührungen brechen Stücke des Kalkskelettes ab. Ihre Form kann sehr variieren: verästelt, knollig, geweihförmig, blättrig oder netzartig. Oft erinnern sie auch an zarte Moose; davon wurde ihr Name abgeleitet. Sie sind in vielen Farbvarianten zu finden.
Vorkommen: Moostierchen siedeln auf festem Grund wie Felsen, Korallengestein, Schiffsplanken und Seetonnen, aber auch auf langlebigen Algen. Sie sind in kalten und warmen Meeren – einige Arten auch im Süßwasser – bis in größere Tiefen zu finden und bevorzugen schattige Plätze.
Lebensweise: Moostierchen sind festsitzende Tierstöcke, die sich nur ausnahmsweise als frei bewegliche Kolonien entwickeln. Sie bestehen aus vielen Zooiden – den Individuen eines Stockes – die meist kleiner als 1 mm sind. Die Zooide eines Stockes bilden eine Arbeitsgemeinschaft und haben sich auf verschiedene Funktionen spezialisiert: Die »normalen« Zooide sind für Nahrungsfang und -verwertung zuständig, sogenannte Stolonenglieder für die Verankerung des Stockes, andere für Feindabwehr, Reinigung, Brutpflege sowie für die Produktion der Geschlechtszellen. Ähnlich wie Korallenpolypen bauen Zooide sich ihr Skelett nach einem bestimmten Bauplan, der in ihrer Erbanlage festgelegt ist. Die Anzahl der Individuen kann sehr groß sein und bei sehr großen Kolonien über eine Million betragen. Die Zooide besitzen Tentakelkränze, mit denen sie Nahrung fangen, Feinde abwehren und für den Abtransport abgelagerter Sedimente sorgen. Bei Störungen ziehen sie sich sehr schnell zurück. Die Feinde der Moostierchen sind Seeigel, Käferschnecken, Hinterkiemer und Fische, z. B. Kaiserfische.
Nahrung: Einzellige Algen, Detritus und feinstes Plankton.
Fortpflanzung: Ungeschlechtlich durch Knospung und geschlechtlich: In den Zwittern reifen männliche und weibliche Samenzellen heran, die Befruchtung erfolgt im Muttertier; Selbstbefruchtung kommt häufig vor. Die Tiere betreiben vorwiegend Brutpflege: Bis zum Schlüpfen der Larven bleiben die befruchteten Eier im Muttertier. Das Larvenstadium ist sehr kurz und dauert max. 24 Stunden. Nur bei Arten, deren Eier kurz nach der Befruchtung ausgestoßen werden, dauert das Larvenstadium 1–2 Monate.

Verzweigtes Moostierchen
Reteporellina sp.
(Branched Bryozoan)
bis 15 cm
Moostierchen ernähren sich von mikroskopisch kleinem Plankton wie Bakterien und Einzellern.
Indopazifik.

Spitzendeckchen-Moostierchen
Triphyllozoon inornatum
(Bryozoan)
bis 15 cm
Moostierchen haben spröde Kalkskelette und brechen sehr leicht ab.
Malediven bis Mikronesien.

Stachelhäuter – Echinodermata

Alle Stachelhäuter besitzen ein seewassergefülltes Röhrensystem, das den Körper durchzieht und elastische Hohlräume durch Druckunterschiede in ihrer Größe verändert. Dieses Ambulakralsystem ist der Fortbewegungsapparat der Seegurken, Seeigel und Seesterne; bei den Haar- und Schlangensternen übernimmt es den Nahrungstransport.

Haarsterne
Familie Comasteridae
(Feather Stars)
etwa 25 cm
Man kann sie in vielen Farben finden.

Haarsterne – Crinoidea

Klasse Haarsterne, Unterstamm Pelmatozoa, Stamm Stachelhäuter (Echinodermata). Etwa 620 Arten. Bis 30 cm Durchmesser bei gestreckten Armen.
Erkennungsmerkmale: Sie besitzen einen winzigen, kelchförmigen Körper mit meist 10 oder 20 gefiederten Armen, die als Filter dem Nahrungserwerb dienen. Mit ihren zahlreichen dünnen Beinen, Cirren genannt, klammern sie sich am Untergrund fest; ihre Anzahl variiert zwischen 18 und 30. Die Cirren bestehen aus vielen gelenkig verbundenen Gliedern. Während des Nahrungserwerbs werden die Arme strahlenförmig gestreckt und in der inaktiven Phase nach oben eingerollt. Sie sind häufig prächtig gefärbt. Man findet sowohl einfarbige als auch gemusterte Arten; Querbinden und Längslinien herrschen vor.
Vorkommen: In tropischen und gemäßigten Meeren, bevorzugt an strömungsexponierten Stellen auf erhöhten Plätzen, wie Gorgonen, Schwämmen.
Lebensweise: Haarsterne können mit ihren dünnen Cirren gut klettern. Sie schwimmen aber auch gelegentlich mit eleganten Ruderbewegungen ihrer gefiederten Arme. Als Filtrierer fangen sie Plankton, indem die Arme quer zur vorherrschenden Strömung ausgerichtet werden. Das gefangene Plankton wird in den Ambulakralrinnen auf der Oberseite der Arme zum Mund befördert. Mund und After der Tiere liegen auf der Oberseite des Körpers. Wenn der ausgewählte Platz günstig ist und keine Störungen erfolgen, bleiben sie oft wochenlang am gleichen Ort. Sie sind tag- und nachtaktiv. Das Skelett der Tiere besteht aus beweglich verbundenen Kalkplatten, die sehr spröde sind. Die Arme brechen leicht ab, können aber regeneriert werden.
Nahrung: Plankton.
Fortpflanzung: Die getrenntgeschlechtlichen Tiere haben keine äußeren Geschlechtsmerkmale. Die Befruchtung erfolgt durch Samenabgabe ins Wasser. Die Eier bleiben bis zum Schlüpfen der Larven an den Armen der Weibchen angeheftet. Nach einem kurzen planktonischen Stadium sinkt die Larve zum Grund und verankert sich mit einem Stiel, bis sie sich voll entwickelt hat.

Haarstern ▶
Oxymetra erinacea
(Feather Star)
etwa 20 cm
Mit ihren Cirren klettern sie auf erhöhte Stellen; sie können aber auch mit ihren gefiederten Armen schwimmen.

Weiße Haarsterne auf einer Gorgonie ▶
(White Feather Stars)
etwa 40 cm
Manche Arten haben relativ wenige Arme.

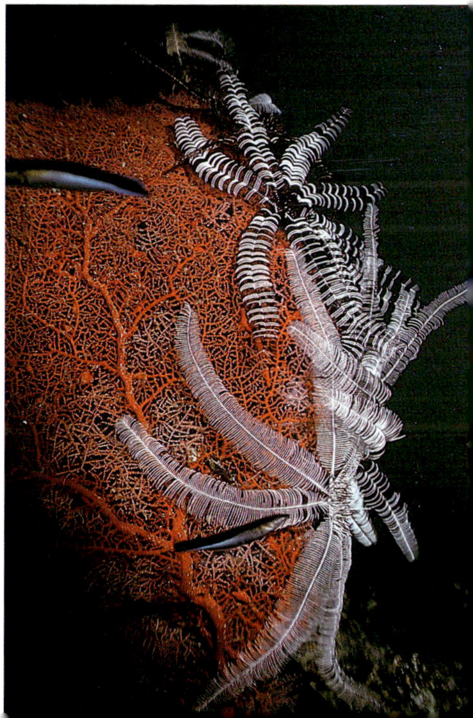

Seegurken – Holothurioidea

Klasse Seegurken, Unterstamm Eleutherozoa, Stamm Stachelhäuter (Echinodermata). Etwa 1100 Arten. Gewöhnlich bis 50 cm, Riesen-Seegurken können bis 3 m lang werden.

Erkennungsmerkmale: Sie besitzen einen länglichen, gurkenförmigen Körper, der ihnen den Namen gab. Im Gegensatz zu den anderen Stachelhäutern ist ihr Körper weich, da sich das in der Haut befindliche Kalkskelett bis auf mikroskopisch kleine Teile zurückgebildet hat. An der Bauchseite befinden sich drei Reihen Ambulakralfüßchen, mit denen sie sich ansaugen können. Die restlichen zwei der fünf Reihen, die für diesen Stamm typisch sind, befinden sich bei manchen Arten in Form von einziehbaren Warzen auf dem Rücken oder sind ganz zurückgebildet. Die Mund- und die Afteröffnung liegen jeweils an einem Ende des Körpers. Bei einigen Arten haben sich die Ambulakralfüßchen in der Mundregion zu einziehbaren Tentakeln umgebildet, die stark verzweigt sein können und der Nahrungsaufnahme dienen. Der Körper wird gern in Spalten versteckt, und nur die Tentakelkrone schaut aus dem Boden. Die Seegurken werden dann eher für Korallenbäumchen gehalten. Die lederartige Haut der Tiere ist sehr unterschiedlich strukturiert; manche Arten sind relativ glatt, andere warzig, faltig oder mit Noppen besetzt, meistens unauffällig gefärbt. In manchen Gebieten kommen prächtig gefärbte Arten vor, die auch gemustert sein können.

Vorkommen: Tropische bis kühlere Meere.

Lebensweise: Seegurken sind Bodenbewohner; sie besitzen keinen Kauapparat; nur die Mundtentakel mancher Arten werden zum Schaben, Fangen und Einführen der Nahrung zu Hilfe genommen. Seegurken nehmen mit der Nahrung große Mengen Sand auf; die darin enthaltenen Nahrungspartikel werden verdaut. Die Tiere bewegen sich langsam mit ihren Ambulakralfüßchen oder durch Kontrahieren und Strecken ihres Körpers vorwärts. Vor Fressfeinden schützen sich manche Arten, indem sie sich am Tag im weichen Grund eingraben und nur nachts zur Nahrungssuche herauskommen. Bei Reizung stoßen manche Arten aus dem Enddarm weiße, klebrige Fäden, die Cuvier'schen Schläuche, aus, in denen sich Angreifer hoffnungslos verfangen können.

Nahrung: Algen, Detritus oder Plankton.

Fortpflanzung: Die meist getrenntgeschlechtlichen Tiere kann man äußerlich nicht unterscheiden. Es gibt auch Zwitter. Eier und Sperma werden ins freie Wasser ausgestoßen, manche Arten können sich dabei relativ weit aufrichten. Die Entwicklung erfolgt meist über zwei Larvenstadien und dauert nur 9–14 Tage.

Seegurke
Bohadschia graeffei
(Sea Cucumber)
etwa 35 cm
Ernährt sich hauptsächlich von Detritus.

Riesen-Seegurke
Polyplectana kefersteini
(Giant Sea Cucumber)
bis 3 m lang
Mit ihren gefiederten Tentakeln nehmen sie Nahrung auf und führen sie in die Mundöffnung.

Seeigel – Echinoidea

Klasse Seeigel, Unterstamm Eleutherozoa, Stamm Stachelhäuter (Echinodermata). Etwa 860 Arten.
Erkennungsmerkmale: Seeigel sind in 2 Unterklassen geteilt: Regularier sind symmetrisch und Irregularier asymmetrisch gebaut. Letztere werden hier nicht beschrieben. Regularier haben fast kugelförmige Körper mit einer leicht abgeflachten Bauchseite. Sie sind mit beweglichen, strahlenförmig angeordneten Stacheln ausgerüstet, die auf dem Rücken meist lang und an der Bauchseite kurz sind. Der Mund liegt im Zentrum der Bauchseite und besitzt fünf relativ große, konzentrisch angeordnete Zähne. Gegenüber auf dem Rücken befindet sich der After, der bei manchen Arten in einer sichtbaren Blase endet. Die in der Haut befindlichen Kalkplatten sind bei dieser Gruppe zu einem Panzer verwachsen. Sie sind in fünf Bahnen, den Ambulakralzonen, über den Körper verteilt und verlaufen jeweils vom Mund bis zum After. Nur wenige Arten besitzen sehr dicke, stumpfe Stacheln. Die Färbungen variieren sehr stark; dunkle und unauffällige Farben dominieren, einige Arten sind intensiv rot, blau oder hell.
Vorkommen: Alle Meere, von flachem Wasser bis in sehr große Tiefen, auf fast jedem Untergrund.
Lebensweise: Seeigel leben am Boden und bewegen sich langsam mit ihren saugnapfbestückten Ambulakralfüßchen oder stelzend auf ihren Stacheln vorwärts. Sie sind nachtaktiv und leben am Tag meist versteckt. Wenn sie in großer Zahl auftreten und nicht genügend Versteckmöglichkeiten finden, rotten sie sich in Gruppen auf offenen Flächen zusammen. Feinde, die durch Lichtsinnesorgane wahrgenommen werden, können mit aktiven Stachelbewegungen abgewehrt werden. Kleine, spezialisierte Arten können sich in nicht zu hartes Gestein mit ihren Zähnen einbohren und leben in diesen Löchern sesshaft, wenn sie von einströmenden Partikeln ausreichend versorgt werden. Seeigel leben meist als Weidegänger, die mit ihren Zähnen Bewuchs vom Untergrund abschaben. Ihre Feinde sind Krabben, Seesterne und große Fische, speziell Drückerfische.
Nahrung: Algen, Mikroorganismen, Aas und Sinkstoffe.
Fortpflanzung: Die immer getrenntgeschlechtlichen Tiere geben Eier und Sperma ins freie Wasser ab. Das planktonische Larvenstadium dauert 4–6 Wochen.

Vorsicht: Seeigelstacheln brechen leicht ab und bleiben in der Wunde stecken. Leder-Seeigel sind giftig und haben an den Stacheln kleine Giftblasen, die wie aufgespießte Beeren aussehen. Das Gift wird beim Einstich in die Wunde injiziert.

Globus-Seeigel
Mespilia globulus
(Sea Urchin)
etwa 7 cm
Diese Art tarnt sich oft mit Fremdkörpern. Im Foto unten rechts sind einige Ambulakralfüßchen zu sehen.

Griffel-Seeigel ►
Heterocentrotus mammillatus
(Slate Pencil Urchin)
etwa 20 cm
Diese nachtaktiven Tiere verkeilen sich am Tage mit den dicken Stacheln in Löchern.

Diadem-Seeigel ►
Diadema setosum
(Long-spined Sea Urchin)
etwa 25 cm
Wenn nicht genug Versteckmöglichkeiten vorhanden sind, rotten sie sich zum Schutz vor Feinden zusammen.

Seesterne – Asteroidea

Klasse Seesterne, Unterstamm Eleutherozoa, Klasse Stachelhäuter (Echinodermata). Etwa 2000 Arten. Größe bis 50 cm Durchmesser.
Erkennungsmerkmale: Sie besitzen einen zentralen Körper mit meist 5 Armen. Nur wenige Arten haben mehr. Auf der Unterseite der Arme verlaufen von den Enden bis zur Mitte die Ambulakralrinnen mit je einer Doppelreihe von Saugfüßchen. In der Mitte befinden sich die Mundöffnung und der Magen. Der After liegt oben, falls er vorhanden ist. Beim Kissenseestern sind die Arme stark reduziert, er ist sehr dick und erinnert an ein 5-eckiges Kissen (Name). Dornenkronen besitzen 11–17 Arme, deren Oberseite mit giftigen Stacheln besetzt ist. Die Farbenpalette dieser Klasse umfasst ein sehr breites Spektrum; auch die Musterung ist sehr vielseitig. Die Hautoberfläche ist nicht schleimig, eher rau, warzig oder mit flachen Noppen besetzt.
Vorkommen: Weltweit auf allen Meeresböden.
Lebensweise: Seesterne können sich nur sehr langsam mit ihren Ambulakralfüßchen vorwärts bewegen. Trotzdem leben sie meist räuberisch und überfallen relativ große Tiere. Sie sind mit ihren kräftigen Saugfüßchen in der Lage, Muscheln zu öffnen und zu verzehren. Bei größeren Beutetieren kann der Magen ausgestülpt und um das Opfer gelegt werden. Durch Absonderung eines Verdauungssekrets wird das Tier außerhalb des Körpers verdaut. Dornenkronen gelten als größter Feind der Korallen. Der natürliche Feind der Dornenkrone, das Tritonshorn (Foto Seite 69), ist bei Sammlern sehr beliebt. Die Folge davon war eine starke Vermehrung der Dornenkronen, was zum Absterben großer Korallengebiete führte. Beim Versuch, Dornenkronen zu töten, zerschnitten Taucher die Tiere. Seesterne haben aber eine hohe Regenerationsfähigkeit, so dass sich aus jedem Stück ein neuer Seestern entwickelt. Man nimmt an, dass es auch durch andere Umwelteinflüsse zur Vermehrung der Dornenkrone kommen kann.
Nahrung: Muscheln, Schnecken, Fische, Schlangensterne, Pflanzen und Korallenpolypen.
Fortpflanzung: Getrenntgeschlechtlich durch Abgabe von Eiern und Sperma ins freie Wasser. Das erste mikroskopisch kleine Larvenstadium ist planktonisch, das zweite heftet sich fest und verwandelt sich zum Seestern; die Entwicklung dauert etwa 2–3 Wochen. Auch Zwitter kommen vor; außerdem ist ungeschlechtliche Vermehrung durch Teilung möglich.

Vorsicht: Dornenkronenstacheln sind giftig und verursachen schmerzhafte und schlecht heilende Wunden.

Walzen-Seestern ▶
Choriaster granularus
(Starfish)
etwa 30 cm

Schwarzspitzen-Seestern ▶
Fromia elegans
(Starfish)
etwa 10 cm

Kometen-Seestern
Linckia multiflora
(Starfish)
etwa 15 cm

Kissen-Seestern ▶
Culcita novaeguineae
(Pincushion Sea Star)
etwa 20 cm

Dornenkrone ▶
Acanthaster planci
(Crown-of-Thorn Starfish)
etwa 50 cm

Schlangensterne – Ophiuroidea

Klasse Schlangensterne, Unterstamm Eleutherozoa, Stamm Stachelhäuter (Echinodermata). Etwa 1800 Arten.

Ordnung Gorgonenhäupter (Euryalae). Bis 1,5 m Durchmesser.
Erkennungsmerkmale: Gorgonenhäupter haben einen kleinen, abgeflachten Körper mit fünf Hauptarmen, die sich vielfach verzweigen; jeder kann mehrere tausend Enden haben, an denen sich kleine Häkchen befinden, die Schwebeteilchen fangen können. Die Tiere besitzen eine Mundöffnung, aber keinen After. Die Färbung variiert.
Vorkommen: In tropischen und gemäßigten Meeren.
Lebensweise: Sie sind ausschließlich nachtaktive Tiere, die bei Lichteinfall ihre Arme nach oben einrollen; in dieser Haltung verbringen sie den ganzen Tag an einem versteckten Platz. Wenn es dunkel wird, kommen sie hervor und kriechen mit den Armen auf ihren erhöhten Stammplatz. Dort breiten sie die Arme quer zur Strömung zu einem riesigen Fächer aus. Das aus der Strömung filtrierte Plankton wird über das Ambulakralsystem zur Mundöffnung befördert.
Nahrung: Ausschließlich Plankton.

Gorgonenhaupt
Astroboa nuda
(Basket Star)
bis 1,5 m
Sie klettern in der Dunkelheit auf erhöhte Stellen und fangen Plankton.

Ordnung Ophiurae.
Erkennungsmerkmale: Kleine, abgeplattete Körperscheibe mit unverzweigten Armen, die mit vielen Stacheln gesäumt sind. Auf der Unterseite der Körperscheibe befindet sich in der Mitte die Mundöffnung, der After fehlt. Die Ambulakralrinnen sind von Skelettplatten verdeckt. Schlangensterne sind in vielen Farben zu finden, auch Muster kommen häufig vor.
Vorkommen: In tropischen und kühleren Meeren; unter Steinen, in Spalten, auf Schwämmen und Korallen.
Lebensweise: Schlangensterne sind in den Tropen nicht sehr häufig zu sehen. Die Filtrierer unter ihnen sieht man gelegentlich an strömungsgünstigen Stellen, meist auf Korallen, während die Weidegänger in engsten Spalten Schutz vor Fressfeinden, z. B. Seesternen, suchen. Sie können ihre Arme sehr schnell und schlangenartig bewegen und schieben sich so relativ rasch vorwärts. Fehlende Glieder können regeneriert werden.
Nahrung: Plankton; Sinkstoffe und Kleintiere, z. B. Würmer, Krebse, Seeigel und Weichtiere.
Fortpflanzung: Meist getrenntgeschlechtlich ohne äußere Geschlechtsmerkmale; selten Zwitter; auch lebendgebärend. Meist ein 5–9 Wochen dauerndes planktonisches Larvenstadium. Auch ungeschlechtliche Vermehrung durch Teilung.

Dorniger Schlangenstern
Ophiothrix sp.
(Brittle Star)
etwa 15 cm
Manche Arten leben auf Schwämmen oder Korallen, während andere unter Steinen und in Spalten ein verstecktes Leben führen.

Seescheiden – Ascidiacea

Klasse Seescheiden, Unterstamm Manteltiere (Tunicata), Stamm Chordatiere (Chordata). Etwa 2000 Arten. Größe bis 30 cm, meist aber nur um 5 cm.
Die Klasse Salpen (Thaliacea) gehört ebenfalls zu den Manteltieren.
Erkennungsmerkmale: Sie ähneln eher einem Schwamm als einem Tier, das den Wirbeltieren am nächsten steht. Der Körper wird von einem gallertartigen Mantel, der Tunica, umgeben, der verschiedene Formen aufweist. Es gibt solitäre Arten, die einer bauchigen Flasche gleichen, während andere in Kolonien leben; diese Arten sind meist sehr klein. Der Mantel hat zwei Öffnungen, eine Ein- und eine Ausströmöffnung. Die Einströmöffnung ist immer endständig und oft röhrenartig verlängert. Diese für die Ernährung und Atmung wichtigen Öffnungen können bei Störung verschlossen werden. Wenige Arten besitzen einen durchsichtigen Mantel, so dass ein Teil des Innenlebens zu erkennen ist. Den größten Teil des Innenraumes nimmt ein korbartiges Gebilde, der Kiemendarm, ein. Manche Arten besitzen eine Oberfläche, die Mineralien gleicht und nicht erkennen lässt, dass es sich um ein Tier handelt. Diese dickwandigen Arten werden oft von anderen Tieren besiedelt. Viele Seescheiden sind prächtig gefärbt. Muster sind selten.
Vorkommen: Seescheiden leben fast nur sesshaft, es gibt aber auch einige frei schwimmende Arten. Sie sind in allen Meeren beheimatet und in jeder Tiefe zu finden.
Lebensweise: Sie sind trotz ihrer Sesshaftigkeit nicht auf Strömung angewiesen, sondern erzeugen einen Wasserstrom, der ihren Körper durchfließt. Sie gehören deshalb zu den Strudlern. Der Strom wird von Cilien im Kiemendarm durch Wimpernschlag erzeugt. Der Kiemendarm hat – wie sein Name schon sagt – zwei Funktionen, die Sauerstoff- und die Nahrungsaufnahme, und ist von einem Hohlraum umgeben. Seescheiden besitzen u. a. Tastnerven, die bei Berührung eine Kontraktion der Körperöffnungen auslösen.
Nahrung: Organische Partikel, Plankton und Bakterien.
Fortpflanzung: Koloniebildende Arten meist durch Knospung; solitäre Arten sind Zwitter, die die Eier durch die Ausströmöffnung ins freie Wasser ausstoßen. Es gibt auch lebendgebärende Arten, die innerlich durch eingestrudeltes Sperma befruchtet werden. Eine Selbstbefruchtung findet nicht statt. Die fertig entwickelten Larven sind in ihrer Form kaulquappenähnlich und können schwimmen. Das Larvenstadium ist sehr kurz, in dieser Zeit nehmen die Tiere keine Nahrung zu sich. Die Chorda, die sie zu den nächsten Verwandten der Wirbeltiere stellt, ist nur bei den Larven vorhanden.

Braune Seescheide
Polycarpa sp.
(Common Solitary Ascidian)
etwa 5 cm
Sie strudeln an der endständigen Öffnung Wasser ein und filtrieren das Plankton aus.

Kolonie der Blauen Glasscheide
Clavelina coerulea
(Colonial Ascidian)
Einzeltiere etwa 2 cm
Diese sessilen Tiere können sich sehr langsam vorwärts bewegen.

Haie, Ammenhaiartige – Orectolobiformes

Ordnung Ammenhaiartige, Überordnung Haie (Selachoidei), Unterklasse Plattenkiemer (Elasmobranchii), Klasse Knorpelfische (Chondrichthyes). 33 Arten. Größe etwa 1 m bis über 12 m. Der Walhai ist der größte Fisch überhaupt.

Erkennungsmerkmale: Meist plumper Körper und stumpfer, leicht abgeplatteter Kopf mit 2 Barteln, die sich an den Nasenöffnungen befinden. Die zwei deutlich getrennten Rückenflossen sind relativ weit hinten. Bei den meisten Familien sind sie annähernd gleich groß (außer Familie Zebrahaie und Walhaie). Alle besitzen einen langen, flachen Schwanz (außer dem Walhai).

Vorkommen: Walhai in der Hochsee, erscheint gelegentlich auch in Küstennähe oder an Riffen. Alle anderen flachere, küstennahe Gewässer der Tropen; Wobbegongs sind nur um Australien und Japan verbreitet.

Lebensweise: Walhaie bewegen sich beim Schwimmen sehr langsam, erreichen aber dabei ein beachtliches Tempo. Bei der Begegnung mit Tauchern reagieren sie oft neugierig und kommen bis auf 1–2 m heran. Sie halten sich manchmal relativ lang in der Nähe von Tauchern auf, wenn sie nicht berührt werden. Walhaie sind wahrscheinlich tag- und nachtaktiv. Alle anderen Familien sind nachtaktiv und ruhen am Tag, Zebrahaie auf Sandflächen, Ammenhaie in Höhlen. Sie schlafen fast immer in der gleichen Höhle, reagieren aber auf Störungen sehr empfindlich. Nur eine sanfte Berührung genügt, und sie kommen nie wieder an ihren Stammplatz zurück, obwohl sie spontan auf Störungen kaum reagieren. Nachts suchen sie im Sand nach Nahrung, die sie mit ihren stumpfen Zähnen zermahlen.

Nahrung: Walhaie filtrieren Plankton; alle anderen fressen Fische und andere Niedere Tiere.

Fortpflanzung: Es findet eine innere Befruchtung statt, bei der ein penisartiger Klasper in die Kloake des Weibchens eingeführt wird. Das Sperma fließt durch einen Kanal, der sich in dem Klasper befindet. Manche Ammenhaie sind ovipar, sie legen ihre Eier auf dem Meeresgrund ab. Die Jungtiere entwickeln sich in einer elastischen Eihülle und ernähren sich aus einem großen Dottersack. Nach etwa 9 Monaten (die Zeit variiert je nach Wassertemperatur) schlüpfen die Jungen; wenn der Dottersack aufgebraucht ist, beginnen sie sofort mit der Nahrungssuche. Andere Arten sind ovovivipar, die Eihüllen platzen während oder kurz nach der Eiablage und entlassen die Jungtiere.

Vorsicht: Provozierte Ammenhaie können sich wie Doggen verbeißen; es ist fast unmöglich, mit einem 3 m großen Ammenhai aus dem Wasser zu kommen.

Ammenhai
Nebrius ferrugineus
(Nurse Shark)
bis 3,2 m
Wird am Tag in Höhlen angetroffen; reagiert sehr empfindlich auf Berührung und verlässt dann angestammte Plätze für immer.
Rotes Meer bis Tahiti.

Zebrahai, Leopardenhai
Stegostoma fasciatum
(juv. Zebra Shark, adult Leopard Shark)
bis 2,3 m
Ruht am Tag gern auf Sandflächen nahe an Riffen.
Rotes Meer bis Samoa.

Walhai
Rhincodon typus
(Whale Shark)
bis 12,8 m und damit größter Fisch überhaupt. Harmloser Planktonfresser.
Alle tropischen Meere.

Menschenhaie – Carcharhinidae

Familie Menschenhaie, Ordnung Grundhaie (Carcharhiniformes). 48 Arten. 70 cm bis etwa 3 m.

Erkennungsmerkmale: Diese Familie hat die typische Haiform; Körper spindelförmig, Kopf meist relativ spitz, 5 Kiemenspalten, 1. Rückenflosse groß, 2. klein. Einfarbig mit hellerer Unterseite.

An Riffen lebende Arten: Grauer Riffhai, breiter schwarzer Saum an der Schwanzflosse; weißer Saum an der 1. Rückenflosse in der oberen Hälfte. Weißspitzen-Riffhai, graubraun, mit leuchtend weißen Spitzen an der 1. Rückenflosse und Schwanzflosse. Schwarzspitzenhai, hellbeige, mit deutlicher schwarzer Spitze an der 1. Rückenflosse und an der Schwanzflosse unten.

Vorkommen: Tropische Meere, weltweit.

Lebensweise: Die so genannten Riffhaie patrouillieren ruhig in ihren Revieren entlang den Riffen. Nur in bestimmten Situationen zeigen sie, wie schnell sie schwimmen können: bei der Jagd, wenn sie erschrecken oder bei Scheinangriffen. Obwohl sie dem Menschen gefährlich werden können, meiden sie ihn und weichen meist großräumig aus. In manchen Gebieten, wo sie häufig sind, verlassen sie ihr Gebiet, wenn an diesen Stellen regelmäßig getaucht wird. Taucht man in einem völlig unberührten Gebiet, muss man damit rechnen, dass plötzlich viele Haie auftauchen; sie sind sehr neugierig, bis sie sich an die Taucher gewöhnt haben. Weißspitzen-Riffhaie ruhen am Tag oft auf Sandflächen. Man trifft sie am ehesten in Tiefen von 10–25 m. Schwarzspitzenhaie sieht man häufig als Jungtiere in sehr flachem Wasser; in Lagunen mancher Gebiete sind sie in großer Zahl anzutreffen, gelegentlich schwimmen sie ganz nahe am Strand in nur 20 cm Wassertiefe, wobei die Rückenflosse aus dem Wasser ragt. Erwachsene Tiere sind dagegen sehr selten. Graue Riffhaie bevorzugen strömungsreiche Atollkanäle mit Wassertiefen von 25–50 m.

Nahrung: Fische, Tintenfische und Krebstiere.

Fortpflanzung: Einmal jährlich verlassen Graue Riffhaie für eine gewisse Zeit ihre Reviere. Wenn sie wieder zurückkommen, haben die Weibchen viele Bisswunden, die von der Paarung stammen. Durch diese »Liebesbisse« werden die Weibchen zur Paarung angeregt. Die Kopulation findet »Bauch an Bauch« statt. Die Männchen mancher Arten beißen sich an den Brustflossen der Weibchen fest. Häufig werden dabei manche Flossen aufgeschlitzt. Menschenhaie sind vivipar, d. h. sie bringen lebende Junge zur Welt. Während und nach der Geburt haben die Weibchen eine Beißhemmung, damit sie ihre Jungen nicht fressen. Die Männchen halten sich in dieser Zeit in anderen Gebieten auf.

Grauer Riffhai
Carcharhinus amblyrhynchos
(Grey Reef Shark)
bis 2,3 m
Auf den Malediven an bestimmten Plätzen recht häufig.
Rotes Meer bis Osterinseln.

Weißspitzen-Riffhai
Triaenodon obesus
(Whitetip Reef Shark)
bis 1,7 m
Weit verbreitete Art, die fast immer einzeln vorkommt.
Rotes Meer und gesamter Indopazifik.

Rochen – Batoidei

Überordnung Rochen, Unterklasse Plattenkiemer (Elasmobranchii), Klasse Knorpelfische (Chondrichthyes). 470 Arten. 40 cm bis 6,7 m breit.
Erkennungsmerkmale: Körper extrem abgeplattet, meist mit Kiemen, Mund- und Nasenöffnungen an der Bauchseite; die Form variiert sehr stark.
Vorkommen: Weltweit in tropischen und subtropischen Meeren; Mantas und Adlerrochen schwimmen meist im freien Wasser, alle anderen Arten leben bodennah.
Lebensweise: Bei den Rochen kommen sehr unterschiedliche Schwimmtechniken vor: Mantas und Adlerrochen sind schnelle Schwimmer, die ihre stark vergrößerten Brustflossen flügelartig auf- und abwärts bewegen. Zitter-, Säge- und Geigenrochen schwimmen mit der Schwanzflosse. Echte Rochen und Stachelrochen bewegen ihren um den Körper laufenden Flossensaum wellenförmig. Rochen haben unmittelbar hinter den Augen je eine Öffnung, durch die Wasser angesaugt und durch die Kiemen geleitet wird. Das Wasser tritt aus den Kiemenspalten an der Bauchseite wieder aus. Diese Fähigkeit ermöglicht es ihnen, sich zur Tarnung im Sand einzugraben. Sie halten sich oft in sehr flachem Wasser auf. Wenn sie von watenden Personen übersehen werden, kann das fatale Folgen haben. Sie verlassen sich auf ihre gute Tarnung und fliehen nur selten. Rochen sind meist einzeln anzutreffen, nur Adlerrochen sind häufig in kleinen Gruppen und Mantas in großen Herden, manchmal bis über 40 Tiere, zu beobachten.
Nahrung: Mantas: Plankton und Garnelen; alle anderen Arten fressen am Boden lebende Fische und Wirbellose.
Fortpflanzung: Wie bei den Haien findet auch bei den Rochen eine innere Befruchtung statt, bei der ein Klasper des Männchens beim Weibchen eingeführt wird. Außer den Echten Rochen bringen alle lebende Junge zur Welt.

Vorsicht: Stachelrochen besitzen 1 bis 2 lange giftige Stacheln mit vielen Widerhaken, die sehr schmerzhafte Verletzungen verursachen können. Die Stacheln befinden sich oben auf dem Schwanz hinter der Körperscheibe. Wenn die Tiere sich bedroht fühlen, heben sie den Schwanz hoch und halten ihn drohend über ihren Körper. Wer sich dem Tier weiter nähert, läuft Gefahr, von dem peitschenden Schwanz getroffen oder gar von dem giftigen Stachel gestochen zu werden. Häufig bricht der Stachel in der Wunde ab und kann wegen der Widerhaken nur operativ entfernt werden. Adlerrochen haben auch Stacheln. Zitterrochen besitzen ein Elektroorgan, das elektrische Schläge von über 200 Volt austeilt.

Teufelsrochen
Manta birostris
(Manta Ray)
bis 6 m Spannweite
Größte Rochenart und harmloser Planktonfresser.
Alle tropischen Meere.

Adlerrochen
Aetobatus narinari
(Spotted Eagle Ray)
bis 2,3 m Spannweite
Vorwiegend in strömungsreichem Freiwasser.
Alle tropischen Meere.

Schwarzflecken-Stechrochen
Taeniura meyeni
(Black-spotted Stingray)
bis 1,65 m Spannweite
Sind ausschließlich Bodenbewohner. Jüngere Exemplare sind dunkler gefärbt.
Rotes Meer bis Tahiti.

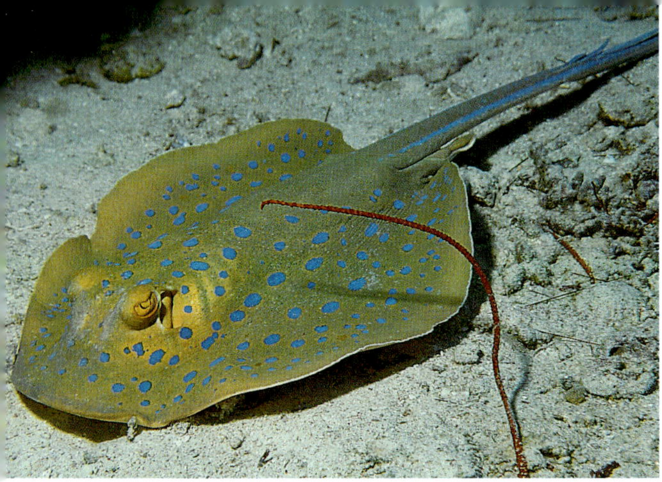

Blaupunkt-Stechrochen
Taeniura lymma
(Bluespotted Ribbontail Ray)
bis 95 cm Spannweite
Diese Rochenart ist nur im Roten Meer häufig.
Rotes Meer bis Fidschi-Inseln.

Grauer Stechrochen
Dasyatis kuhlii
(Bluespotted Stingray)
bis 80 cm Spannweite
Die Population des Indischen Ozeans ist am Schwanzende schwarz-weiß gebändert.
Rotes Meer bis Samoa.

Masken-Stechrochen
Dasyatis leylandi
(Painted Maskray)
bis 25 cm Spannweite
Lebt am Tag meist in Riffnähe und gräbt sich im Sand ein.
Neuguinea bis Australien.

Gewöhnlicher Stechrochen
Trygonoptera testacea
(Common Stingray)
bis 47 cm Spannweite
Diese Art bevorzugt kühleres Wasser und kommt in Neusüdwales häufig vor.
Endemisch im Südosten von Australien.

Schwarztupfen-Torpedorochen
Torpedo fuscomaculata
(Black-spotted Torpedo Ray)
bis 64 cm
Torpedo- und Zitterrochen besitzen elektrische Organe, die sich auf dem Rücken an der Basis der Brustflossen befinden. Mit Stromschlägen können sie sich verteidigen oder Beutetiere betäuben.
Südafrika bis Seychellen.

Großer Geigenrochen
Rhynchobatus djiddensis
(White-spotted Guitarfish)
bis 3,1 m
Alle Geigenrochenarten sind scheu und leben am Tag meist etwas entfernt vom Riff. Wahrscheinlich suchen sie nachts in Riffnähe nach Nahrung.
Rotes Meer bis Neukaledonien.

Muränen – Muraenidae

Familie Muränen, Ordnung Aalartige (Anguilliformes). Etwa 100 Arten. Von 20 cm bis fast 4 m Länge.
Erkennungsmerkmale: Extrem langgestreckter, schuppenloser Körper, der sehr muskulös und kräftig ist. Sie besitzen weder Brust- noch Bauchflossen. Die Rücken-, Schwanz- und Afterflossen sind zu einem Flossensaum verwachsen. Wenn nur der Kopf der Tiere zu sehen ist, sind sie daran zu erkennen, dass sie keine Kiemendeckel besitzen. Einige Zentimeter hinter dem Kopf befindet sich auf jeder Seite eine deutliche Kiemenöffnung. Das Maul ist sehr groß und wird ständig geöffnet und geschlossen. Diese Bewegung dient der Sauerstoffversorgung und pumpt das Wasser durch die Kiemen. Die Augen befinden sich sehr weit vorn, weit vor dem Mundwinkel. Die Nasenöffnungen sind mit kleinen, hervorstehenden Röhrchen versehen.
Muränen besitzen ein sehr gut entwickeltes Geruchsorgan, mit dem sie bei ihrer nächtlichen Jagd sogar schlafende Fische wahrnehmen, die unverletzt sind. Dafür sehen sie sehr schlecht.
Wahrscheinlich können die Tiere gut hören. Die meisten Arten sind unauffällig gefärbt und dadurch gut getarnt, nur wenige Arten sind auffallend gemustert oder gefärbt. Einen für diese Familie ungewöhnlichen Farbwechsel kann man bei der Geistermuräne *(Rhinomuraena quaesita)* beobachten: Die Jungtiere bis etwa 65 cm Länge sind schwarz und haben eine gelbe Rückenflosse, Männchen zwischen 65 und 90 cm Länge sind blau-gelb und die Weibchen von 90 cm bis 1,2 m sind einfarbig gelb.
Viele Arten besitzen ein furchterregendes Gebiss, oft mit 3 Zahnreihen im Oberkiefer. Auch die großen, dolchartigen Fangzähne befinden sich im Oberkiefer, in der mittleren Zahnreihe. Andere Arten haben viele kleine Zähne oder kieselsteinähnliche Mahlzähne, die nicht zu sehen sind.
Vorkommen: Weltweit in warmen und gemäßigten Meeren; in Höhlen, Spalten und Löchern, die sie sehr selten am Tag verlassen.
Lebensweise: Muränen sind vorwiegend nacht- und dämmerungsaktive Tiere, die am Tag zurückgezogen leben. Sie halten sich nur in Bodennähe auf, leben ortsgebunden und haben Stammplätze, wahrscheinlich mehrere; diese werden in unregelmäßigen Abständen gewechselt und können 200 m auseinander liegen. Nur selten sieht man Muränen frei schwimmen, wenn sie von einem Korallenblock zum anderen dicht über den Boden gleiten. Allerdings hat sich dieses Verhalten in manchen Gebieten geändert, da Muränen von Tauchern gefüttert werden und dann – einmal daran gewöhnt – auf die Taucher zuschwimmen.
Mit ihrer schlängelnden Schwimmbewegung gehören Mu-

Riesen-Muräne
Gymnothorax javanicus
(Giant Moray)
bis 2,4 m
Bekannteste und häufigste Art. Sie sind nicht aggressiv, wenn sie nicht angefüttert werden.
Rotes Meer bis Tahiti.

Große Netzmuräne
Gymnothorax favagineus
(Honeycomb Moray)
bis 2,5 m
Bei der echten Netzmuräne sind die weißen Streifen schmaler und gleichmäßig breit.
Indischer Ozean bis Westpazifik.

ränen nicht zu den schnellen Schwimmern. Sie sind meist einzeln anzutreffen, kommen aber als Jungtiere in Gruppen vor. Manchmal leben zwei verschiedene Arten in einer Höhle zusammen. Meist ist nur der Kopf zu sehen. Ihre Atembewegungen werden oft als Drohgebärde gedeutet. Wenn eine Muräne regelmäßige Atembewegungen macht, ist das aber eher ein Zeichen dafür, dass sie nicht beunruhigt ist. Eine Muräne, die sich bedroht fühlt oder erschrickt, weicht ein Stück zurück und reißt das Maul weit auf und verharrt in dieser Stellung, bis sie merkt, dass keine Gefahr mehr droht. Die weit verbreitete Meinung, Muränen seien angriffslustig, trifft nur auf ganz wenige Arten zu: z. B. die Tiger-Muräne, *Uropterygius tigrinus*, und die Viper-Muräne, *Enchelynassa canina.* In der Regel beißen Muränen nur, wenn sie gefangen, verletzt oder in die Enge getrieben werden. Eine Ausnahme bildet die Gattung *Echidna*, die in sehr flachem Wasser jagt oder sich sogar ans Ufer wagt. Dabei soll es nach unbestätigten Meldungen gelegentlich zu Angriffen auf Menschen kommen. Wahrscheinlich fühlen sich die Tiere in die Enge getrieben, wenn ihnen der Rückweg zum tiefen Wasser versperrt wird. Begegnet man Tieren der gleichen Art in tiefem Wasser, sind sie friedlich.
Nahrung: Fische, Tintenfische und Krebstiere, auch Aas wird angenommen.
Fortpflanzung: Von der Geistermuräne *(Rhinomuraena quaesita)* ist eine Geschlechtsumwandlung bekannt. Alle Jungtiere sind Männchen, die sich später in Weibchen umwandeln können. Der Muränenlaich treibt an die Oberfläche und wird bei Ebbe von der Strömung ins offene Meer verdriftet. Das Larvenstadium dauert sehr lang; nach einer Woche ist die Larve etwa 1 cm groß.

Vorsicht: Über längere Zeit gefütterte Muränen jagen nicht mehr selbst und werden deshalb aufdringlich. Sie schnappen nach allem, was nach Futter riecht oder aussieht. Versehentliche Bisse können schlecht heilende Infektionen verursachen. Lange Zeit hieß es, Muränenbisse seien giftig. Muränen haben aber keine Giftzähne wie Seeschlangen. Kürzlich wurde allerdings bei 3 Arten ein schwaches Gift nachgewiesen, das aber für den Menschen nicht gefährlich ist. Bei der Gelbmaulmuräne, *Gymnothorax nudifomer,* wurde von John Randall et al. 1981 ein Hautgift nachgewiesen. Außerdem ist das Blut der Muränen giftig, wenn es in die menschliche Blutbahn gelangt.
Ausgewachsene Muränen sollte man niemals essen, da es zu Vergiftungen mit Todesfolge durch Ciguatera (siehe Fachwortverzeichnis S. 265) kommen kann.

Weißaugen-Muräne
Siderea thyrsoidea
(White-eyed Moray)
bis 65 cm
Jungtiere kommen in manchen Gebieten in Gruppen bis zu 50 Exemplaren vor.
Thailand bis Tahiti.

Gelbkopf-Muräne
Gymnothorax fimbriatus
(Yellow-headed Moray)
bis 80 cm
Nur selten sieht man eine Muräne in einem Becherschwamm.
Rotes Meer bis Hawaii und Tahiti.

Geister-Muräne ▶
Rhinomuraena quaesita
(Ribbon Eel)
bis 1,2 m
Sie machen während ihrer Entwicklung einen erstaunlichen Farbwechsel durch.
Ostafrika bis Tahiti.

Weiße Muräne ▶
Siderea grisea
(Geometric Moray)
bis 70 cm
Rotes Meer und westlicher Indischer Ozean.

Röhrenaale – Heterocongridae

Familie Röhrenaale, Ordnung Aalartige (Anguilliformes). Etwa 15 Arten. Bis 92 cm.
Erkennungsmerkmale: Ihr langgestreckter, zylindrischer Körper hat maximal 1 cm Durchmesser. Der kleine Kopf mit nach oben gerichtetem Maul besitzt sehr große Augen, die nahe an der Mundöffnung stehen. Die Rückenflosse ist ein durchgehender Saum, Brustflossen fehlen oder sind zurückgebildet. Ihr hartes, spitzes Körperende ist mit einer Schleimdrüse ausgestattet und wird als Grabschwanz bezeichnet. Röhrenaale besitzen keine Verteidigungswaffen.
Vorkommen: Rotes Meer bis Französisch Polynesien; im Atlantik sind sie von Florida und den Kanarischen Inseln bekannt. Sie leben vorwiegend in Sandböden strömungsreicher Gebiete in Tiefen von 5–45 m.
Lebensweise: Röhrenaale sind die einzigen Wirbeltiere mit sessiler Lebensweise; sie leben in großen Kolonien bis zu 5000 Exemplaren in selbst gegrabenen Wohnröhren mit maximal 1,5 cm Durchmesser. Ihre Höhle verlassen sie nie, auch nicht bei der Paarung; nachts und bei Gefahr ziehen sie sich völlig darin zurück. Mit ihrem Grabschwanz können sie sich sehr schnell im Sand rückwärts fortbewegen und ihren Standort verändern. Beim Graben sondert die Schleimdrüse große Mengen Schleim ab, der die Wohnröhre auskleidet und das Nachrieseln des Sandes verhindert. Die Röhren zeigen keine typische Bauweise und können senkrecht, aber auch waagrecht verlaufen. Bei Strömung recken sich Röhrenaale weit aus ihrer Wohnröhre und fangen vorbeitreibendes Plankton. Dabei bewegen sie sich von einer Seite zur anderen, was an im Wind wiegende Sprösslinge hochwüchsiger Pflanzen erinnert. Bei Strömungsstillstand zum Gezeitenwechsel, wenn ihnen keine Nahrung zugetrieben wird, ziehen sie sich oft in ihre Höhle zurück. Der Abstand zu ihren Nachbarn beträgt durchschnittlich 50 cm, wobei gleichgeschlechtliche Tiere einen etwas größeren Abstand halten. In dicht besiedelten Gebieten können bis zu 15 Jungtiere einen Quadratmeter bewohnen. Röhrenaale sind sehr scheu und haben eine große »Fluchtdistanz«. Mit ihren gut entwickelten Augen können sie schnelle Jäger aus großer Entfernung wahrnehmen und ziehen sich langsam und unauffällig in ihre Wohnröhre zu rück. Sie besitzen keine Verteidigungswaffen.
Nahrung: Vorwiegend Zooplankton, selten auch Algen.
Fortpflanzung: Zur Paarungszeit sind Drohduelle zwischen benachbarten Männchen häufig. Die paarungsbereiten Männchen nähern sich den Weibchen und versuchen mit dem Kopf an den Flanken des Weibchens entlangzustreichen. Zuerst weichen die Weibchen aus, später umschlingen sich die Partner – oft mehrere Stunden.

Perlen-Röhrenaal
Gorgasia maculata
(Whitespotted Garden Eel)
37 cm
Lebt eingegraben auf Sandflächen und fängt vorbeitreibendes Plankton. Oft in großen Kolonien.
Malediven bis Salomonen.

Ohrfleck-Röhrenaal ▶
Heteroconger hassi
(Spotted Garden Eel)
40 cm
Häufigste Art. Schlangenaale sind die einzigen Wirbeltiere mit sesshafter Lebensweise.
Rotes Meer bis Frz. Polynesien.

Pracht-Röhrenaal ▶
Gorgasia preclara
(Orangebarred Garden Eel)
33 cm
Bewohnt Sand- oder Geröllgrund in Riffnähe, ab 25 m. Auch bei der Paarung verlassen sie ihre Wohnröhre nicht.
Malediven bis Philippinen.

Schlangenaale – Ophichthyidae

Familie Schlangenaale, Überfamilie Ophichthyoidea, Ordnung Aalartige (Anguilliformes). Etwa 250 Arten. Bis 2,3 m lang, meist aber wesentlich kleiner.

Erkennungsmerkmale: Der Körper der Schlangenaale ist langgestreckt und dünn und hat eine zylindrische Form. Man kann sie von Seeschlangen, mit denen sie häufig verwechselt werden, leicht unterscheiden, da sie keine Schuppen, aber Kiemenöffnungen besitzen. Sie sind mit den Muränen sehr nahe verwandt und haben auch Riechröhrchen, die aber stets nach unten gerichtet sind. Außerdem ist ihr Maul unterständig. Ihre meist helle Färbung variiert von weiß, gelblich, beige bis braun, oliv, grau oder orange. Nur wenige Arten sind kontrastreich gefärbt oder gemustert, andere haben eine dem Untergrund angepasste Tarnfärbung. Man unterscheidet 2 Unterfamilien: Myrophinae besitzen einen beweglichen Schwanz wie Muränen. Die Rücken-, die Schwanz- und die Afterflosse sind zu einem Saum verwachsen, der bei manchen Arten auf dem Kopf beginnt, bei anderen erst in der Körpermitte. Außerdem haben sie wie die Muränen Kiemenöffnungen, die aber nicht kontrahierbar und gewöhnlich tiefer angeordnet sind; bei manchen Arten befinden sie sich an der Unterseite. Die Vertreter der Unterfamilie Ophichthyinae besitzen einen harten, spitzen Schwanz ohne Schwanzflosse, mit dem sie sich sehr schnell rückwärts in nicht zu hartem Untergrund eingraben können; manche haben auch einen sehr spitzen Kopf. Bei beiden Gruppen sind die Brustflossen sehr klein oder völlig zurückgebildet. Einigen Arten fehlen alle Flossen.

Vorkommen: Zirkumtropisch und in gemäßigten Meeren; auf Sand- und Schlammböden, vorwiegend in sehr flachem Wasser. Sie sollen aber auch bis 7000 m Tiefe vorkommen.

Lebensweise: Schlangenaale sind vorwiegend nachtaktiv und leben im Sedimentgrund vergraben. Nur wenige Arten leben in Korallenriffen und an Steilwänden, wo sie sich in Höhlen verbergen. Obwohl sie sehr häufig vorkommen, sieht man sie am Tag relativ selten. Gelegentlich überqueren sie Sand- oder Geröllflächen oder Seegraswiesen. Nähert man sich ihnen schnell, haben sie oft Schwierigkeiten, den kleinen Eingang ihrer Höhle zu finden.

Einige Vertreter der Unterfamilie Ophichthyinae sind Lauerräuber, die sich bis zu den Augen eingraben. Man findet sie in flachen Sandgebieten.

Nahrung: Kleine Bodenfische, Tintenfische und Krebse.

Fortpflanzung: Es sind nur sehr wenig Beobachtungen vom Paarungsverhalten bekannt; einige Arten – wenn nicht alle – steigen nachts zum Laichen zur Oberfläche. Schon mehrere Stunden vor dem Ablaichen verbeißen sich manchmal mehrere Männchen im Nacken eines Weibchens.

Trauer-Schlangenaal
Callechelys catostomus
(Black-striped Snake Eel)
60 cm
Bewohnt steile Riffhänge mit Sandflächen und ist nachtaktiv. Am Tag in Höhlen versteckt.
Indonesien bis Frz. Polynesien.

Krokodil-Schlangenaal
Brachysomophis crocodilinus
(Crocodile Snake Eel)
1,2 m
Bewohnt Sandflächen mit Korallenköpfen. Lebt am Tag eingegraben im Sand.
Mauritius bis Tahiti.

Korallenwelse – Plotosidae

Familie Korallenwelse, Ordnung Welsartige (Siluriformes). Von etwa 2400 Arten kommen nur einige im Meer vor. Max. 30 cm lang.
Erkennungsmerkmale: Schlanker Körper, leicht abgeplatteter Kopf. Um das Maul befinden sich 4 Paar Barteln. Die erste Rückenflosse ist sehr kurz und hoch. Die zweite Rückenflosse bildet zusammen mit Schwanz- und Afterflosse einen durchgehenden Saum. Der schuppenlose Körper ist dunkel. Jungtiere haben oft ein Längsstreifenmuster.
Vorkommen: Vom Roten Meer bis zum Pazifik.
Lebensweise: Erwachsene Tiere leben einzeln und sehr versteckt; junge formieren sich dicht gedrängt zu einer »rollenden Kugel« über Sandböden oder Seegraswiesen.
Nahrung: Fische, Krebse, Weichtiere und Sinkstoffe.
Fortpflanzung: Nur bei *Plotosus lineatus* wurde beobachtet, dass Männchen Nester unter Steinen bauen und das Gelege bewachen.

Vorsicht: Korallenwelse haben an den Brustflossen und an der ersten Rückenflosse je einen gezahnten giftigen Stachel. Verletzungen verursachen extreme Schmerzen, die mehr als 2 Tage andauern. Der Stich eines nur 3 cm langen Jungfisches soll wie ein Wespenstich schmerzen. Korallenwelse greifen aber niemals von sich aus an.

Streifen-Korallenwels
Plotosus lineatus
(Striped Eel Catfish)
bis 30 cm
Ausgewachsene Tiere sind einfarbig braun; Jungtiere leben in Gruppen.
Rotes Meer bis Samoa.

Eidechsenfische – Synodontidae

Familie Eidechsenfische, Ordnung Aulopiformes. Etwa 40 Arten. Bis 35 cm lang.
Erkennungsmerkmale: Runder Körper, der sich nach hinten leicht verjüngt; spitz zulaufender Kopf; Maul sehr groß, mit vielen spitzen Zähnen; Augen weit vor den Mundwinkeln. Sie besitzen nur eine Rückenflosse. Alle Flossen sind zumindest teilweise durchsichtig und fallen deshalb nicht auf. Die meisten Arten haben gut erkennbare Schuppen. Alle Eidechsenfische sind sehr gut getarnt. Grundfarbe meist sandfarben; die dunkleren Flecken haben keine klaren, symmetrischen Formen. Die Musterung ist für die Bestimmung der Arten wichtig.
Vorkommen: Flache tropische und gemäßigte Meere.
Lebensweise: Sie liegen regungslos auf dem Grund, auf ihre Brustflossen aufgestützt, und lauern auf Beute. Werden sie aufgeschreckt, schwimmen sie sehr schnell eine kurze Strecke und legen sich wieder bewegungslos auf den Grund.
Nahrung: Kleine Fische.
Fortpflanzung: Weitgehend unbekannt.

Graziler Eidechsenfisch
Saurida gracilis
(Graceful Lizardfish)
bis 30 cm
Liegen regungslos auf Sand- oder Geröllgrund und lauern auf Beute.
Rotes Meer bis Tahiti.

Anglerfische – Antennariidae

Familie Anglerfische, Ordnung Lophiiformes. Ungefähr 165 Arten. 3–30 cm.

Erkennungsmerkmale: Ihr hochrückiger Körper gleicht eher einem Schwamm als einem Fisch. Die kräftigen Brustflossen haben sich zu klobigen Beinen entwickelt und besitzen ellenbogenähnliche Gelenke. Ihre hohe fleischige Rückenflosse erstreckt sich über die ganze Körperlänge. Die schuppenlose Haut ist sehr dehnbar und oft mit Warzen oder Hautanhängseln bedeckt; einige Arten haben verästelte Auswüchse am Unterkiefer, die ihre Tarnung vervollständigen. Über ihrem Maul befindet sich eine kaum sichtbare, meist transparente »Angel« (Name), die sich aus dem ersten Stachel der Rückenflosse entwickelt hat. Anglerfische kommen in vielen Farben vor und passen sich farblich langsam dem Untergrund an. Die undeutliche Musterung und die Angel mit artspezifischen Ködern sind wichtige Bestimmungsmerkmale.

Vorkommen: Tropische bis kalte Meere. Sie leben auf jedem Untergrund, aber bevorzugt auf Schwämmen oder Weichkorallen.

Lebensweise: Anglerfische kommen in vielen Gebieten recht häufig vor, sie werden aber aufgrund ihrer guten Tarnung und Trägheit nur sehr selten von Tauchern entdeckt. Die meisten Arten sind nicht in der Lage, im herkömmlichen Sinne zu schwimmen und Beutetiere zu erjagen. Sie haben zwei ungewöhnliche Fortbewegungstechniken entwickelt: Mit ihren zu »Beinen« umgebildeten Brustflossen können sie behäbig gehen und sich abstützen oder zwischen zwei Gegenständen feststemmen, indem sie die »Beine« seitwärts weit ausstrecken. Noch ungewöhnlicher ist ihre Schwimmtechnik. Durch Saugschnappen wird Wasser angesaugt und durch je eine Düse an der Basis der Brustflossen ausgepresst. Auf diese Weise können sich Anglerfische im Wasser frei bewegen, ohne die Flossen zu benutzen. Dies geschieht aber äußerst selten. Die Geschwindigkeit reicht nicht aus, Beutetiere zu fangen. Ihr Jagderfolg beruht auf ihrer Tarnung und einem Köder am Ende der Angelrute, der Beutetiere direkt vor das Maul lockt. Durch blitzschnelles Öffnen des Maules werden diese eingesogen. Obwohl Anglerfische wohl zu den behäbigsten Fischen zählen, ist die Maulbewegung die schnellste Bewegung im ganzen Tierreich (6 Millisekunden). Aufgrund ihres dehnbaren Körpers ist es Anglerfischen möglich, Tiere zu verschlingen, die größer sind als sie selbst!

Nahrung: Fische und Krebse.

Fortpflanzung: In kurzen Zeitabständen (3–4 Tage) legen die Weibchen Tausende von Eiern, die in einer gelatineartigen Masse eingebettet sind.

Warzen-Anglerfisch
Antennarius maculatus
(Dwarty Frogfish)
9 cm
Bewohnt strömungsreiche Dropoffs und Fleckriffe. Die Färbung der Anglerfische ist kein Bestimmungsmerkmal. Mauritius bis Salomonen.

Riesen-Anglerfisch
Antennarius commersonii
(Giant Frogfish)
35 cm
Größte Art der Familie. Lebt vorwiegend in tiefen Lagunen oder an steilen Riffhängen. Die Färbung kann langsam der Umgebung angepasst werden. Rotes Meer bis Panama.

Hornhechte – Belonidae

Familie Hornhechte, Ordnung Cyprinodontiformes. Etwa 32 Arten. Bis 1,3 m.
Erkennungsmerkmale: Ihr Körper ist sehr schlank und langgestreckt; beide Kiefer sind extrem verlängert und besitzen je eine Zahnreihe. Die Bauch- und die Afterflossen sind weit zurückgesetzt. Hornhechte gehören zu den wenigen Fischen, die keine Stacheln in den Flossen besitzen.
Vorkommen: Zirkumtropisch, wenige Arten auch im Süßwasser. Sie halten sich dicht unter der Oberfläche auf.
Lebensweise: Hornhechte leben einzeln oder in Gruppen bis etwa 20 Individuen, meist in Riff- oder Inselnähe. Nur eine Art bewohnt das offene Meer. Es sind Räuber, die sich aufgrund ihres geringen Körperdurchmessers nahe an ihre Opfer heranpirschen können, da sie von vorn nur sehr schwer zu erkennen sind. Diese schnellen Schwimmer können 10–15 m weit springen. Wenn Hornhechte vor Raubfischen fliehen, schlägt nur der Schwanz im Wasser, während der Körper über dem Wasser schwebt.
Nahrung: Kleine Fische.
Fortpflanzung: Sie legen relativ große, ovale Eier, die an Treibgut geheftet werden. Die Larven und Jungtiere lassen sich während ihrer Entwicklung passiv an der Oberfläche treiben.

Krokodil-Hornhecht
Tylosurus crocodilus
(Crocodile Needlefish)
1,3 m
Lebt pelagisch und an küstennahen Riffen im Oberflächenwasser.
Ernährt sich von Larven und kleinen Fischen.
Zirkumtropisch.

Halbschnabelhechte – Hemirhamphidae

Familie Halbschnabelhechte, Ordnung Cyprinodontiformes. Etwa 80 Arten. 12–40 cm lang.
Erkennungsmerkmale: Sie unterscheiden sich von den Hornhechten durch einen sehr kurzen Oberkiefer, nur der Unterkiefer ist dornartig verlängert und hat keine Zähne.
Vorkommen: In oberflächennahem Wasser des Indopazifischen Ozeans und im Atlantik. Vorwiegend in Riffnähe, nur 2 Arten leben im offenen Meer. Auch im Süßwasser.
Lebensweise: Halbschnabelhechte sind tag- und nachtaktive Allesfresser, die oft in großen Schulen bis zu mehreren Hundert Tieren leben. Wenn sie vor Raubfeinden fliehen, springen sie aus dem Wasser und breiten ihre Brustflossen zum Segeln aus, wie es von Fliegenden Fischen bekannt ist; sie sind mit ihnen nahe verwandt. Halbschnabelhechte können aber nur relativ kurze Strecken segeln, da ihre Brustflossen wesentlich kleiner sind.
Nahrung: Algen, Seegras, Zooplankton und kleine Fische.
Fortpflanzung: Sie laichen vorwiegend in ruhigem Wasser von Lagunen oder in Flussmündungen; die Balz erfolgt meist über Seegraswiesen. Ihre Eier besitzen Klebfäden, mit denen sie an Algen und Seegras angeheftet werden. Es ist auch eine lebendgebärende Art bekannt.

Dunckers Halbschnabelhecht
Zenarchopterus dunckeri
(Dunker's Garfish)
18 cm
Bewohnt Lagunen und Mangrovengebiete. In Schwärmen nahe der Oberfläche, meist ufernah.
Indonesien bis Salomonen.

Tannenzapfenfische – Monocentridae

Familie Tannenzapfenfische, Ordnung Schleimkopfartige (Beryciformes). 4 Arten weltweit. Bis 23 cm lang.
Erkennungsmerkmale: Sie besitzen große kräftige, mit Stacheln bewehrte Schuppen, die einen schützenden Hautpanzer bilden. Man nennt sie deshalb englisch auch »Knightfish« – Ritterfisch. Die Schuppen haben schwarze Ränder und verleihen ihnen ein typisches Netzmuster. Ihr Körper ist kurz und hochrückig. Am Unterkiefer befinden sich Leuchtorgane, die symbiotische Bakterien enthalten. Das orangefarbene Organ leuchtet nachts kontinuierlich blaugrün.
Vorkommen: Subtropisch im Indischen und Pazifischen Ozean.
Lebensweise: Tannenzapfenfische leben am Tag versteckt bodennah in dunklen Höhlen und Spalten. Erst nachts gehen sie auf Jagd und locken mit ihrem Leuchtorgan Garnelen an. Sie scheinen subtropische Gewässer zu bevorzugen. Jungfische kann man in kleinen Gruppen in Felsenhöhlen schon in 15 m Tiefe antreffen. Erwachsene Tiere leben meist wesentlich tiefer, maximal bis 180 m.
Nahrung: Krebstiere.

Australischer Zapfenfisch
Cleidopus gloriamaris
(Pineapplefish)
22 cm
Lebt meist in Felsriffen. Bevorzugt kühleres Wasser und wird nur selten in Korallenriffen angetroffen. Bei geöffnetem Maul ist das orangefarbene Leuchtorgan sichtbar.
Ost- und Westküste Australiens.

Laternenfische – Anomalopidae

Familie Laternenfische, Ordnung Schleimkopfartige (Beryciformes). 5 Arten in tropischen Meeren. Bis 30 cm lang, meist wesentlich kleiner.
Erkennungsmerkmale: Diese kleinen, schwarzen Fische haben unter den Augen bohnenförmige Leuchtorgane, die zehn Milliarden symbiotische Bakterien pro ml enthalten.
Vorkommen: Rotes Meer, Indischer und Pazifischer Ozean.
Lebensweise: Laternenfische kann man am Tag nicht finden; sie leben tiefer als 30 m und verstecken sich in den hintersten Winkeln von tiefen Höhlen oder in Wracks. Nachts steigen sie in mondlosen Nächten zur Oberfläche auf und erzeugen mit ihrem Leuchtorgan grünliche Lichtblitze, deren Frequenz von der Wassertemperatur und von ihrer Stimmung abhängt. Ohne Stress blitzen sie dreimal und bei Gefahr bis 50-mal pro Minute. Das Licht wird durch einen lidartigen Vorhang oder durch Drehen des Organs an- und abgeschaltet. Mit diesen Blitzen locken sie Beute an und irritieren Angreifer; bei jeder Richtungsänderung wird abgeschaltet. In mondhellen Nächten nehmen sie keine Nahrung auf. Im Roten Meer kommen sie in großen Ansammlungen im Flachwasser vor.
Nahrung: Zooplankton und kleine Krebse.
Fortpflanzung: Unbekannt.

Großer Laternenfisch
Anomalops katoptron
(Great Flashlightfish)
35 cm
Lebt am Tag versteckt in Höhlen von Dropoffs. Das Leuchtorgan unter dem Auge kann durch Drehen »abgeschaltet« werden.
Indonesien bis Frz. Polynesien.

Soldaten- und Husarenfische – Myripristinae und Holocentrinae

Unterfamilien Soldatenfische und Husarenfische, Familie Holocentridae, Ordnung Schleimkopfartige (Beryciformes). Etwa 60 Arten. 30–45 cm lang.
Erkennungsmerkmale: Soldatenfische: Körper relativ kurz, Kopf stumpf, Augen sehr groß und extrem weit vorn, keine Längsstreifen und Kiemendeckelstacheln.
Husarenfische haben immer einen kräftigen, nach hinten gerichteten Kiemendeckelstachel und ihr Kopf läuft spitz zu. Viele Arten haben Längsstreifenmuster, einige sind einfarbig wie Soldatenfische. Ihr Körper ist meist schlanker.
Beiden Unterfamilien gemeinsam: Körper seitlich abgeflacht, zwei Rückenflossen, die sich in ihrer Form deutlich unterscheiden. Erste Rückenflosse oft in einer Nut versenkt und deshalb nicht sichtbar; zweite Rückenflosse und Afterflosse auffallend weit hinten. Schwanz tief gegabelt. Alle Arten haben große, deutlich sichtbare Schuppen und sind vorwiegend rot gefärbt. Augen und Maul sehr groß.
Vorkommen: Tropische Meere, in Riffen mit viel Versteckmöglichkeiten; sie leben sowohl in Korallen- als auch in Felsriffen bis in große Tiefen.
Lebensweise: Soldaten- und Husarenfische sind nachtaktive Tiere, die sich am Tag schwebend in kleinen Gruppen in Höhlen, Spalten oder unter Überhängen aufhalten. Nachts, bei der Nahrungssuche, unterscheiden sich die Unterfamilien: Während Soldatenfische im freien Wasser über den Riffen ihre Nahrung suchen, machen die Husarenfische Jagd auf bodenlebende Tiere. Beide Unterfamilien sind offensichtlich in der Lage, unterschiedliche Geräusche zu machen, die nicht nur Warnsignale sind, sondern auch der Kommunikation dienen.
Nahrung: Soldatenfische Zooplankton (vorwiegend Larven von Krebstieren); Husarenfische Würmer, Krebse und Kleinfische, die am Boden leben.
Fortpflanzung: Bei einer Art der Gattung *Myripristis* wurde beobachtet, dass die Tiere regelmäßig ein paar Tage nach Neumond im Freiwasser laichen. Sonst ist wenig bekannt. Das Larvenstadium dauert wahrscheinlich mehrere Wochen, weil die Tiere weit verbreitet sind. Die Larven siedeln sich erst bei einer Größe von etwa 3 cm an.

Vorsicht: Die Kiemenstacheln der Husarenfische können beim Hantieren schmerzhafte Wunden verursachen. Beide Unterfamilien sind mit kräftigen Rücken-, Bauch- und Afterflossenstacheln ausgerüstet. Ihr Fleisch kann durch Ciguatera giftig sein.

Orangener Soldatenfisch
Myripristis vittata
(Whitetip Soldierfish)
bis 20 cm
Lebt am Tag in Höhlen oder unter Überhängen. Ostafrika bis Polynesien.

Diadem-Husarenfisch
Sargocentron diadema
(Crown Squirrelfish)
bis 16 cm
Husarenfische unterscheiden sich von den Soldatenfischen durch einen Kiemenstachel. Rotes Meer bis Hawaii und Tahiti.

Großdorn-Husarenfisch
Sargocentron spiniferum
(Long-jawed Squirrelfish)
bis 40 cm
Sie werden oft für Soldatenfische gehalten, obwohl die Kiemenstacheln besonders deutlich ausgebildet sind. Rotes Meer bis Tahiti.

Geisterpfeifenfische – Solenostomidae

Familie Geisterpfeifenfische, Ordnung Röhrenmäuler (Syngnathiformes). 4 Arten in tropischen Meeren. Bis 22 cm lang, meist wesentlich kleiner.

Erkennungsmerkmale: Diese seltenen Tiere haben einen dünnen, relativ kurzen Körper, ein sehr langgezogenes Röhrenmaul und überdimensionierte Flossen. Ihre Körperoberfläche kann mit Hautfetzen oder algenähnlichen Filamenten bedeckt sein. Sie kommen in vielen Farben vor. Ihre meisterhafte Tarnung und das seltene Vorkommen haben dazu beigetragen, dass erst kürzlich 2 neue Arten entdeckt wurden: Im Süden von Papua-Neuguinea fand man eine rote Art, die mit langen, haarähnlichen Filamenten ausgestattet ist. Es handelt sich offensichtlich um die Mimese von Rotalgen, zwischen denen sie leben. Die zweite Art wurde auf den Philippinen gefunden und unterscheidet sich vom Harlekin-Geisterpfeifenfisch *(Solenostomus paradoxus)* durch kurze, verzweigte Filamente.

Vorkommen: Vom Roten Meer bis zum Pazifik; in Korallenriffen und Seegraswiesen.

Lebensweise: Geisterpfeifenfische schweben vorwiegend nahe über Algen, Haarsternen, Korallen und Gorgonien. Sie haben eine schräge Körperhaltung mit nach unten gerichtetem Kopf. Harlekin-Geisterpfeifenfische leben in tiefem Wasser bis etwa 25 m. Nur sehr selten werden sie 1–2 m über dem Grund im Freiwasser beobachtet, wenn keine Strömung herrscht. Erstaunlicherweise trifft man diese langsamen Schwimmer bevorzugt in strömungsreichen Gebieten, wo sie sich an geschützten Stellen aufhalten. Sie kommen auch in Wracks vor.

Der Seegras-Geisterpfeifenfisch *(S. cyanopterus)* bevorzugt in manchen Gebieten flache Küsten und lebt schon im metertiefen Wasser. Bei ruhiger See kann man die Fische sogar an Kaimauern bis dicht unter der Oberfläche sehen. Bei starker Dünung schweben sie nahe an der Basis von Korallenköpfen und lassen sich scheinbar willenlos hin- und herschaukeln; sie erinnern dabei an Seegras- oder Algenstücke. Kaum merklich machen sie Korrekturbewegungen und drehen sich bei jeder Welle, damit ihr Kopf immer gegen die Strömung gerichtet ist. Sie sind dabei so gut getarnt, dass sie von Raubfischen übersehen werden.

Nahrung: Sehr kleine Wirbellose, vorwiegend Krebse.

Fortpflanzung: Die Eier werden an kurzen »Fäden« befestigt, die sich an den Innenseiten der Bauchflossen des Weibchens befinden; die Außenränder der Flossen sind mit dem Körper verwachsen und bilden eine Bruttasche. Geisterpfeifenfische haben kein Larvenstadium; wenn die Jungen schlüpfen, sind sie voll entwickelt und leben sofort selbstständig.

Seegras-Geisterpfeifenfisch
Solenostomus cyanopterus
(Ghost Pipefish)
16 cm
Lebt in flachen, geschützten Riffen. Schwebt gelegentlich mit dem Kopf nach unten im Schwell.
Rotes Meer bis Fidschi-Inseln.

Harlekin-Geisterpfeifenfisch
Solenostomus paradoxus
(Harlequin Ghost Pipefish)
12 cm
Hält sich vorwiegend im Schutz von Gorgonien, Haarsternen, Algen und zwischen treibendem Tang auf. Oft paarweise. In allen Gebieten selten.
Rotes Meer bis Fidschi-Inseln.

Seepferdchen und Seenadeln – Hippocampinae und Syngnathinae

Unterfamilien Seepferdchen und Seenadeln, Familie Syngnathidae, Ordnung Seenadelartige (Syngnathiformes). Über 200 Arten. Seepferdchen bis 22 cm, Seenadeln bis 40 cm lang, meist aber wesentlich kleiner.

Erkennungsmerkmale: Die gemeinsamen Merkmale beider Unterfamilien sind: röhrenförmige Schnauze mit kleinem, endständigem Maul, keine Kiemendeckel; Körper mit zahlreichen harten Knochenringen bedeckt, die eckig geformt sind. Färbung und Muster variieren sehr.

Seepferdchen haben immer einen weit zur Brust gebeugten, pferdeähnlichen Kopf. Sie besitzen eine Rückenflosse und Brustflossen; die Afterflosse ist winzig oder fehlt. Der »Schwanz« ist zu einem langen Greifarm umgebildet.

Seenadeln sind schlanke, langgestreckte Fische; ihr Kopf verläuft immer mehr oder weniger in der Längsachse des Körpers. Die meisten Arten haben eine runde Schwanzflosse; nur wenige besitzen einen Greifschwanz wie Seepferdchen.

Vorkommen: Seepferdchen sind in Korallenriffen wegen der starken Strömungen sehr selten.

Lebensweise: Seepferdchen zählen nicht nur äußerlich zu den ungewöhnlichsten Knochenfischen, sondern faszinieren ebenso durch ihre aufrechte Schwimmweise. Es sind langsame Schwimmer, die sich mit ihrem Greifschwanz an Pflanzen oder anderem geeignetem Bewuchs festhalten können. Ihre Körperbewegungen sind durch ihren Außenpanzer sehr begrenzt; nur der Schwanz ist sehr beweglich. In ihrer natürlichen Umgebung tarnen sie sich durch Reglosigkeit und stellen sich tot. Oder sie drehen potentiellen Feinden den Rücken zu, so dass ihre typische Form nicht erkennbar ist.

Seenadeln können mit ihrer runden Schwanzflosse besser schwimmen und sind in vielen tropischen Gebieten zu beobachten. Sie bevorzugen geschützte Stellen, wie Überhänge, Höhlen und Riffausbuchtungen.

Nahrung: Zooplankton und benthische Wirbellose.

Fortpflanzung: Beide Unterfamilien bringen auf ungewöhnliche Weise lebende Junge zur Welt: Bei der Paarung wird nicht der Samen von dem Weibchen aufgenommen, sondern es legt dem Männchen die Eier in eine Bruttasche (Seepferdchen) bzw. in eine Bauchfalte (Seenadel). Bei manchen Seenadelarten werden die Eier auch nur am Bauch angeheftet. Die Jungfische werden vom Männchen zur Welt gebracht. Anschließend wird die Bruttasche gereinigt und für das nächste Gelege vorbereitet. Kurze Zeit später legt das Weibchen erneut Eier ab. Dieser Fortpflanzungszyklus erfolgt meist 3-mal im Jahr.

Suez-Seepferdchen
Hippocampus suezensis
(Spotted Seahorse)
bis 7 cm
In Korallenriffen sehr selten, sie bevorzugen Seegraswiesen.
Rotes Meer bis Pakistan.

Dorniges Seepferdchen
Hippocampus jayakari
(Thorny Seahorse)
bis 15 cm
Jungtiere leben auf flachen Riffdächern geschützter Gebiete; adulte kommen auch pelagisch vor.
Rotes Meer bis Pakistan.

Gebänderte Seenadel
Duncherocampus dactyliophorus
(Banded Pipefish)
bis 18 cm
Nur wenige Seenadeln sind so auffällig gefärbt wie die abgebildete Art; die meisten werden deshalb oft übersehen.
Westpazifik bis Tahiti.
Die ähnliche Art *D. boylei* ist vom Roten Meer bis Bali verbreitet.

Trompetenfische – Aulostomidae

Familie Trompetenfische, Ordnung Seenadelartige (Syngnathiformes). Nur 4 Arten bekannt. Max. 75 cm.
Erkennungsmerkmale: Schlanker, zylindrischer und extrem langer Körper. Unter ihren Schuppen befindet sich ein Netz von kleinen Knochen, die einen Schutzpanzer bilden. Der Kopf hat eine sehr lang nach vorn gezogene Schnauze mit einem endständigen Maul. Die zweite Rückenflosse und die Afterflosse sind gut ausgebildet. Alle Trompetenfische sind durch ihr Farbmuster gut getarnt, mit einer Ausnahme: *Aulostomus chinensis* gibt es auch in der auffälligen Farbe Gelb (siehe Foto oben).
Vorkommen: In tropischen Gebieten des Atlantischen, Indischen und Pazifischen Ozeans; meist zwischen Korallen.
Lebensweise: Trompetenfische sind ruhige Schwimmer, die einzeln oder paarweise leben. Oft sieht man sie, wenn sie sich zwischen Korallen senkrecht oder in einer schrägen Lage tarnen. Bei der Jagd bedienen sie sich einer List. Sie schwimmen ganz dicht über einem Friedfisch, um von potentiellen Opfern nicht so leicht entdeckt zu werden. Wenn sie nahe genug sind, schnellen sie blitzartig vor und erbeuten das überraschte Opfer. Gelbe Trompetenfische »reiten« bevorzugt auf gelben Kaninchenfischen.
Nahrung: Kleine Fische und Krebse.

Trompetenfisch
Aulostomus chinensis
(Trumpetfish)
bis 65 cm
Gelbe Farbvariante
(siehe auch Foto Mitte)
Ostafrika bis Hawaii.

Trompetenfisch
Aulostomus chinensis
(Trumpetfish)
bis 65 cm
Sie variieren von gelb (Foto oben) bis braun oder grün. Typisches Erkennungszeichen sind die weißen Flecken am Körperende.
Ostafrika bis Hawaii.

Flötenfische – Fistulariidae

Familie Flötenfische, Ordnung Seenadelartige (Syngnathiformes). Nur 4 Arten. Etwa 1,5 m lang.
Erkennungsmerkmale: Extrem schlanker, langer Körper, der hinten spitz zuläuft; auch der Kopf ist extrem lang und wird nur in Höhe der großen Augen durch diese verdickt. Alle Flossen – außer den Brustflossen – sind weit hinten angeordnet und stehen sich symmetrisch gegenüber: die erste Rückenflosse mit der Bauchflosse und die zweite Rückenflosse mit der Afterflosse. Die Schwanzflosse ist ein dünnes, fadenartiges Anhängsel, das den Körper verlängert. Die schuppenlose Haut ist bläulichgrün und tarnt das Tier im freien Wasser gut. Die Fische können sich sehr schnell mit einem dunklen, graubraunen Fleckenmuster tarnen.
Vorkommen: In tropischen Gebieten des Atlantischen, Indischen und Pazifischen Ozeans.
Lebensweise: Flötenfische leben einzeln, auch in kleinen Gruppen. Sie jagen unter der Oberfläche. Gelegentlich lassen sie sich wie Treibholz auf Kleinfischschwärme zutreiben, bis sie nahe genug an ihre Opfer herankommen.
Nahrung: Fische und Krebse.

Flötenfisch
Fistularia commersonii
(Cornetfish)
bis 1,7 m Körperlänge
Auffällig ist der fadenförmige Schwanz.
Rotes Meer bis Hawaii.

Schnepfenmesserfische – Centriscidae

Familie Schnepfenmesserfische, Ordnung Röhrenmäuler (Syngnathiformes). 5 Arten. Bis 15 cm lang.
Erkennungsmerkmale: Sie haben einen flachen, dünnen Körper und sind durch Knochenplatten geschützt, die am Bauch eine durchsichtige, scharfe Klinge bildet. Alle unpaaren Flossen befinden sich auf der Bauchseite!
Vorkommen: In tropischen Küstengewässern, vom Roten Meer bis zum westlichen Pazifik.
Lebensweise: Schnepfenmesserfische fallen durch ihre ungewöhnliche Schwimmweise auf: Sie schwimmen senkrecht mit dem Kopf nach unten, meistens nahe dem Grund; nur bei Gefahr schwimmen sie kurzzeitig horizontal. Potentiellen Feinden wenden sie die Schmalseite ihres dünnen Körpers zu und tarnen sich zwischen Korallen. Man trifft sie meistens in kleinen Schulen an, aber auch paarweise; nur selten sieht man sie in sehr großen Ansammlungen hoch über dem Riff bei der Jagd nach Plankton. Jungtiere schützen sich zwischen den Stacheln von Seeigeln.
Nahrung: Krebsplankton.
Fortpflanzung: Bei der Balz wurden spiralige Bauch-an-Bauch-Tänze beobachtet.

Gestreifter Schnepfenmesserfisch
Aeoliscus strigatus
(Razorfish)
15 cm
Hält sich immer in Schulen zwischen Astkorallen oder Seeigelstacheln auf. Schwimmt fast vertikal mit dem Kopf nach unten.
Seychellen bis Neukaledonien.

Flügelrossfische – Pegasidae

Familie Flügelrossfische, Ordnung Flügelrossfische (Pegasiformes). Etwa 5 Arten. Bis 14 cm.
Erkennungsmerkmale: Ihr Körper ist durch einen Knochenpanzer geschützt, der aus 3 Körperringen und 8 Schwanzringen besteht. Die Körperform ist breit und abgeplattet, der Schwanz dünn. Ein knöchernes Rostrum schützt das zahnlose Maul, das durch einen ungewöhnlichem Kiefermechanismus weit vorgestreckt werden kann. Die Bauchflossen haben sich fast völlig zurückgebildet und bestehen nur aus 2–3 hakenförmigen Strahlen, mit denen sich Flügelrossfische kriechend vorwärts bewegen.
Vorkommen: In warmen oder gemäßigten Meeren des Indopazifik und im Roten Meer. Vom Flachwasser bis 25 m Tiefe, auf Sand-, Geröll- und Schlammgrund.
Lebensweise: Flügelrossfische sind aufgrund ihrer Körperpanzerung sehr unbeweglich, nur die Schwanzflosse hat eine gewisse Flexibilität. Bei Bedrohung spreizen sie ihre großen Brustflossen ab und zeigen oft auffällige Farben. Diese dämmerungs- und nachtaktiven Tiere kann man gelegentlich auch am Tag sehen.
Nahrung: Kleine Wirbellose.
Fortpflanzung: Bei der Balz schwimmen sie paarweise zur Oberfläche. Die Larven entwickeln sich pelagisch.

Zwerg-Flügelrossfisch
Eurypegasus draconis
(Dragonfish)
7 cm
Bewohnt geschützte Sand- und Schlickböden. Ernährt sich von winzigen Wirbellosen. Verlässt nur selten sein Versteck.
Rotes Meer bis Frz. Polynesien.

Skorpionfische – Scorpaenidae

Familie Skorpionfische, Ordnung Drachkopfartige (Scorpaeniformes). Etwa 300 Arten. Je nach Art 4–50 cm.
Erkennungsmerkmale: Kräftiger, barschähnlicher Körper, großer Kopf; mit vielen kurzen, meist nach hinten gerichteten Stacheln. Augen und das Maul sind relativ groß. Rückenflosse durchgehend, große Brustflossen; der ganze Körper ist mit Schuppen bedeckt. Ihre Färbung variiert sehr stark: Die meisten Arten haben eine rötliche Grundfarbe, die aber dem Untergrund angepasst werden kann. Eine unregelmäßige Fleckenzeichnung und unzählige Hautanhängsel, die den Körper bedecken, machen die Tarnung dieser Lauerräuber perfekt. Manche besitzen außerdem noch bäumchenartige Auswüchse um den Unterkiefer herum, so dass der Kopf noch besser getarnt ist. Eine weit verbreitete Art, der Buckel-Drachenkopf, *Scorpaenopsis diabolus,* sei noch besonders erwähnt. Im Englischen wird er treffend Falscher Steinfisch (False Stonefish) genannt. Er ist grau, manchmal grünlich, aber auch rötlich gefärbt und wird wegen seiner Ähnlichkeit mit Korallenbruchstücken oft für den Steinfisch gehalten. Er hat – wie der Teufelsfisch auch – auf der Innenseite der Brustflossen eine auffallende gelborangene Färbung, die als Warnsignal durch Drehen der Flossen gezeigt wird (vgl. Fotos Seite 146).
Vorkommen: Tropische und gemäßigte Meere, einige Arten auch in kalten Meeren. Sie bevorzugen harten Untergrund und sind in Korallen- und Felsenriffen häufig.
Lebensweise: Skorpionfische sind schlechte Schwimmer, die nur kurze Strecken schwimmen, um sich dann wieder für längere Zeit auf dem Grund niederzulassen. Stundenlang lauern sie unbeweglich auf Beute, bis ihnen ein ahnungsloses Opfer direkt vor das Maul schwimmt. Durch schnelles Öffnen des großen Mauls entsteht ein Sog, so dass die Beute eingesaugt wird. Sie überwältigen erstaunlich große Fische. Wenn sie ihren Standort wechseln, können sie sekundenschnell ihre Farbe verändern.
Nahrung: Fische, aber auch Krebse.
Fortpflanzung: Sie legen mehrere tausend Eier in gelatineartigen Klumpen.

Vorsicht: Skorpionfische sind mit vielen Giftstacheln ausgerüstet, die nur zur Verteidigung eingesetzt werden. Sie sind für Taucher dennoch nicht ungefährlich, da sie sich auf ihre gute Tarnung verlassen. Die 1. Rückenflosse hat 12–14, die Bauchflosse 1 und die Afterflosse 3 Giftstacheln. Das Gift verursacht starke Schmerzen mit möglichen Lähmungserscheinungen, soll aber nicht lebensgefährlich sein. Erste Hilfe s. S. 148.

Schaukelfisch
Taenianotus triacanthus
(Leaf Fish)
bis 8 cm
Bei Gefahr lässt er sich auf die Seite fallen und imitiert ein Blatt. Farbvarianten von gelb, rosa bis schwarz.
Ostafrika bis Galapagos.

Bärtiger Drachenkopf
Scorpaenopsis oxycephala
(Tassled Scorpionfish)
bis 30 cm
Die Skorpionfische sind schwierig zu bestimmen, da es mehrere ähnliche Arten gibt.
Rotes Meer bis Westpazifik.

Buckel-Drachenkopf
Scorpaenopsis diabolus
(False Stonefish)
bis 22 cm
Diese Art wird von Tauchern oft für den Steinfisch gehalten.
Rotes Meer bis Tahiti.

Stein- und Teufelsfische – Synanceiinae und Choridactylinae

Unterfamilien Stein- und Teufelsfische, Familie Skorpionfische, Ordnung Drachenkopfartige (Scorpaeniformes). Wenige Arten. Steinfische bis 38 cm, Teufelsfische bis 18 cm.
Erkennungsmerkmale: Steinfische sind die am besten getarnten Fische überhaupt. Ihr Körper ist plump und verjüngt sich nach hinten sehr stark, so dass der riesige Kopf völlig unproportioniert wirkt. Das große Maul ist fast senkrecht nach oben gerichtet, die Augen sehr hoch angeordnet. Der vordere Teil der Rückenflosse besteht aus 12–14 kräftigen Giftstacheln, die mit einer fleischigen Haut überzogen sind. Die extrem großen, fleischigen Brustflossen haben am Rand abgerundete Zacken und fallen einem geübten Beobachter am ehesten auf. Die gesamte Körperoberfläche ist unregelmäßig mit Warzen und Hautfetzen übersät. Die Tarnung wird noch durch die Färbung vervollkommnet und durch eine asymmetrische Haltung, indem der Schwanz hakenförmig umgelegt wird.
Teufelsfische unterscheiden sich von den Steinfischen durch ihre geringe Größe und ihren zierlichen Körper. Das Kopfprofil ist konkav, nur die Augen stehen weit erhöht auf Knochenwülsten – alles überragend. Die Rückenflosse besteht aus 15–17 langen, giftigen Stacheln, die asymmetrisch nach beiden Seiten umgelegt werden und mit Hautfetzen getarnt sind. An den Brustflossen sind die zwei untersten Flossenstrahlen freistehend, also nicht durch Membranen verbunden, und werden zum Kriechen benutzt. Die Schwanzflosse ist flach zusammengefaltet und – genau wie die Unterseiten der Brustflossen – mit grellen Warnfarben und -mustern versehen. Nähert man sich einem Teufelsfisch, wird die Schwanzflosse wie ein Fächer gespreizt und die Brustflossen werden gewendet.
Vorkommen: Rotes Meer bis zum Pazifik auf Sand- oder Geröllgrund in nicht zu tiefem Wasser, am Tag oft versteckt in Höhlen oder Spalten.
Lebensweise: Steinfische sind sehr schlechte Schwimmer, die ungern ihren Standort wechseln. Die trägen Bewegungen würden kaum zum Schwimmen reichen, wenn nicht die großen Brustflossen den Tieren »Segeleigenschaften« verleihen würden. Die Schwimmleistung reicht nicht aus, ein Opfer zu jagen. Steinfische sind darauf angewiesen, dass ein Fisch nahe genug am Maul vorbeischwimmt, um ihn einsaugen können. Sie verschlingen Fische bis zur eigenen Größe.
Nahrung: Fische und Krebse.

Vorsicht: Das Gift der Stein- und Teufelsfische ist extrem schmerzhaft. Erste Hilfe s. S. 148.

Echter Steinfisch
Synanceia verrucosa
(Reef Stonefish)
bis 38 cm
Hält sich am Tage gern in Spalten und Höhlen auf. Der gekrümmte Schwanz ist typisch für Steinfische.
Rotes Meer bis Tahiti.

Warzen-Steinfisch
Synanceia horrida
(Estuarine Stonefish)
bis 30 cm
Manchmal mit Algen bewachsen. Bevorzugt sandigen und schlammigen Untergrund, ist häufig im Brackwasser.
Thailand bis Australien.

Filament-Teufelsfisch
Inimicus filamentosus
(Spiny Devilfish)
bis 18 cm
Bei Gefahr werden die intensiv gefärbten Schwanz- und Brustflossen als Warnsignale gezeigt (s. rechtes Foto).
Rotes Meer bis Indonesien.

Feuerfische – Pteroinae

Unterfamilie Feuerfische, Familie Skorpionfische, Ordnung Drachenkopfartige. 11 Arten. Länge 15–35 cm.
Erkennungsmerkmale: Feuerfische haben auffallend lange Flossenstrahlen. Viele besitzen zwischen den Augen federartige Fühler, die an Hörner erinnern. Diese werden abgeworfen, wenn die Tiere erwachsen sind. Jungtiere sind bis zu einer Größe von etwa 5 cm farblos. Männliche Tiere haben einen kräftigeren Kopf.
Vorkommen: Rotes Meer bis Pazifik, bis 40 m Tiefe.
Lebensweise: Alle Feuerfische sind langsame, majestätische Schwimmer, die sich meist in Bodennähe aufhalten. Manchmal sieht man sie im freien Wasser über dem Riff. In bestimmten Situationen können sie sich eine kurze Strecke vorwärts schnellen, was man ihnen nicht zutraut. Sie sind aber nicht ausdauernd genug, ein Opfer zu verfolgen. Man trifft sie sowohl einzeln als auch in Gruppen von bis zu 12 Tieren an. Männchen leben in Territorien, die sich aber überschneiden können. Feuerfische sind hauptsächlich dämmerungsaktiv und haben eine besondere Jagdtechnik entwickelt. Mit ihren extrem verlängerten Flossenstrahlen – die wie ein Sperrnetz eingesetzt werden – treiben sie potentielle Opfer in eine günstige Position, z. B. eine Nische, um sie dann blitzartig einsaugen zu können. Ihre giftigen Rückenflossenstacheln dienen nur der Verteidigung.
Nahrung: Fische.
Fortpflanzung: Während der Balz gibt es nicht nur Rivalitätskämpfe zwischen den Männchen. Auch die Weibchen werden von den extrem aggressiven Männchen attackiert. In dieser Zeit kann es selbst für einen Taucher gefährlich sein, dem »Bräutigam« zu nahe zu kommen. Paarung und Eiablage erfolgen kurz nach Sonnenuntergang. Das Paar schwimmt hoch ins Freiwasser; an der höchsten Stelle werden die Eier schnell ins Wasser ausgestoßen und treiben mit der Strömung davon.

Vorsicht: Das ruhige Verhalten der Feuerfische verleitet viele Taucher dazu, sich den Tieren zu nähern. Wird dabei die Fluchtdistanz unterschritten, weicht der Fisch meist aus. Ist das nicht möglich, kann es zu einem Angriff kommen. Die Fische schnellen blitzartig vor und richten ihre Giftstacheln gegen den vermeintlichen Angreifer. Die Stichverletzungen können extrem schmerzhaft sein und verursachen Schwellungen und Lähmungen. **Erste Hilfe:** Verletzten beruhigen und betroffene Gliedmaße ruhigstellen. Bewegungen und Stress vermeiden. Keine Hitzebehandlung! Dadurch wird das Gift schneller zu lebenswichtigen Organen transportiert.

Rotfeuerfisch
Pterois volitans
(Lionfish, Turkeyfish)
bis 38 cm
Diese langsamen Schwimmer werden oft unterschätzt; sie können sich eine kurze Strecke blitzartig vorschnellen und mit ihren giftigen Rückenstacheln gezielt zustechen, wenn sie bedrängt werden.
Rotes Meer bis Tahiti.

Zebra-Zwergfeuerfisch
Dendrochirus zebra
(Zebra Lionfish)
bis 25 cm
Die Brustflossenstrahlen sind bei dieser Art durch Membranen verbunden.
Ostafrika bis Samoa.

Stirnflosser – Tetrarogidae

Familie Stirnflosser, Ordnung Drachenkopfartige (Scorpaeniformes). Etwa 40 Arten. Bis 18 cm lang.
Erkennungsmerkmale: Sie sind mit den Skorpionfischen verwandt, aber ihre hohe, durchgehende Rückenflosse beginnt auf der Stirn und ist immer aufgestellt. Ihr Körper ist wie beim Schaukelfisch seitlich sehr abgeflacht.
Vorkommen: Indopazifischer Ozean; nicht im Roten Meer. Vorwiegend im Flachwasser der Brandungszone auf Sand- oder Geröllgrund, oft in Gebieten mit Algenbewuchs.
Lebensweise: Stirnflosser sind dämmerungs- und nachtaktive Tiere, die man nur sehr selten am Tag findet, wenn sie geduldig, oft stundenlang, auf Beute lauern. Als typische Flachwasserbewohner torkeln sie im Schwell scheinbar hilflos von einer Seite zur anderen. Diese Bewegungen und ihre flache Körperform machen die Blatt-Mimese perfekt. Kleine Fische oder Krebse werden durch Saugschnappen verschlungen, wenn sie nahe genug an das Maul kommen. Bei Störung verkriechen sich Stirnflosser in Höhlen, Spalten oder zwischen Algen. Dabei kann man beobachten, wie mühsam sie sich vorwärts bewegen: Sie können kaum schwimmen und schaffen nur wenige Zentimeter, bevor sie erschöpft auf den Grund fallen. Nach einer Erholungspause starten sie erneut zu einer kurzen Etappe.
Nahrung: Kleine Fische und Krebse.
Fortpflanzung: Unbekannt.

Schaukel-Stirnflosser
Ablabys binotatus
(Redskinfish)
10 cm
Lebt in flachen Tidenzonen von Riffdächern; am Tag sehr versteckt. Schaukelt passiv in der Brandung wie ein Blatt. Westpazifik.

Velvetfische – Aploactinidae

Familie Velvetfische, Ordnung Drachenkopfartige (Scorpaeniformes). Etwa 38 Arten. Nur 5 cm lang.
Erkennungsmerkmale: Sie sind mit den Stirnflossern nahe verwandt, mit denen sie eine große Ähnlichkeit haben: seitlich sehr abgeflacht und eine lange Rückenflosse, die in der Höhe variieren kann. Stirnflosser haben vorwiegend ein unregelmäßiges Fleckenmuster, das sie gut tarnt.
Vorkommen: Rotes Meer und Indopazifik; nur in Australien kommen relativ viele Arten vor. Velvetfische bevorzugen Felsgebiete oder Korallengestein mit unterschiedlichem Bewuchs und Weichböden.
Lebensweise: Velvetfische leben in ruhigem Wasser und tarnen sich durch Reglosigkeit. Auf dem Bewuchs von Felsen sind sie so hervorragend getarnt, dass man sie nur durch Zufall entdeckt. Sie haben eine sehr kurze Fluchtdistanz, fliehen eine kurze Strecke und biegen um eine »Ecke«, damit ein Verfolger sie aus den Augen verliert.
Nahrung: Kleine Wirbellose.
Fortpflanzung: Unbekannt.

Blatt-Velvetfisch
Ptarmus gallus
(Crested Velvetfish)
8 cm
Bewohnt Küstengebiete mit Geröll oder toten Korallen. Tarnt sich durch Reglosigkeit. Sehr selten. Endemisch im Roten Meer.

Plattköpfe – Platycephalidae

Familie Plattköpfe, Unterordnung Platycephaloidei, Ordnung Drachenkopfartige (Scorpaeniformes). Wegen einer anatomischen Besonderheit werden alle Arten dieser Ordnung auch »Panzerwagen« genannt. Kräftige Knochenplatten verbinden »Wangenknochen« und Vorkiemendeckel. Etwa 60 Arten. Bis 80 cm lang, nur in Australien gibt es eine Art, die bis 1,2 m lang werden kann.

Erkennungsmerkmale: Langgestreckter, schlanker Körper mit abgeplattetem Kopf, der in der Form dem Kopf eines Krokodils gleicht. Die großen runden Knopfaugen sind mit einem netzartigen Organ überdeckt, das sich zusammenziehen und ausdehnen kann. Diese Lichtschutzeinrichtung kommt bei extremer Einstrahlung im flachen Wasser zur Wirkung; sie sind – zusammen mit den Sandtauchern – die einzigen Fische, die über ein lidähnliches Organ verfügen. Als Räuber haben sie ein sehr großes Maul mit vorstehendem Unterkiefer. Die beiden Rückenflossen sind deutlich getrennt; Brust- und Bauchflossen gut entwickelt und überlappen sich teilweise. Die Schwanzflosse wird in Ruhestellung flach zusammengefaltet. Färbung und unregelmäßige Fleckenmusterung sind dem Untergrund sehr gut angepasst. Außerdem befinden sich auf dem Kopf zahlreiche nach hinten gerichtete Stacheln und Knochenplatten, die zusammen mit dem »Netz« über den Augen das Tier perfekt tarnen. Der Körper ist mit kleinen Schuppen bedeckt.

Vorkommen: Ausschließlich tropische Gewässer küstennaher Gebiete, vom Roten Meer bis zum Pazifik; auf Sand-, Schlick- oder Geröllgrund, am häufigsten im Flachwasser bis 20 m Tiefe. Im Indischen Ozean relativ selten.

Lebensweise: Diese Lauerräuber sind keine ausdauernden Schwimmer und halten sich vorwiegend auf Sand- und Geröllgrund auf. In sandigen Gebieten sind sie nicht so gut getarnt und graben sich deshalb vollkommen ein, so dass nur die Augen und das Maul zu sehen sind. Sie verlassen sich auf ihre Tarnung und bleiben sehr lange liegen, wenn man sich ihnen nähert. Im letzten Moment fliehen sie ein paar Meter und graben sich blitzschnell mit vibrierenden Körperschwingungen im Sand ein. Sie lauern auf Beute, bis ein Opfer nahe genug vorbeikommt. Es werden auch Fische, die in einem Abstand von 1 m über sie hinwegschwimmen, blitzartig erbeutet, indem sie sich vertikal nach oben schnellen. Dazu wird der Rücken beim Start relativ stark konkav gekrümmt, was bei keiner anderen Familie in dem Maße zu beobachten ist. Man sieht Plattköpfe meist einzeln, gelegentlich paarweise. Selten leben sie auch im Brackwasser.

Nahrung: Fische, Krebstiere, Würmer und Weichtiere.

Fortpflanzung: Weitgehend unbekannt.

Gewöhnlicher Krokodilfisch
Papilloculiceps longiceps
(Spotted Flathead)
bis 1 m
Im Roten Meer relativ häufig; sie graben sich gern im Sand ein. Rotes Meer bis Japan.

Sand-Plattkopf
Platycephalus arenicola
(Sand Flathead)
bis 23 cm
Lebt auf Sandgrund in der Nähe der Riffbasis. Ostafrika bis Marshall-Inseln.

Fahnenbarsche – Anthiinae

Unterfamilie Fahnenbarsche, Familie Sägebarsche (Serranidae), Ordnung Barschartige (Perciformes). Es gibt etwa 100 Arten. Bis 12 cm.

Erkennungsmerkmale: Seitlich abgeflachter Körper mit typischer Barschform; Kopf läuft oft spitz zu und das endständige Maul ist klein; Flossen relativ groß, laufen spitz aus. Schwanzflosse tief gegabelt oder sichelförmig. Die Rückenflosse ist lang durchgehend, kann aber auch getrennt sein. Bei den Männchen ist der zweite oder dritte Rückenflossenstrahl verlängert, bei manchen Arten extrem lang. Der Körper ist mit deutlich sichtbaren Schuppen bedeckt. Fast alle sind bunt gefärbt, haben aber selten eine auffällige Musterung. Oft sieht man Arten, die drei- oder vierfarbig sind. Häufig verlaufen die Farben wie in einem Aquarell randlos ineinander über. Die Grundfarben sind meist Rot, Orange, Gelb und Violett. Männchen und Weibchen sind unterschiedlich gefärbt.

Vorkommen: In tropischen und gemäßigten Meeren; Rotes Meer bis zum Pazifik (auch im Mittelmeer unterhalb 30 m). Sie halten sich im freien Wasser über Riffen auf und suchen bei Gefahr oder auch nachts Schutz im Riff. In Korallenriffen sind sie in größerer Zahl anzutreffen als in felsigen Gebieten.

Lebensweise: Fahnenbarsche sind sehr lebhafte und ausdauernde Schwimmer, die in großen Schwärmen zu Hunderten oder gar Tausenden über flachen, geschützten Korallenriffen oder an strömungsreichen Außenriffen nach Plankton jagen. Diese tagaktiven Tiere scheinen nie zu ermüden, auch bei starker Strömung nicht. Sie sind ständig in Bewegung, außer wenn sie sich von einem Putzerfisch Parasiten entfernen lassen. Heranwachsende sind ausschließlich weiblich und leben in einem »Harem«. Auf ein Männchen kommen mindestens 5 Weibchen, es können auch wesentlich mehr sein. Stirbt ein Männchen, so verwandelt sich das ranghöchste Weibchen innerhalb einer Woche in ein Männchen. (Nach Fishelson behindert die Anwesenheit von Männchen die Umwandlung von Weibchen.) Männliche Tiere sind territorial und etwas größer als die Weibchen. Sie fallen durch prächtigere Färbung auf und besitzen häufig einen verlängerten Rückenflossenstrahl.

Nahrung: Ausschließlich Plankton.

Fortpflanzung: Der Juwelen-Fahnenbarsch, *Pseudanthias squamipinnis,* scheint im Roten Meer nur in den Wintermonaten zu laichen, während die gleiche Art im Großen Barriere-Riff nur in den heißen Sommermonaten ablaicht. Die Werbung findet in der Dämmerung statt, wobei das Männchen – gefolgt vom Weibchen – »Zickzacktänze« ausführt.

Juwelen-Fahnenbarsch
Männchen
(siehe Text Mitte)

Juwelen-Fahnenbarsch
Pseudanthias squamipinnis
(Lyretail Fairy Basslet)
bis 12 cm
Weibchen
Auf ein Männchen (Foto oben) kommt ein Harem von 6–20 Weibchen; sie kommen meist in großen Schwärmen vor.
Rotes Meer bis Salomon-Inseln.

Gelbrücken-Fahnenbarsch
Pseudanthias evansi
(Yellowtail Basslet)
bis 10 cm
Männchen
Weibchen sind weniger intensiv gefärbt.
Kenia bis Thailand.

Zackenbarsche – Epinephelinae

Unterfamilie Zackenbarsche, Familie Sägebarsche (Serranidae), Ordnung Barschartige (Perciformes). Sie sind die größten Knochenfische und können bis 3,5 m lang werden und ein Gewicht von 550 kg erreichen. Es gibt aber auch kleine Arten, die nur 25 cm lang werden. Die Unterfamilie umfasst etwa 350 Arten.

Erkennungsmerkmale: Sehr robuste Fische mit einem kräftigen, seitlich leicht abgeflachten Körper. Der große Kopf mit dem riesigen Maul ist auffallend. Der Unterkiefer steht deutlich vor. Die großen, hervorstehenden Augen haben eine eiförmige Pupille, die oft gelb umrandet ist.

Die lange Rückenflosse ist im vorderen Teil mit kräftigen Stacheln ausgerüstet. Ihre Anzahl variiert je nach Gattung zwischen 7 und 11. Die große Schwanzflosse wird in Ruhestellung relativ schmal zusammengefaltet. Die Form der Schwanzflosse ist sehr unterschiedlich: von rund, gerade, leicht konvex oder konkav bis sichelförmig. Brust- und Bauchflossen stehen stets dicht übereinander; ihre ersten Strahlen sind meist als kräftige Stacheln ausgebildet. Viele Arten sind farblich dem Untergrund gut angepasst. Die Zeichnung besteht fast immer aus unterschiedlich geformten großen Flecken, die das Tier gut tarnen; auch undeutliche Querbinden sind häufig. Die bei künstlichem Licht oft leuchtend rot gefärbten Barsche sind in ihrer natürlichen Umgebung durch die Filterwirkung des Wassers in größeren Tiefen nur sehr schwer erkennbar.

Vorkommen: In allen tropischen und gemäßigten Meeren in küstennahen Gebieten. Sie leben am Boden in Verstecken der Riffe und kommen in Tiefen bis 200 m vor; sie bevorzugen felsige Küsten.

Lebensweise: Zackenbarsche sind Raubfische, die die meiste Zeit gut getarnt auf Beute lauern. Als Einzelgänger verteidigen sie ihr Territorium sehr energisch gegen Artgenossen: Je älter sie werden, umso größer wird ihr Revier, in dem sie Standplätze wie Höhlen, Spalten oder Korallenstöcke bevorzugen. Nur junge Tiere leben gelegentlich in Gruppen. Sie haben noch kein ausgeprägtes Territorialverhalten.

Wenn sie durch ihr Revier schwimmen, bewegen sich Zackenbarsche sehr ruhig und gelassen. Sie können ihre Schwimmgeschwindigkeit extrem steigern und in einem Tempo schwimmen, das man ihnen nicht zutraut. Große Arten werden fälschlicherweise als Judenfische bezeichnet. Es gibt tatsächlich eine Art, die den Namen Judenfisch trägt, *Epinephelus itajara,* aber nur in der Karibik und im Ostpazifik von Panama bis Kalifornien vorkommt. Große Zackenbarsche sind meist durch das Harpunieren scheu geworden. Arten der Gattung *Cephalopholis* sind in tropi-

Feuer-Zackenbarsch
Cephalopholis urodeta ssp. *nigripinnis*
(Duskyfin-Grouper)
bis 25 cm
Bevorzugt korallenreiche Riffe; auf dem Foto mit Schreckfärbung.
Indischer Ozean.

Pfauenbarsch
Cephalopholis argus
(Peacock Grouper)
bis 50 cm
In vielen Gebieten der häufigste Zackenbarsch.
Rotes Meer bis zum Zentralpazifik.

Juwelenbarsch
Cephalopholis miniata
(Coral Grouper)
bis 36 cm
Ein beliebtes Foto-Objekt. Bevorzugt Korallenriffe.
Rotes Meer bis zum Zentralpazifik.

Zackenbarsche (Fortsetzung)

schen Gewässern sehr häufig und unter dem Namen Juwelenbarsche bekannt. Sie können rasch ihre Farbe wechseln. Unter den Barschen finden wir einige der höchstbezahlten Speisefische. Sie werden fast nur mit der Angel gefangen. Alle Barsche, einschließlich der Fahnenbarsche, können ihr Geschlecht umwandeln. Sie sind anfänglich immer weiblich, können aber später zu Männchen werden.
Nahrung: Fische und Krebstiere. Zackenbarsche können sehr große Brocken verschlingen, die sie, wenn sie im Rachen stecken bleiben, wieder auswürgen. Ihr Gebiss besteht aus sehr vielen kleinen Zähnen, nadelspitz und nach hinten gerichtet. Diese sind beim Fang der Beute sehr nützlich, aber zum Zerkleinern großer Stücke ungeeignet. Beim Beutefang erzeugt das große Maul einen Sog, der die Beute ansaugt. Große Barsche besitzen wahrscheinlich den größten Schlund im ganzen Tierreich.
Fortpflanzung: Zackenbarsche laichen im Freiwasser zu bestimmten Jahreszeiten und Mondphasen. Das Larvenstadium dauert mehrere Wochen. In manchen Gebieten wandern bestimmte Arten mehrere Kilometer, um gute Laichgebiete zu erreichen. Man hat auf den Bahamas bis zu 100 000 Tiere in den Laichgruppen geschätzt. Die Eier treiben von Außenriffen und Riffkanälen bei Ebbe ins offene Meer. Dort sind auch die Larven relativ sicher vor Fressfeinden. Wenn das Larvenstadium abgeschlossen ist, kommen die Jungtiere wieder in die Riffgebiete. Es gibt auch Arten, die zum Laichen ins Süßwasser wandern und dort bis zu 1 Million Eier ablegen. Die Jungtiere verbringen das erste Lebensjahr in den Flüssen, in denen sie geschlüpft sind.

Vorsicht: Ausgewachsene Zackenbarsche können durch Ciguatera äußerst giftig sein, da Barsche als Raubfische am Ende der Nahrungskette stehen. Von der größten Art, dem Riesen-Zackenbarsch, *Epinephelus lanceotatus*, wird berichtet, daß manche Tiere Perlentaucher verschlungen haben sollen. Auch das Füttern der Zackenbarsche ist nicht immer harmlos. Man vergisst dabei leicht, dass sie auch größer werden und sich dann nicht mehr vor Menschen fürchten. Mir selbst passierte es, dass ein nur 60 cm langer Zackenbarsch, der angefüttert war, meine Hand plötzlich im Maul hatte. Ihre vielen, nach hinten gerichteten Zähne, die dem Halten der Beute dienen, verursachen beim schreckhaften Zurückziehen viele Schnittwunden.

Mondsichelbarsch
Variola louti
(Lyretail Grouper)
bis 80 cm
Variiert in seiner Grundfarbe von violett bis rotbraun. Die sehr ähnliche Art *V. albimarginatus* hat einen weißen Saum am Schwanzende.
Rotes Meer bis Tahiti.

Malabar-Zackenbarsch
Epinephelus malabaricus
(Malabar Grouper)
bis 1,2 m
An den kleinen dunklen Punkten zu bestimmen.
Rotes Meer bis Sri Lanka.

Panther-Forellenbarsch
Plectropomus pessuliferus marisrubri
(Leopard Grouper)
bis 80 cm
Grundfarbe variiert von rot bis braun. Kommt im Roten Meer relativ häufig vor. Mehrere ähnliche Arten.
Rotes Meer bis Fidschi.

Seifenbarsche – Grammistinae

Unterfamilie Seifenbarsche, Familie Sägebarsche (Serranidae), Ordnung Barschartige (Perciformes). 5 Arten sind aus dem Indischen Ozean bekannt. Bis 27 cm.

Erkennungsmerkmale: Sie unterscheiden sich von den Zackenbarschen durch einen bitter schmeckenden, giftigen Hautschleim, der sie vor Hautparasiten schützt. Die Vertreter dieser Familie haben sonst kaum äußerlich erkennbare gemeinsame Merkmale. Ihr Körper variiert in der Form, manche Seifenbarsche sind sehr hochrückig, andere haben einen schlanken Körper. Alle Arten sind unterschiedlich gefärbt und gemustert und deshalb relativ leicht zu bestimmen. Die erste Rückenflosse ist mit kurzen, kräftigen Stacheln ausgestattet.

Vorkommen: Zirkumtropisch; nur im westlichen Atlantik sind sie häufig. In Fels- und Korallenriffen, meistens versteckt in Höhlen und Spalten.

Lebensweise: Seifenbarsche produzieren in ihren Hautzellen den Giftstoff Grammistin, der bei Erregung in großen Mengen ausgeschieden wird. Man hat beobachtet, dass größere Raubfische Seifenbarsche erbeutet und wieder ausgespien haben. Werden sie in Aquarien gehalten, wird das Wasser durch die starke Schleimabsonderung schaumig; davon leitet sich ihr Name ab. Das Hautgift kann alle anderen Aquariuminsassen in kurzer Zeit töten, auch wesentlich größere Fische. Fast alle Arten sind sehr scheu und leben am Tag versteckt in Spalten und Höhlen von Riffen. Nur den Schwarz-gelben Seifenbarsch *(Diploprion bifasciatum)* kann man in manchen Gebieten am Tag an relativ steilen Riffen häufig im Freiwasser beobachten. Die anderen sind dämmerungs- oder nachtaktiv und leben einzeln. Auch der Rotmeer-Seifenbarsch *(D. drachi)* verlässt gelegentlich schon nachmittags sein Versteck. Ein geografisch unterschiedliches Verhalten kann man beim Leuchtfleck-Seifenbarsch *(Belonoperca chabanaudi)* beobachten: In Asien ist er extrem scheu und man erkennt den Fisch in Höhlen oder Spalten meist nur an seinem auffallend gelben Fleck, wenn er von einer Nische zur anderen huscht; in Afrika bei der Insel Pemba dagegen kann man diese Art auch am Tag außerhalb der Höhle recht häufig sehen.

Nahrung: Krabben, Garnelen und Fische.

Fortpflanzung: Nur von den Schwarz-gelben Seifenbarschen *(Diploprion bifasciatum)* ist bekannt, dass sie in der Dämmerung – nach einem kurzen Balztanz mit anschließendem Aufstieg zur Oberfläche – ihre Keimzellen ausstoßen. Diese treiben mit der Strömung ins offene Meer und verteilen sich großräumig. Dadurch ist gewährleistet, dass die Nachkommenschaft nicht von den vielen Planktonfressern in einem Korallenriff zu sehr dezimiert wird.

Rotmeer-Seifenbarsch
Diploprion drachi
(Yellowface Soapfish)
14 cm
Diese dämmerungsaktive Art kommt gelegentlich schon nachmittags aus ihrem Versteck.
Endemisch im Roten Meer.

Schneeflocken-Seifenbarsch
Pogonoperca punctata
(Spotted Soapfish)
35 cm
Leider ist diese schön gemusterte Art nur in wenigen Gebieten zu finden.
Komoren bis Frz. Polynesien.

Korallenwächter – Cirrhitidae

Familie Korallenwächter oder Büschelbarsche, Ordnung Barschartig (Perciformes). Kleinwüchsige Arten, die meist unter 10 cm lang sind. Wenige der etwa 35 Arten können 20 cm und mehr erreichen.

Erkennungsmerkmale: Korallenwächter haben eine barschähnliche Form, mit seitlich abgeflachtem Körper. Sie haben nur eine Rückenflosse mit 10 Rückenflossenstacheln im vorderen Teil, deren Membranen tief ausgeschnitten sind. An den Spitzen der Stacheln befinden sich bei manchen Arten kleine Büschel aus haarähnlichen Anhängseln, die ihnen den Namen Büschelbarsche eingebracht haben. Die Brustflossen sind zwischen den Strahlen ebenfalls tief ausgeschnitten und werden wie Finger gespreizt. Die Tiere können sich auf dem Untergrund einen guten Halt verschaffen, indem sie die Flossenstrahlen in Löcher und Spalten stecken. Korallenwächter besitzen Schuppen und eine durchgehende Seitenlinie. Ihre Färbung und Zeichnung variiert stark. Auch die Form des Kopfes reicht von stumpf abgerundet bis zu einer langgezogenen, spitzen Schnauze.

Vorkommen: Korallenwächter kommen in allen tropischen Meeren vor. Sie sind Bewohner von nicht zu tiefen Riffen und sind meistens auf erhöhten Stellen zu finden; mit einer Ausnahme, dem Langnasen-Korallenwächter, *Oxycirrhites typus,* er lebt bevorzugt auf Gorgonien oder Schwarzen Korallen. Korallenwächter leben auf festem Untergrund, sowohl auf Korallen als auch auf Felsen.

Lebensweise: Den Namen »Korallenwächter« haben die Fische durch ihre typische Verhaltensweise bekommen. Sie beobachten ihr Revier wie ein Wachposten von exponierten Stellen aus, bewegungslos, mit rollenden Augen. In der Nähe haben sie immer ein Versteck, in das sie bei Gefahr flüchten können. Korallenwächter sind nicht ausdauernd und können nur sehr kurze Strecken schwimmen. Sie sind kaum in der Lage, ein flüchtendes Tier zu erbeuten. Diese tagaktiven Fische sieht man fast immer einzeln, nur den Langnasen-Korallenwächter findet man gelegentlich in kleinen Gruppen. Korallenwächter sind Zwitter, die in ihrer Jugend weiblich sind, sich bei Bedarf aber in Männchen verwandeln können. Eine Rückverwandlung ist nicht möglich.

Nahrung: Krebse, kleine Fische und Plankton.

Fortpflanzung: Auf ein Männchen kommen immer mehrere Weibchen; sie bilden also einen »Harem«. Korallenwächter laichen nur nachts oder in der Dämmerung, indem sie paarweise schnell nach oben schwimmen und die Eier ins Freiwasser ausstoßen. Das Larvenstadium dauert mehrere Wochen.

Gefleckter Korallenwächter
Cirrhitichthys oxycephalus
(Pixy Hawkfish)
bis 8 cm
Färbung und Musterung variieren.
Rotes Meer bis östlicher Pazifik.

Monokel-Korallenwächter
Paracirrhites arcatus
(Arc-eye Hawkfish)
bis 13 cm
Der Augenring ist ein typisches Merkmal.
Lebt bevorzugt auf Geweihkorallen; scheu.
Ostafrika bis Hawaii und Tahiti.

Gestreifter Korallenwächter
Paracirrhites forsteri
(Blackside Hawkfish)
bis 20 cm
Diese Art kommt in mehreren Farbvarianten vor.
Rotes Meer bis Hawaii und Tahiti.

Morwongs – Cheilodactylidae

Familie Morwongs, Ordnung Barschartige (Perciformes). Wenig Arten. Bis 1 m, meist um 40 cm.
Erkennungsmerkmale: Sie sind mit den Korallenwächtern nahe verwandt, aber wesentlich größer. Auffallend sind der kleine Kopf mit steilem Profil und die etwas vorstehenden, wulstigen Lippen. Die meisten Arten haben einen hohen Nacken und eine durchgehende Rückenflosse, deren erste Stacheln oft sehr hoch sind. Dadurch wird das konische Körperprofil noch betont. Fast alle Morwongs haben eine helle Grundfarbe und eine auffällige Musterung; diagonale Streifen und Bänder herrschen vor.
Vorkommen: Tropische und subtropische Gebiete des Indopazifischen Ozeans nahe dem nördlichen und südlichen Wendekreis, aber nicht in der Nähe des Äquators. Morwongs fehlen auch in der nördlichen Hälfte des Indischen Ozeans und im Roten Meer. Sie sind in Südafrika, Westaustralien und im südlichen Australien sowie nördlich der Philippinen häufig in Korallen- und Felsriffen oder küstenfern auf Sandböden zu finden.
Lebensweise: Ähnlich wie Korallenwächter stützen sie sich auf ihren Brustflossen ab oder halten sich mit den freien Enden der Flossenstrahlen in Löchern und Ritzen fest. Man nimmt an, dass sie damit auch im Boden lebende Nahrung aufspüren können. Manche Arten verbergen sich zwischen Algen, während Jungtiere vorwiegend in oberflächennahem Wasser zu finden sind; von einer südafrikanischen Art ist bekannt, dass die Jungfische in Tidentümpeln heranwachsen.
Nahrung: Vorwiegend benthische Wirbellose.
Fortpflanzung: Nicht bekannt.

Hauben-Morwong
Cheilodactylus vestivus
(Crested Morwong)
45 cm
Morwongs sind mit Korallenwächtern nahe verwandt, aber wesentlich größer.
Australien bis Neukaledonien.

Roter Morwong
Cheilodactylus fuscus
(Red Morwong)
41 cm
Morwongs ruhen am Tag oft auf dem Grund und halten sich mit den freien Strahlenenden der Brustflossen in Löchern und Ritzen fest.
Australien bis Neuseeland.

Zwergbarsche – Pseudochromidae

Familie Zwergbarsche, Ordnung Barschartige (Perciformes). Etwa 115 Arten. Bis 20 cm, die meisten Arten werden nicht länger als 5 cm.
Erkennungsmerkmale: Sie sind nicht nur die Zwerge bei den Barschartigen, sondern auch von auffallend schlankem Körperbau. Zwergbarsche besitzen ein durchgehende Rückenflosse. Viele Vertreter dieser Familie sind plakativ gefärbt, teils uni, aber auch zweifarbig; einige sind unauffällig und dem Untergrund farblich angepasst. Bei dieser Familie ist die Färbung ein wichtiges Bestimmungsmerkmal, da sie sich auch bei Erregung farblich kaum verändern. Nur wenige Arten haben ein Muster.
Vorkommen: Rotes Meer, Indischer und Pazifischer Ozean; in Korallenriffen bis 60 m Tiefe.
Lebensweise: Zwergbarsche sind bis auf wenige Arten scheu und entfernen sich nur kurze Strecken von ihren Verstecken in Höhlen, Korallenstöcken oder zwischen Geröll. Viele verbergen sich zwischen den Ästen von *Acropora*-Korallen. Eine Art *(P. splendens)* lebt ausschließlich in Schwämmen. Im Roten Meer sind Zwergbarsche besonders häufig; vom König-Salomo-Zwergbarsch *(P. fridmani)* findet man hier an manchen Riffen bis zu 5 Exemplare auf 1 Quadratmeter; er ist an geschützten Riffen bereits in 1 m Wassertiefe anzutreffen. Fast alle anderen Arten kann man nur mit sehr viel Geduld beobachten, wenn sie einen kurzen Moment aus ihrem Versteck huschen, um sogleich wieder für geraume Zeit zu verschwinden. Die meisten Taucher sehen diese schönen Tiere nie, weil sie ständig in Bewegung sind. Nur wer reglos für einige Minuten an einer Stelle verharrt, kann einige Arten beobachten, wenn sie ihr Versteck verlassen. Diese tagaktiven Fische leben einzeln oder paarweise, gelegentlich auch in Gruppen. Sie sind territorial und oft aggressiv gegenüber Artgenossen; ihr Revier ist sehr klein.
Nahrung: Kleine Krebse, Würmer und Zooplankton.
Fortpflanzung: Das Laichverhalten dieser Tiere wurde bisher nur im Aquarium beobachtet: Das Männchen gräbt eine Grube, in die das Weibchen die Eier legt. Nach dem Befruchten bewacht das Männchen nicht nur das Gelege, sondern betreibt Brutpflege, indem es den Eiern mit den Brustflossen frisches, sauerstoffreiches Wasser zufächelt. Von Zeit zu Zeit nimmt es die Eier ins Maul und wendet sie. Nach ein paar Tagen schlüpfen die Larven. Es ist anzunehmen, dass sie mit der Strömung ins offene Meer treiben. In der Familie Zwergbarsche sind auch Maulbrüter bekannt, die nicht nur die Eier im Maul ausbrüten, sondern auch die Jungfische noch geraume Zeit beschützen; bei Gefahr fliehen diese in das Maul der Eltern.

König-Salomo-Zwergbarsch
Pseudochromis fridmani
(Orchid Dottyback)
6 cm
Diese Art ist im Roten Meer sehr häufig und schon in 1–2 m Tiefe zu finden. Sie kommt aber auch bis 60 m vor. Endemisch im Roten Meer.

Nixen-Zwergbarsch
Pseudochromis paccagnellae
(Two-colour Dottyback)
7 cm
Die schöne gelb-violette Färbung hat auch der Diadem-Zwergbarsch, *P. diadema,* aber mit horizontaler Trennlinie. Sumatra bis Melanesien.

Flammen-Zwergbarsch
Labracinus cyclophthalmus
(Giant Dottyback)
20 cm
Eine scheue und relativ seltene Art. Indonesien bis Neuguinea.

Mirakelbarsche – Plesiopidae

Familie Mirakelbarsche, Ordnung Barschartige (Perciformes). Etwa 17 Arten. Bis 18 cm lang.
Erkennungsmerkmale: Alle Arten besitzen sehr lange Bauchflossen und große Schuppen. Die durchgehende Rückenflosse hat oft tief ausgeschnittene Membranen.
Vorkommen: Vom Roten Meer bis zu den Line-Inseln, in flachen Küstengewässern; wenige auch bis 45 m Tiefe.
Lebensweise: Mirakelbarsche sind relativ langsame Schwimmer, die sehr versteckt in Höhlen und Spalten leben. Gelegentlich kann man den Augenfleck-Mirakelbarsch beobachten, wenn er in der Dämmerung seine Höhle verlässt. Flachwasserarten können sich bei Ebbe im Sand eingraben und mit sehr wenig Wasser auskommen.
Nahrung: Kleine Fische, Krabben, Garnelen, Würmer.
Fortpflanzung: Mirakelbarsche heften etwa 500 Eier an Höhlenwände, die wahrscheinlich vom Männchen bewacht werden. In dieser Zeit nehmen die Männchen keine Nahrung auf. Nach 6 Tagen schlüpfen schon die Larven. Die Arten der Gattung *Assessor* sind Maulbrüter.

Augenfleck-Mirakelbarsch
Calloplesiops altivelis
(Comet)
20 cm
Kommt meist erst nach Sonnenuntergang aus seiner Höhle.
Rotes Meer bis Line-Inseln.

Kieferfische – Opistognathidae

Familie Kieferfische, Ordnung Barschartige (Perciformes). Etwa 70 Arten. Bis 50 cm lang, meistens 10–15 cm.
Erkennungsmerkmale: Der stumpfe Kopf scheint nur aus Augen und Maul zu bestehen. Im Verhältnis zum Kopf ist ihr Körper relativ klein.
Vorkommen: Alle tropischen Meere, in 1–90 m Tiefe.
Lebensweise: Kieferfische werden auch treffend Brunnenbauer genannt, da sie sich senkrechte, tiefe Wohnröhren bauen, deren Innenwände mit Steinen und Muschelstücken ausgekleidet sind und sehr an einen Brunnen erinnern. Die meiste Zeit des Tages verbringen sie am Eingang ihrer Höhle, in die sie stets rückwärts schwimmen. Nur selten sieht man sie außerhalb, bei der Nahrungsaufnahme oder Balz. Beim Reinigen ihrer Höhle werden nachrieselnder Sand und Steine ins Maul genommen und um den Höhleneingang verteilt.
Nahrung: Plankton und kleine Wirbellose.
Fortpflanzung: Die Balz findet in der Dämmerung statt. Nach mehreren »Anträgen« folgt das Weibchen dem Männchen in dessen Höhle, wo die Eier abgelegt werden. Das Männchen nimmt die Eier nach dem Befruchten ins Maul und brütet sie aus. In dieser Zeit frisst es nicht. Kurze Zeit vor dem Schlüpfen kann man die Eier im Maul erkennen. Auch nach dem Schlüpfen suchen die Jungen bei Gefahr Schutz im Maul des Vaters.

Dickkopf-Brunnenbauer
Opistognathus dendriticus
(Jawfish)
30 cm
Alle Kieferfische sind Maulbrüter, die Männchen übernehmen das Brutgeschäft. Die Eier und die Augen der Embryonen sind auf dem Foto zu erkennen.
Philippinen, wahrscheinlich weiter verbreitet.

Kardinalfische – Apogonidae

Familie Kardinalfische, Ordnung Barschartige (Perciformes). Die meisten Arten etwa 6 cm lang, nur wenige werden über 15 cm. Es gibt etwa 250 Arten und noch relativ viele neue Arten werden entdeckt.

Erkennungsmerkmale: Ihr seitlich abgeflachter Körper variiert bei den verschiedenen Arten in der Höhe. Manche sind relativ schlank, andere wirken eher kurz und gedrungen; die Gattung *Sphaeramia* ist auffallend hochrückig. Männliche Tiere haben einen größeren Kopf als Weibchen und eine »geschwollene« Kehle. Die großen Augen sind ein weiteres Merkmal. Beide Rückenflossen sind hoch und deutlich voneinander getrennt; sie haben häufig eine dreieckige Form. Schwanzflossenformen variieren sehr von rund, über gerade bis gegabelt, Schwanzwurzel auffallend hoch. Viele Arten haben Längsstreifen und sind unauffällig gefärbt. Kräftig rot gefärbte Arten, die der Familie den Namen gaben, sind selten. Der gelbe Schwanzwurzelfleck vieler Jungfische ist kein Bestimmungsmerkmal. Ihre Schuppen sind groß und meist deutlich sichtbar.

Vorkommen: Alle tropischen und gemäßigten Meere, auch in großen Tiefen. Im indopazifischen Raum sind sie am häufigsten. Manche Arten leben im Brackwasser. Man findet sie in unterschiedlichen Korallengebieten: Kleinere Arten bevorzugen die Nähe von Hornkorallen, während größere Arten zwischen Korallenstöcken oder unter Überhängen Schutz suchen.

Lebensweise: Kardinalfische sind keine schnellen Schwimmer. Sie leben ortsgebunden in größeren Gruppen, durchstreifen aber nicht – wie das meistens bei Fischschwärmen üblich ist – ein bestimmtes Revier, sondern schweben am Tag zwischen den Ästen von Korallen oder in Höhlen. Erst in der Dämmerung oder nachts verteilen sie sich, um auf Jagd zu gehen; nur wenig Arten sind tagaktiv. Ihr Territorium ist für einen Fisch extrem klein. Es gibt Arten, die zwischen den Stacheln eines Seeigels, auf Dornenkronen oder in seltenen Fällen auch zwischen Tentakeln von Anemonen leben und nur auf diesen kleinen Raum beschränkt sind. Wenn sie sich zu weit aus diesem Schutzbereich entfernen, laufen sie Gefahr, gefressen zu werden.

Nahrung: Die Gattung *Cheilodipterus* frisst Krebse und kleine Fische, alle anderen ernähren sich von Zooplankton.

Fortpflanzung: Die meisten Arten – wenn nicht alle – sind Maulbrüter. Die etwa 100 Eier werden im Maul des Männchens ausgebrütet, bis die Jungen schlüpfen. Deshalb ist der Kopf der Männchen wahrscheinlich größer als bei den Weibchen. Nach dem Schlüpfen bleiben die Jungtiere immer nahe genug, so dass sie bei Gefahr wieder im Maul Schutz suchen können.

Punktrücken-Kardinalfisch
Apogon compressus
(Split-banded Cardinalfish)
bis 12 cm
Typisches Kennzeichen ist die braune Punktlinie an der Basis der Rückenflosse.
Thailand bis Westpazifik.

Fünfstreifen-Kardinalfisch
Cheilodipterus quinquelineatus
(Fivelined Cardinalfish)
bis 12 cm
Der gelbe Fleck auf der Schwanzwurzel geht bei adulten Tieren verloren.
Rotes Meer bis Tahiti.

Großaugenbarsche – Priacanthidae

Familie Großaugenbarsche, Ordnung Barschartige (Perciformes). Etwa 16 Arten, bis 35 cm lang.
Erkennungsmerkmale: Seitlich abgeflachter Körper; Kopfprofil unten stärker konvex geformt als oben. Unterkiefer steht deutlich vor, das Maul ist schräg nach oben gerichtet. Sie besitzen extrem große Augen. Die Rückenflosse ist durchgehend und hat im vorderen Teil 10 Stacheln. Schwanzflossen können sowohl konvex als auch konkav geformt sein. Schuppen klein. Die meisten Arten sind rötlich bis kräftig rot gefärbt, nachts sind sie silbrig. Dieser Farbwechsel ist manchmal auch am Tag zu beobachten. Manche Arten können auch eine Fleckenzeichnung haben.
Vorkommen: Weltweit in tropischen oder gemäßigten Meeren, in 2–200 m Tiefe. Am Tag unter Überhängen.
Lebensweise: Die nachtaktiven Fische können auch am Tag beobachtet werden. Tagsüber schweben sie in Höhlen oder unter Korallen und bewegen sich wenig. Erst nachts gehen sie auf Nahrungssuche. Sie kommen einzeln oder in Gruppen vor.
Nahrung: Großes Zooplankton.
Fortpflanzung: Langes Larvenstadium im Freiwasser.

Riff-Großaugenbarsch
Priacanthus hamrur
(Goggle Eye)
bis 32 cm
Am Tag ist die Art meistens dunkelrot, nachts silbern. Der Farbwechsel geschieht in Sekunden.
Rotes Meer bis Tahiti.

Glas-Großaugenbarsch
Heteropriacanthus cruentatus
(Glass-eye)
bis 28 cm
Typisches Merkmal ist die am Ende gerade »abgeschnittene« Schwanzflosse.
Alle tropischen Meere.

Schiffshalter – Echeneidae

Familie Schiffshalter, Ordnung Barschartige (Perciformes). 8 Arten, max. 1 m lang.
Erkennungsmerkmale: Runder, langgestreckter Körper mit einer länglichen Saugscheibe auf dem Kopf, die einer Profilsohle nicht unähnlich ist; diese hat sich aus der ersten Rückenflosse gebildet. Die Schwanzflosse ist gut entwickelt. Der Unterkiefer steht weit vor dem Oberkiefer. Erwachsene Tiere sind häufig oben und seitlich dunkelbraun, der Bauch ist leicht gelblich gefärbt. Die meisten Arten haben helle Längsstreifen.
Vorkommen: Weltweit verbreitet, aber in wärmeren Gebieten häufiger anzutreffen. Sie begleiten Wale und Großfische im offenen Meer. In Riffgebieten sieht man sie auch an kleineren Fischen und Schildkröten oder freischwimmend ohne Wirtstier.
Lebensweise: Schiffshalter haben die Fähigkeit, sich mit ihrer Saugscheibe an anderen Tieren festzusaugen und mitziehen zu lassen. Es sind aber keine Schmarotzer, weil viele sich als Putzerfische betätigen und ihre Wirte von Parasiten befreien. Manche Arten sind nur auf ein Wirtstier spezialisiert, andere wechseln zu verschiedenen Arten. Nicht selten heften sie sich irrtümlich an Menschen fest.
Nahrung: Abfälle und Parasiten ihrer Wirtstiere.

Gestreifter Schiffshalter
Echeneis naucrates
(Sharksucker)
bis 1 m
Hat sich auf einem Zebrahai festgesaugt.
Zirkumglobal.

Torpedobarsche – Malacanthidae

Familie Torpedobarsche, Ordnung Barschartige (Perciformes). 11 Arten. Bis 42 cm lang, meist aber wesentlich kleiner.

Erkennungsmerkmale: Ihr schlanker, langgestreckter Körper ist typisch für alle Vertreter dieser Familie. Die kurzstrahlige Rückenflosse erstreckt sich über die ganze Körperlänge, die Schwanzflosse ist relativ kurz. An den Kiemendeckeln befindet sich jeweils ein kurzer, nach hinten gerichteter Stachel. Torpedobarsche sind oft zweifarbig und besitzen 1 oder 2 Längsbänder auf dem Körper oder Schwanz. Jungfische sind meist anders gefärbt als Erwachsene: Der Blaukopf-Torpedobarsch *(Malacanthus latovittatus)* ahmt z.B. den Gewöhnlichen Putzerfisch *(Labroides dimidiatus)* nach und ist deshalb vor Feinden relativ sicher.

Vorkommen: Tropische Gebiete des Indopazifiks und des westlichen Atlantiks. Über Sand- und Geröllgrund, selten auch über Korallenriffen; meistens ab 10 bis 100 m.

Lebensweise: Torpedobarsche sind tagaktiv und halten sich einzeln oder paarweise bis etwa 1 m über dem Grund auf, selten höher. Alle Arten sind sehr scheu und leben bevorzugt in Riffen mit viel Sandflächen, hauptsächlich an der Basis von Korallenriffen. Sie schwimmen in Intervallen kurze Strecken und bleiben abrupt stehen, ähnlich wie es bei Scheinschnappern bekannt ist. Dabei suchen sie den Grund nach Beutetieren ab. Sehen sie eine Bewegung im Sand, schnappen sie sofort nach dem im Grund verborgenen Tier. Der dabei aufgenommene Sand wird sogleich wieder durch das Maul oder die Kiemen ausgestoßen. Andere Arten schweben unweit ihres Höhleneinganges und jagen nach Zooplankton. Bei Gefahr flüchten sie kopfüber in ihre selbst gegrabene Höhle, in der sie auch nachts Schutz suchen. Die Höhlengänge verlaufen sehr ausgedehnt. Beim Graben der Gänge wird unweit des Einganges, der oft unter Steinen angelegt wird, Sand und Geröll angehäuft. So entsteht ein beachtlicher kegelförmiger oder länglicher Hügel, der bis zu 2 m Länge erreicht. Die meisten Vertreter dieser Familie sind kleinwüchsig, nur der Blaukopf-Torpedobarsch *(Malacanthus latovittatus)* kann 42 cm lang werden und zeigt ein anderes Verhaltensmuster als die anderen Arten. Er hat ein großes Revier und entfernt sich sehr weit von seiner Höhle, so dass man nie das für diese Familie typische Verhalten sieht, wenn er kopfüber in seine Höhle flieht.

Nahrung: Kleine Fische und Krebse.

Fortpflanzung: Die Eier werden in der Höhle ablegt und von beiden Elternteilen bewacht. Die Larven entwickeln sich pelagisch und besiedeln erst mit einer Größe von mehreren Zentimetern ein Riff.

Blaukopf-Torpedobarsch
Malacanthus latovittatus
(Blue Blanquillo)
50 cm
Größte Art der Familie. Scheuer Einzelgänger, der eine andere Verhaltensweise zeigt als andere Torpedobarsche. Rotes Meer bis Frz. Polynesien.

Veilchenkopf-Torpedobarsch
Hoplolatilus starcki
(Blue Tilefish)
15 cm
Hält sich immer paarweise in der Nähe seines Höhleneingangs auf, in den er bei Gefahr kopfüber flüchtet. Bali bis Pitcairn.

Stachelmakrelen – Carangidae

Familie Stachelmakrelen, Ordnung Barschartige (Perciformes). Etwa 140 Arten. Von 20 cm bis fast 2 m lang; große Exemplare sind selten geworden.

Erkennungsmerkmale: Körper seitlich abgeflacht und meist relativ hoch. Jungtiere sind höher gebaut als Erwachsene. Stachelmakrelen besitzen unterschiedlich große Schuppen und einen auffallend dünnen Schwanzkiel. Die Schwanzflosse ist sehr hoch und tief gegabelt. Von den beiden Rückenflossen ist die erste nur sehr selten zu sehen, da sie in einer Nut versenkt werden kann und so genau mit der Körperoberfläche abschließt, dass die Fugen kaum sichtbar sind. Die zweite Rückenflosse steht beinahe symmetrisch zur Afterflosse; sie sind am Anfang sehr langstrahlig und bilden dann einen kurzen Saum, der sich bis zur Schwanzwurzel zieht. Das verleiht den Fischen eine typische Form (siehe auch Grafik). Auch die langen, dünnen, sichelförmigen Brustflossen sind sehr markant, aber meist durchsichtig und deshalb nicht deutlich erkennbar. Die durchgehende Seitenlinie endet in einer kielartigen, knochigen Verstärkung des Schwanzstieles. Stachelmakrelen sind unterschiedlich gefärbt, aber die meisten Arten sind silbrig, mit einem metallisch blauen oder grünen Rücken; die Flossen sind oft gelblich. Jungtiere können auch an den Seiten gelb sein oder dunkle Querbinden haben.

Vorkommen: Weltweit in tropischen und gemäßigten Meeren. Stachelmakrelen schwimmen vorzugsweise im oberflächennahen Wasser. Sie durchstreifen das offene Meer und jagen gelegentlich in der Nähe von Riffen. Es gibt aber auch Arten, die immer in Riffen leben.

Lebensweise: Stachelmakrelen sind als Bewohner der offenen See schnelle und ausdauernde Schwimmer, die bis 50 km/h erreichen können. Meist sind sie in unterschiedlich großen Schwärmen zu beobachten, kommen gelegentlich auch einzeln vor. Es sind tag- und nachtaktive Tiere, die ständig in Bewegung sind, sonst würden sie absinken; ihre Schwimmblase ist zurückgebildet oder fehlt. Bei der Jagd versuchen sie, Fischschwärme zu teilen, indem sie von mehreren Seiten mit großer Geschwindigkeit in den Schwarm schwimmen. Fische, die einen Moment zögern, welchem Teilschwarm sie sich anschließen sollen, sind potentielle Opfer. Jungtiere sieht man häufig im Schutz von Schirmquallen, wenn sie nach Plankton jagen. Bei Gefahr verstecken sie sich zwischen den nesselnden Tentakeln (siehe auch Seite 44/45). Stachelmakrelen sind wichtige Fische für den kommerziellen und privaten Fischfang.

Nahrung: Fische, Krebse und andere Wirbellose.

Fortpflanzung: Noch weitgehend unbekannt, vermutlich pelagisch in Schwärmen.

Blauflossen-Makrele
Caranx melampygus
(Bluefin Travelly)
bis 1 m
Die meisten Stachelmakrelen sind schnelle Schwimmer des offenen Meeres, die häufig an Riffhängen jagen. Rotes Meer bis östlicher Pazifik.

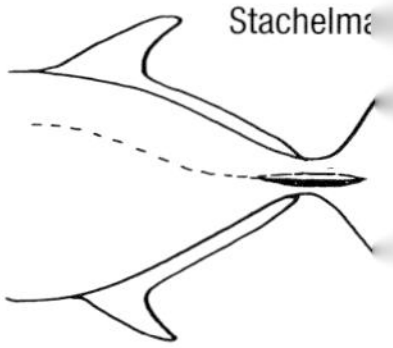

Zitronen-Makrele
Carangoides bajad
(Yellow-spotted Travelly)
bis 53 cm
Die gleiche Art kann silbrig mit gelben Flecken sein. Rotes Meer bis Indonesien.

Schnapper – Lutjanidae

Familie Schnapper, Ordnung Barschartige (Perciformes). 4 Unterfamilien mit über 100 Arten. Bis 1 m, die meisten Arten unter 30 cm.

Erkennungsmerkmale: Robuste Fische mit seitlich abgeflachtem Körper, der unterschiedlich hoch sein kann. Einige sind schlank, andere können eher als gedrungen bezeichnet werden. Bei der Gattung *Lutjanus* hat der Kopf eine fast dreieckige Form mit einer länglichen Schnauze. Die Gattung *Macolor* dagegen hat einen abgerundeten, stumpfen Kopf. Das Maul ist endständig und vorstülpbar, mit auffallend großen Zähnen. Sie haben relativ große Augen, der Körper ist mit Schuppen bedeckt. Rückenflosse durchgehend; im vorderen Teil hoch, mit Stacheln, fällt nach hinten im weichstrahligen Teil ab. Schwanzflosse gut entwickelt und meistens gekerbt. Bei Jungtieren kann sie auch rund oder konvex sein; Schwanzwurzel relativ hoch. Färbung und Zeichnung variieren; meistens sind sie einfarbig oder haben Längsstreifen; häufig auch mit einem dunklen Fleck. Auffällig ist die schwarz-weiße Färbung der Jungtiere der Gattung *Macolor*.

Vorkommen: Tropische und subtropische Meere; sie halten sich im Schutz der Riffe, unter Vorsprüngen, zwischen Korallenstöcken, in Höhlen, an Außenriffen, aber auch in Schwärmen im freien Wasser über den Riffen auf. Meist in Tiefen von 2–40 m, rot gefärbte Arten leben bis 80 m tief. *Lutjanus kasmira* hat man sogar in 265 m Tiefe im Roten Meer gefunden. Einige Arten leben im Brackwasser.

Lebensweise: Schnapper sind keine aktiven Schwimmer, die große Strecken zurücklegen. Viele Arten kann man in sehr großen Schwärmen antreffen. Sie sind teils tag-, teils nachtaktiv. Schnapper legen sich nicht wie Barsche auf den Grund, sondern schweben oft dicht gedrängt nahe an Korallen oder über Sandgrund. Andere Arten halten sich in Schwärmen in Brandungszonen auf oder sind Einzelgänger. Sie leben standorttreu. Diese Familie ist für den kommerziellen Fischfang von großer Bedeutung, da das Fleisch der Fische sehr geschätzt wird.

Nahrung: Kleine Fische, Krebse und Plankton.

Fortpflanzung: Wenig bekannt; nur bei den Blaustreifen-Schnappern, *Lutjanus kasmira,* weiß man, dass die Balz in der Dämmerung stattfindet. Das Männchen löst die Eiablage beim Weibchen aus, indem es gegen den Bauch stupst. Das Weibchen steigt dabei in einer Spirale an die Oberfläche und gibt die Eier ins Freiwasser ab.

> **Vorsicht:** Große Exemplare können durch Ciguatera giftig sein.

Blaustreifen-Schnapper
Lutjanus kasmira
(Blue-lined Snapper)
bis 30 cm
Häufigste Art. Die Fische halten sich am Tag dicht gedrängt im Schutz der Riffe auf. Rotes Meer bis Tahiti.

Ehrenbergs Schnapper
Lutjanus ehrenbergi
(Black-spot Snapper)
bis 30 cm
Kommt meistens in großen Schwärmen vor. Ostafrika bis Samoa.

Doppelfleck-Schnapper
Lutjanus bohar
(Twinspot-snapper)
bis 90 cm
Ausgewachsene Exemplare verlieren die weißen Signalflecken. Rotes Meer bis Westpazifik.

Füsiliere – Caesionidae

Familie Füsiliere, Ordnung Barschartige (Perciformes). Sie sind mit den Schnappern verwandt und wurden ihnen früher sogar biologisch zugeordnet. Etwa 20 Arten. Größe bis 30 cm.

Erkennungsmerkmale: Schlanker, spindelförmiger Körper, kleiner Kopf mit großen Augen und kleines endständiges Maul. Die lang durchgehende Rückenflosse liegt meist dicht an, so dass nur die gut entwickelte und tief gegabelte Schwanzflosse auffällt. Viele Arten sind zwei-, manche sogar dreifarbig. Am häufigsten sind Blau, Gelb und Türkis. Nachts können sie sich rot verfärben. Die Musterung variiert sehr stark. Längsstreifen und -bänder überwiegen. Manche haben zwei dunkle Flecken an den Enden der gegabelten Schwanzflosse. Eine diagonale Trennungslinie der Farben Gelb und Blau beim Gelbrücken-Füsilier, *Caesio teres,* ist sehr auffällig. Füsiliere besitzen kleine Schuppen; die gut erkennbare Seitenlinie ist durchgehend.

Vorkommen: Tropische Meere, meist im Freiwasser. Gelegentlich durchstreifen sie auch die Riffe in mitteltiefem Wasser.

Lebensweise: Füsiliere sind schnelle, ausdauernde Schwimmer, die den ganzen Tag in Bewegung sind. Sie gönnen sich nur eine kurze Pause, wenn sie eine Putzerstation aufsuchen: Geduldig warten oft mehrere, bis sie an der Reihe sind. Entfernt sich der Schwarm, folgen sie ihm, ohne von ihren Parasiten befreit zu sein. Füsiliere kommen ausschließlich in Schwärmen vor, die sehr groß sein können. Sie sind an das Leben im Freiwasser gut angepasst, wo sie nach Plankton jagen. Dort werden sie aber oft von großen Raubfischen verfolgt. Im dichten Schwarm sind sie relativ sicher, da es sehr schwierig für den Angreifer ist, im dichten Gewühl einen einzelnen Fisch zu fixieren. Nicht immer ist nur eine Art in einem Schwarm zu finden, es können zwei oder drei Arten zusammen sein. Nachts verstecken sich Füsiliere in den Riffen unter Überhängen und in Spalten.

Wie groß die Schwärme der Füsiliere sein können und welch außergewöhnlichen Eindruck sie auf einen Taucher machen können, möchte ich anhand eines Erlebnisses schildern. Bei einem obligatorischen Blick in Richtung offenes Meer – in der Hoffnung, Großfische zu sehen – färbte sich das Wasser in wenigen Sekunden gelb. Ich war sehr verblüfft, bis ich merkte, dass ein riesiger Schwarm gelber Füsiliere auf der Flucht in großer Geschwindigkeit auf mich zukam, um im Riff Schutz zu suchen. Es waren etwa zweitausend Fische.

Nahrung: Ausschließlich tierisches Plankton.

Fortpflanzung: Weitgehend unbekannt.

Gelbrücken-Füsilier
Caesio teres
(Yellowback Fusilier);
bis 30 cm
Am Tage machen sie Jagd auf Zooplankton.
Ostafrika bis Samoa.

Neon-Füsilier
Pterocaesio tile
(Bluestreak Fusilier)
bis 25 cm
Im Freiwasser verlieren sie die Rotfärbung.
Ostafrika bis Tahiti.

Süßlippen (Grunzer) – Haemulidae

Familie Süßlippen, Ordnung Barschartige (Perciformes). Sie werden auch Grunzer oder Weichlipper genannt. Man ist sich bis heute noch nicht klar, welchem Namen der Vorrang zu geben ist. So habe ich mich für den in Taucherkreisen bekannteren Namen »Süßlippen« entschieden. Die Familie umfasst 150 Arten in 17 Gattungen. Sie werden 27–95 cm lang.

Erkennungsmerkmale: Süßlippen haben eine barschähnliche Körperform, unterscheiden sich aber von ihnen durch ihre wulstigen Lippen. Ihr Körper ist seitlich abgeflacht und oft relativ hoch. Sie besitzen eine lange, hohe Rückenflosse, deren erster Teil aus 9–14 mit Membranen verbundenen Stacheln besteht. Die Schwanzflosse ist gut entwickelt und hat verschiedene Formen: gerade, konvex, konkav oder gekerbt. Jungtiere haben runde Schwanzflossen.

Süßlippen sind meist prächtig gefärbte Fische, die oft »bonbonfarben« sind, daher der Name. Während des Wachstums machen sie extreme Veränderungen durch; das betrifft nicht nur die Farben, sondern auch die Musterung. Viele Jungtiere haben Längsstreifen oder Flecken und sind sehr schwierig zu bestimmen. Andere sind auffällig gefärbt und groß gefleckt. Wenn sie ausgewachsen sind, ist die auffällige Farbe meistens verschwunden und der Körper ist nur noch mit feinen Flecken oder Streifen bedeckt.

Vorkommen: Alle tropischen Meere, in nicht zu tiefen Riffen küstennaher Gebiete. Nur wenige Arten sind auch in gemäßigten Meeren zu finden.

Lebensweise: Süßlippen trifft man häufig in Schwärmen unterschiedlicher Größe an, in manchen Gebieten mehrere hundert in einem Schwarm. Die nachtaktiven Fische stehen am Tag meist dicht gedrängt unter Korallenstöcken. Jungtiere unterscheiden sich nicht nur in ihren äußeren Merkmalen von den Erwachsenen, sondern auch in ihrem Verhalten. Man sieht sie nur einzeln. Ihr Bewegungsdrang hat keine Ähnlichkeit mit dem Verhalten einer erwachsenen Süßlippe. Sie machen beim Schwimmen schnelle schlängelnde Bewegungen, ohne dabei schnell vorwärts zu kommen. Sie verfolgen keine zielstrebige Richtung, sondern schwimmen in einem kleinen Revier scheinbar sinnlos hin und her und stehen dabei keine Sekunde still. Ob diese Verhaltensweise als Mimikry ungenießbarer tropischer Nacktschnecken zu deuten ist, muss noch nachgewiesen werden. Der Name »Grunzer« kommt von der Fähigkeit einiger Arten, mit ihren Mahlzähnen Geräusche zu erzeugen, die durch die Schwimmblase verstärkt werden. Süßlippen sind nicht sehr scheu und werden in manchen Gebieten durch das Harpunieren stark dezimiert.

Nahrung: Wirbellose Bodentiere.

Harlekin-Süßlippe
Jungtier
(Text siehe Mitte)

Harlekin-Süßlippe
Plectorhinchus chaetodonoides
(Harlequin Sweetlip)
bis 70 cm
Alterskleid (Jungtier siehe Foto oben)
In dieser Familie gibt es bei vielen Arten starke Farbveränderungen während der Entwicklung.
Mauritius bis Neukaledonien.

Orientalische Süßlippe
Plectorhinchus vittatus
Syn.: *P. orientalis*
(Oriental Sweetlip)
bis 50 cm
Kommt in Korallenriffen häufig vor. Jungtiere sind dunkelbraun mit cremefarbenen Flecken.
Ostafrika bis Samoa.

Meerbrassen – Sparidae

Familie Meerbrassen, Ordnung Barschartige (Perciformes). Etwa 100 Arten. Bis 1,8 m lang und über 100 kg schwer, meistens aber unter 50 cm.

Erkennungsmerkmale: Bei diesen schnapperähnlichen, hochrückigen Fischen ist das Rückenprofil stärker konvex gekrümmt als das Bauchprofil. Die meisten Arten haben eine steile Stirn und ein tief liegendes Maul; ältere Exemplare bekommen häufig einen Stirnwulst oder Nackenhöcker. An den Stacheln der 1. Rückenflosse befinden sich bei wenigen Arten fadenförmige Filamente, die bei Jungfischen körperlang sein können. Die Schwanzflosse ist gekerbt oder gegabelt, die Brustflossen sind lang und spitz auslaufend. Viele Arten sind silbrig glänzend mit deutlichen Schuppen, aber auch andere Farben kommen vor: rötlich, rotbraun, bronzefarben, blau und gelb. Auch die Muster variieren: Längsstreifen, Querbinden und Flecken.

Vorkommen: Weit verbreitet in Küstengebieten tropischer, gemäßigter und kalter Meere, z. B. Norwegen. Sie sind sehr häufig im Atlantik, vor Südafrika, Japan und Australien, dringen auch ins Brack- und Süßwasser ein und kommen bis in Tiefen von 200 m vor. Im tropischen Westpazifik und im östlichen Indischen Ozean sind sie äußerst selten.

Lebensweise: Jungfische leben meistens in großen Schwärmen, ausgewachsene Tiere einzeln oder in kleinen, losen Gruppen. Viele Arten sind scheu und verstecken sich in Höhlen und Spalten. Meerbrassen sind schnelle Schwimmer, die sich aber oft inaktiv an geschützten Stellen aufhalten. Bei einigen Arten können Territorialkämpfe beobachtet werden, besonders in der Karibik. Die Kontrahenten drohen mit Maulaufreißen und führen Maulkämpfe durch. In dieser Familie gibt es viele endemische Arten. Sehr wenige leben im offenen Meer. In Südafrika gehören Meerbrassen zu den wichtigen Speisefischen, da sie in diesem Gebiet sehr häufig sind.

Nahrung: Hartschalige Wirbellose wie Seeigel, Mollusken und Krebse; auch Fische, Tintenfische und Algen stehen auf ihrem Speiseplan.

Fortpflanzung: Die meisten Arten sind Folgezwitter, die häufig zuerst Männchen sind und sich nach etwa 3 Jahren in Weibchen umwandeln, bei anderen ist es umgekehrt; bei manchen Arten sind nicht alle Individuen einer Art Zwitter. Die Eier werden im Freiwasser ausgestoßen und treiben mit der Strömung ins offene Meer; die Larven entwickeln sich pelagisch. Von einer Art der Gattung *Spondylosoma* ist bekannt, dass sie Brutpflege betreiben: Die Eier werden in eine selbst gebaute Grube gelegt und befruchtet. Die Eltern bewachen das Nest und fächeln den Eiern frisches, sauerstoffreiches Wasser zu.

Doppelband-Meerbrasse
Acanthopagrus bifasciatus
(Double-bar Bream)
50 cm
Diese auffällige Art ist im Roten Meer oft an der Riffkante zu sehen.
Rotes Meer bis Südafrika.

Nacht-Meerbrasse
Diplodus noct
(Arabian Bream)
50 cm
Häufig über Sandflächen auf Riffdächern anzutreffen. Manche Individuen dieser Art haben auf der Schwanzwurzel einen dunklen Fleck.
Endemisch im Roten Meer.

Straßenkehrer – Lethrinidae

Familie Straßenkehrer, Ordnung Barschartige (Perciformes). Sie sind nahe verwandt mit den Schnappern. Es gibt nur 39 Arten. Bis 1 m lang.

Erkennungsmerkmale: Alle Gattungen haben seitlich abgeflachte Körper und große Schuppen, außer auf der Schnauze. Das unterscheidet sie eindeutig von den Schnappern. Auffällig sind die sehr hoch angeordneten Augen der meisten Arten. Die durchgehende Rückenflosse hat im vorderen Teil 10, die Afterflosse 3 Stacheln. Alle anderen Merkmale variieren stark, besonders die Kopfformen. Manche Arten haben einen stumpfen Kopf, andere ein zugespitztes Maul und die auffälligste Art, *Lethrinus elongatus,* hat eine extrem langgezogene, leicht konkave Schnauze. Viele Arten haben dicke Lippen, ein mittelgroßes Maul und relativ große Augen. Die Färbung ist meist unauffällig; die Musterung reicht von Längsstreifen über Querbänder bis zu unregelmäßigen, undeutlichen Flecken; einige sind einfarbig. Bei vielen Arten kann man eine starke Farbveränderung beobachten, die nachts oder in der Paarungszeit auftritt. Während der Entwicklung vom Jungtier bis zum Erwachsenenstadium sind bei manchen Arten mehrere Farbvarianten bekannt.

Vorkommen: Alle tropischen Meere.

Lebensweise: Ihr Verhalten ist unterschiedlich: Während der Großaugen-Straßenkehrer, *Monotaxis grandoculis,* sich als Einzelgänger oder in Schwärmen am Tag im Freiwasser über den Riffhängen aufhält, ziehen die Arten der Gattung *Lethrinus* über Sandflächen in der Nähe von Riffen, um nach Nahrung zu suchen; der Goldfleck-Straßenkehrer, *Gnathodentex aurolinatus,* hält sich immer in dichten Schwärmen inaktiv zwischen Korallenstöcken auf. Die meisten Arten sind nachtaktiv. Alle Arten sind fähig, ihr Geschlecht zu verändern; Jungtiere sind weiblich und können männlich werden. Eine Rückumwandlung ist nicht möglich.

Nahrung: Hartschalige Tiere und Fische.

Fortpflanzung: Weitgehend unbekannt.

Vorsicht: Bei manchen großen Arten kann eine Ciguatera-Vergiftung beim Verzehr der Fische nicht ausgeschlossen werden.

Großaugen-Straßenkehrer
Monotaxis grandoculis
(Bigeye Emperor)
bis 55 cm
Schwebt einzeln oder in Gruppen über exponierten Riffhängen. Im Alter gehen die dunklen Rückenflecken verloren.
Rotes Meer bis Hawaii.

Langschnauziger Straßenkehrer
Lethrinus olivaceus
(Longnose Emperor)
bis 1 m
Zieht meist in kleinen Gruppen nach Nahrung suchend zwischen Korallenblöcken umher und wühlt den Grund auf.
Rotes Meer bis Samoa.

Gelbflossen-Straßenkehrer
Lethrinus erythracanthus
(Orange-fin Emperor)
bis 80 cm
Scheuer Einzelgänger.
Ostafrika bis Tahiti.

Scheinschnapper – Nemipteridae

Familie Scheinschnapper, Ordnung Barschartige (Perciformes). Etwa 65 Arten. Bis 40 cm lang.

Erkennungsmerkmale: Scheinschnapper sind schlanke, seitlich abgeflachte Fische mit einem kleinen Kopf, großen Augen und einer kurzen Schnauze; das Maul ist klein. Sie besitzen eine durchgehende Rückenflosse, die im vorderen Teil 10 dünne Stacheln hat. Die gut entwickelte Schwanzflosse ist leicht gegabelt; die Afterflosse hat 3 dünne Stacheln. Fast alle Arten haben große Schuppen, die den ganzen Körper bedecken, aber nicht den Kopf. Viele von ihnen sind kräftig gemustert, andere haben zarte Pastellfarben. Die Jugendfärbung kann sehr von den Erwachsenen abweichen. Die Gattung *Scolopsis* hat ein charakteristisches Merkmal: Unmittelbar unter dem Auge befindet sich ein kräftiger, nach hinten gerichteter Stachel, der dieser Familie in Englisch den Namen »Spinecheek« (Stachelwange) einbrachte. Bei einigen Arten wurde eine Geschlechtsumwandlung beobachtet. Man nimmt an, dass alle Arten der Familie zuerst weiblich sind und sich dann zu Männchen umwandeln können. Die Umwandlung wird »sozial kontrolliert«.

Vorkommen: Rotes Meer, Indischer Ozean bis zum Pazifik. Sie bewohnen meist Riffe und Flachwassergebiete der Küstenregionen.

Lebensweise: Scheinschnapper sind weder schnelle noch lebhafte Schwimmer. Oft schweben sie bewegungslos zwischen den Korallen, schwimmen eine kurze Strecke, um dann wieder regungslos an einer Stelle zu verharren. Diese Verhaltensweise ist für diese Familie charakteristisch und erleichtert ihnen die Suche nach im Grund lebenden Beutetieren; wahrscheinlich können sie geringfügige Bewegungen im Sand besser erkennen, wenn sie sich nicht bewegen. Sie leben einzeln oder in kleinen Gruppen und sind im bunten Treiben eines Korallenriffes eher unauffällige Fische. Viele Arten bevorzugen Sandflächen mit vereinzelten Korallenköpfen in geschützten Küstengewässern. In manchen Gebieten werden sie als Speisefische genutzt.

Nahrung: Am Boden lebende Wirbellose, wie Borstenwürmer oder Kleinkrebse.

Fortpflanzung: Es ist wenig bekannt; wahrscheinlich findet die Paarung nachts in größeren Schwärmen außerhalb der Riffe statt, da die Balz bisher noch nie beobachtet wurde. Jungtiere sind zuerst weiblich und können sich später in Männchen umwandeln.

Braunstreifen-Scheinschnapper
Scolopsis affinis
(Monocle Bream)
bis 30 cm
Bei ausgewachsenen Tieren geht der braune Streifen verloren.
Indien bis Australien.

Silberstreifen-Scheinschnapper
Scolopsis ciliatus
(Ciliated Spinecheek)
bis 20 cm
Der weiße Rückenstreifen leuchtet unter Wasser auffallend.
Indien bis Mikronesien.

Meerbarben – Mullidae

Familie Meerbarben, Ordnung Barschartige (Perciformes). Etwa 35 Arten. Bis 55 cm lang; Weibchen werden größer als Männchen.

Erkennungsmerkmale: Meerbarben haben einen seitlich abgeflachten, länglichen Körper, der durch sein Profil auffällt. Kopf und Rücken verlaufen stärker konvex als die Bauchseite des Fisches. Die Augen liegen sehr hoch und weit zurückgesetzt. Auffälligstes Merkmal sind zwei lange Barteln, die sich unter dem Kinn befinden und beim Schwimmen nach hinten gerichtet werden. Sie sind dann nicht zu sehen, da sie in Rinnen liegen. Diese Tastorgane sind mit Geschmacksnerven ausgestattet. Bei der Nahrungssuche werden sie nach vorn geschwenkt und mit großer Geschicklichkeit sehr schnell in alle Löcher und Spalten gesteckt, um Beutetiere aufzuspüren. Das endständige Maul hat wulstige Lippen, die ausgestülpt werden können.

Von den zwei relativ hohen Rückenflossen wird die erste meist angelegt. Die gut entwickelte Schwanzflosse ist tief gegabelt, der Körper mit großen, gut sichtbaren Schuppen bedeckt. Die Färbung der Fische ist variabel: Von Rot, Gelb, Blau reicht das Spektrum bis zu hellen Farben mit den verschiedensten Mustern.

Vorkommen: In tropischen und gemäßigten Meeren weltweit verbreitet; sie bewohnen vorwiegend Gebiete mit Sand-, Schlick- oder Geröllgrund in Riffnähe.

Lebensweise: Meerbarben sind tag- oder nachtaktiv – oder je nach Art beides. Sie ziehen oft in Gruppen nahrungssuchend über den Grund. Wenn sie mit ihren Barteln im Boden Nahrung aufspüren, wühlen sie mit erstaunlicher Energie den Grund auf und wirbeln dabei oft große Staubwolken hoch. Davon werden andere räuberisch lebende Fische angelockt, die aufgeschreckte Bodentiere erbeuten. Junge Meerbarben entwickeln sich erstaunlicherweise im offenen Meer. Sie sind silbrig gefärbt und haben einen dunkelblauen Rücken. Es ist unklar, wie sie sich dort vor Fressfeinden schützen. Erst bei einer Größe von mehreren Zentimetern besiedeln sie die Riffe.

Nahrung: Kleine Fische und Wirbellose.

Fortpflanzung: Viele Arten scheinen bei Voll- oder Neumond paar- oder gruppenweise abzulaichen, wobei bestimmte Plätze an Außenriffen bevorzugt werden. Auf diese Weise werden die Eier durch die Gezeitenströmungen ins offene Meer getrieben und können nicht von den vielen nach Plankton jagenden Riffbewohnern dezimiert werden. Das offene Meer ist wesentlich dünner besiedelt, damit erhöht sich die Überlebenschance der Eier und Larven.

Doppelsattel-Meerbarbe
Parupeneus bifasciatus
(Doublebar Goatfish)
bis 32 cm
Einige Arten ruhen am Tage auf dem Boden.
Ostafrika bis Tahiti.

Strich-Punkt-Meerbarbe
Parupeneus barberinus
(Dash-and-dot Goatfish)
bis 50 cm
Auf dem Foto sind die typischen Barteln dieser Familie gut zu erkennen.
Ostafrika bis Tahiti.

Beilbauchfische – Pempheridae

Familie Beilbauchfische, Ordnung Barschartige (Perciformes). Etwa 25 Arten. Bis 23 cm.
Erkennungsmerkmale: Ihr Name wird von der typischen Körperform der Gattung *Pempheris* abgeleitet: Diese Tiere sind hochrückig und seitlich abgeflacht; ihr Rücken ist relativ gerade, die Bauchseite »beilförmig« konvex gewölbt. Sie haben ein schräg nach oben gerichtetes Maul. Die verbundenen Rückenflossen sind hoch und auffallend kurz, die Afterflosse ist lang. Beilbauchfische glänzen gelblich, bräunlich oder bronzefarben und haben oft schwarze Flossensäume, die wichtig für die Bestimmung sind.
Vorkommen: Tropischer Indopazifik und Westatlantik. In Küstengewässern und an Riffen bis 15 m Tiefe.
Lebensweise: Beilbauchfische schweben am Tag in Ansammlungen in Höhlen, Spalten und unter Überhängen. Nähert man sich ihnen, werden sie unruhig. Nachts verteilen sie sich zur Nahrungssuche über das Riff. Die Gattung *Parapriacanthus*, bekannt als Glasfische, findet man in dichten Schwärmen an Korallenstöcken.
Nahrung: Plankton.
Fortpflanzung: Eier und Larven entwickeln sich pelagisch.

Schwenks Beilbauchfisch
Pempheris schwenkii
(Schwenk's Sweeper)
50 cm
Diese nachtaktiven Fische schweben am Tag in Höhlen oder unter Überhängen.
Ostafrika bis Fidschi-Inseln.

Silberflossenblätter – Monodactylidae

Familie Silberflossenblätter, Ordnung Barschartige (Perciformes). Nur 6 Arten. Länge bis 23 cm, die Höhe kann das Doppelte der Länge betragen.
Erkennungsmerkmale: Ihr Körper ist sehr hochrückig und seitlich stark abgeflacht. Silberflossenblätter sind nicht mit den Fledermausfischen verwandt und haben nur relativ kurze Flossenstrahlen; Rücken- und Afterflosse bilden jeweils einen langen Saum, die Schwanzflosse ist relativ groß. Ihre Bauchflossen sind zurückgebildet. Das oberständige Maul besitzt borstenartige Zähne, was die nahe Verwandtschaft zu den Falter- und Kaiserfischen erkennen lässt.
Vorkommen: Rotes Meer und Ostafrika bis zum westlichen Pazifik und im Atlantik. Vorwiegend in trüben Küstengewässern, auch im Brack- und Süßwasser; meist oberflächennah.
Lebensweise: Sie sind tagaktiv und leben oft in großen Schwärmen; nur selten trifft man sie einzeln.
Silberflossenblätter bevorzugen ruhiges Wasser, besonders seichte Buchten. Sie sind sehr temperaturempfindlich und sterben bei Kälteeinbrüchen in Massen.
Nahrung: Algen und Detritus.
Fortpflanzung: Sie laichen im Brackwasser. Die Jungfische wandern dann ins Salzwasser zurück.

Silberflossenblatt
Monodactylus argenteus
(Mono)
22 cm
Lebt vorwiegend in trüben Küstengewässern; wird nur selten an Inseln oder küstenfernen Riffen angetroffen.
Rotes Meer bis Samoa.

Falterfische – Chaetodontidae

Familie Falterfische (früher Unterfamilie der Familie Borstenzähner), Ordnung Barschartige (Perciformes). 120 Arten. Zwischen 7 und 25 cm lang.

Erkennungsmerkmale: Körper extrem abgeflacht und sehr hoch; Kopf relativ klein. Die großen Augen liegen häufig in einem vertikalen, dunklen Streifen. Die mehr oder weniger zugespitzte Schnauze endet in einem endständigen, winzigen Maul, das mit borstenartigen Zähnen bestückt ist. Bei den Pinzettfischen ist die Schnauze röhrenartig verlängert. Die durchgehende Rückenflosse ist bei den meisten Arten hinten abgerundet. Die ersten Rückenflossenstrahlen sind durch ausgeschnittene Membranen verbunden. Der hintere Teil der Rückenflosse und die Afterflosse gleichen sich bei vielen Arten in Größe und Form. Die Schwanzflosse ist konvex geformt, in Ausnahmefällen gerade. Die Brustflossen sind fast immer farblos und durchsichtig. Der Körper der Falterfische ist mit Schuppen bedeckt, gelegentlich mit sehr großen.

Die prächtige Färbung und Zeichnung brachte den Tieren den Namen Schmetterlings- oder Falterfische ein, bis sich letzterer durchsetzte. Die grellen Farben dieser Familie sind keine gute Tarnung, aber offensichtlich ist das keine Gefahr für den Fortbestand der Arten. Diese auffälligen Unterscheidungsmerkmale sind in einem so dicht besiedelten Gebiet wie ein Korallenriff von Bedeutung – sowohl für die Fortpflanzung als auch für das territoriale Verhalten.

Einige Arten haben einen Fleck im hinteren Teil des Körpers, der ein Auge vortäuschen soll. Es wird angenommen, dass dieser Augenfleck, zusammen mit dem Augenstreifen, der das Auge tarnt, angreifende Raubfische irritiert. Sie werden in der vermeintlichen Fluchtrichtung getäuscht. Diese Verzögerung reicht den Falterfischen meist, zwischen die Korallen zu flüchten, wohin ihnen die wesentlich größeren Angreifer nicht folgen können.

Vorkommen: Tropische Meere, meist Korallenriffe. Jungtiere bevorzugen Flachwasserzonen und halten sich gern zwischen den schützenden Ästen von *Acropora*-Korallen auf.

Lebensweise: Falterfische sind mit ihrem flachen Körper dem Leben im Korallenriff gut angepasst. Geschickt manövrieren sie durch enge Spalten oder Korallenäste. Ihr hoher Körperbau verleiht ihnen eine gute Seitenstabilität. Scheinbar mühelos gleiten sie langsam durch Korallenriffe, ohne auffällige Bewegungen zu machen. Sie schwimmen fast immer nur mit ihren Brustflossen, die so durchsichtig

Sattelfleck-Falterfisch
Chaetodon ephippium
(Saddled Butterflyfish)
bis 23 cm
Meist paarweise; auch einzeln und in Gruppen. Thailand bis Tahiti.

Kleins Falterfisch
Chaetodon kleinii
(Klein's Butterflyfish)
bis 13 cm
In lockeren Verbänden an der Riffkante. Ostafrika bis Hawaii.

Großschuppen-Falterfisch
Chaetodon rafflesii
(Latticed Butterflyfish)
bis 15 cm
Lebt in Gebieten mit viel Korallenbewuchs. Sri Lanka bis Tahiti.

Masken-Falterfisch
Chaetodon semilarvatus
(Lemon Butterflyfish)
bis 23 cm
In Paaren oder Gruppen in Tiefen von 2–30 m. Rotes Meer und im Golf von Aden.

Keilfleck-Falterfisch
Chaetodon falcula
(Sickle Butterflyfish)
bis 20 cm
In Korallenriffen häufig. Ostafrika bis Indonesien.

Schwarzstreifen-Falterfisch
Chaetodon meyeri
(Meyer's Butterflyfish)
bis 18 cm
In korallenreichen Riffen. Ostafrika bis Tahiti.

Falterfische (Fortsetzung)

sind, dass man sie kaum wahrnimmt. Nur beim starken Beschleunigen wird auch die Schwanzflosse eingesetzt.
Falterfische sind tagaktiv und verstecken sich nachts im Riff; dabei verändern sie häufig ihre Färbung. Einige bekommen einen dunklen Rücken mit zwei hellen Scheinaugen, die im Dämmerlicht Feinde abschrecken sollen.
Bei den Falterfischen gibt es unterschiedliche Nahrungsspezialisten. Einige in Paaren lebende Arten sind auf Korallenpolypen angewiesen und haben Territorien im Flachwasser. In Schwärmen auftretende Arten ernähren sich vom Zooplankton an Riffhängen in mittlerer Wassertiefe.
Obwohl fast alle Fische Zwitter sind, finden wir bei den Falterfischen Arten, die ein unveränderliches Geschlecht haben. Viele Arten sind monogam und leben lange Zeit zusammen, wenn nicht sogar lebenslang.
Nahrung: Plankton, Korallenpolypen, Krebse, Würmer, Tentakel, Fischeier oder Algen. In dieser Familie finden wir viele Nahrungsspezialisten.
Fortpflanzung: Zur Eiablage schwimmen Falterfische während der Dämmerung paarweise zur Wasseroberfläche. Dabei stupst das Männchen dem Weibchen an den Bauch. Die Eier werden ins Wasser abgegeben und treiben als Plankton davon. Schon nach 2 Tagen schlüpfen die planktonischen Larven. Das Larvenstadium dauert Wochen oder Monate. Die Larven besiedeln während der Dunkelheit das schützende Riff.

Tabak-Falterfisch
Chaetodon fasciatus
(Red Sea Racoon Butterflyfish)
bis 18 cm
Die ähnliche Art *C. lunula* lebt im Indopazifik. Rotes Meer und Golf von Aden.

Rotmeer-Winkelfalterfisch
Chaetodon paucifasciatus
(Red Sea Chevron Butterflyfish)
bis 14 cm
Im Roten Meer endemisch

Röhrenmaul-Pinzettfisch
Forcipiger flavissimus
(Long-nosed Butterflyfish)
bis 22 cm
Schwer zu unterscheiden von der ähnlichen Art *F. longirostris.*
Rotes Meer bis zum Pazifik

Schwarm-Wimpelfisch
Heniochus diphreutes
(Long-fin Butterflyfish)
bis 18 cm
Lebt immer in großen Schwärmen an geschützte Korallenriffen.
Rotes Meer bis Hawaii.

Masken-Wimpelfisch
Heniochus monoceros
(Masked Butterflyfish)
bis 23 cm
Hier mit dem Putzerfisch *Labroides dimidiatus.*
Ostafrika bis Tahiti.

Phantom-Wimpelfisch
Heniochus pleurotaenia
(Indian Ocean Bannerfish)
bis 18 cm
Schwebt paarweise oder i Gruppen an Korallenköpfe
Leicht zu verwechseln mit *H. varius* vom Westpazifik.
Malediven bis Java.

Kaiserfische – Pomacanthidae

Familie Kaiserfische (früher wegen ihrer engen Verwandtschaft zu den Falterfischen als Unterfamilie Pomacanthinae zur Familie Borstenzähner gestellt). Ordnung Barschartige (Perciformes). Etwa 80 Arten. Sehr unterschiedliche Größen: Die kleinste Zwergkaiserfischart erreicht nur 4,5 cm, während die größte etwa 60 cm werden kann.

Erkennungsmerkmale: Kaiserfische unterscheiden sich von den Falterfischen durch einen typischen kräftigen, nach hinten gerichteten Kiemendeckelstachel, der teilweise auffällig gefärbt ist und bei allen Arten unten am Vorkiemendeckel beginnt (siehe Grafik). Ihr Maul ist nicht so spitz zulaufend und erinnert mit seinen wulstigen Lippen an einen »Schmollmund«.

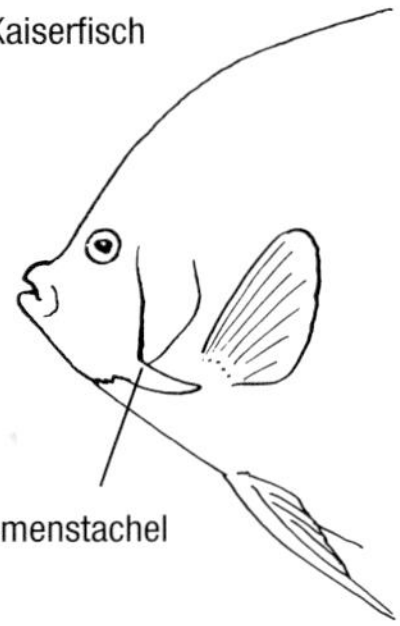

Kaiserfische sind oft plakativer gefärbt als Falterfische. Die ersten Flossenstrahlen der Rückenflosse sind wesentlich kürzer als die der Falterfische. Brustflossen nur bei wenigen Arten farblos. Die Form der Schwanzflosse variiert bei Kaiserfischen von rund bis sichelförmig. Sie haben unterschiedlich große Schuppen. Während der Entwicklung machen Kaiserfische einen erstaunlichen Farbwechsel durch. Jungtiere der Gattung *Pomacanthus* sind dunkelblau bis schwarz und haben weiße, hellblaue oder blau-violette Streifenmuster, die von Art zu Art unterschiedlich sind. Diese Zeichnung verändert sich so stark, dass man bei Jungtieren nicht die geringste Ähnlichkeit mit den Erwachsenen feststellen kann. Deshalb hatten die Jungtiere früher andere wissenschaftliche Namen. Kurz bevor die Tiere geschlechtsreif werden, wechseln sie in wenigen Wochen die Färbung und Zeichnung (siehe Fotoserie: *P. imperator*). In dieser Zeit kann man oft beide Muster gleichzeitig erkennen (siehe Foto Mitte rechts). Dieser Farbwechsel ist notwendig, da ausgewachsene Kaiserfische aufgrund ihrer Ernährungsweise ein territoriales Verhalten haben und Jungtiere keine Überlebenschance gegen die größeren und kräftigeren ausgewachsenen Tiere hätten. Jungtiere und

Imperator-Kaiserfisch
erwachsenes Tier
(siehe Text Mitte)

Imperator-Kaiserfisch ▶
Pomacanthus imperator ▶
(Emperor Angelfish)
bis 35 cm
oben: erwachsen
Mitte links: Jungfisch
Mitte rechts: Zwischenstadium
Rotes Meer bis Tahiti.

Ring-Kaiserfisch ▶
Pomacanthus annularis
(Blue-ringed Angelfish)
bis 35 cm
Mit Schiffshalter. Bevorzugt Felsenriffe.
Andamanen bis Westpazifik.

Blaukopf-Kaiserfisch ▶
Pomacanthus xanthometopon
(Blue-faced Angelfish)
bis 40 cm
Meist an Außenriffen.
Malediven bis Australien.

Kaiserfische (Fortsetzung)

im Farbwechsel befindliche Tiere sind selten zu finden, da sie sehr scheu sind und versteckt leben. Bei der Gattung *Genicanthus* sind Männchen und Weibchen unterschiedlich gezeichnet und gefärbt (siehe Fotos rechts).
Vorkommen: Überwiegend Bewohner tropischer Gewässer, die sowohl in Korallen- als auch in Felsenriffen zu finden sind. Nur wenige Arten kommen in subtropischen Gewässern vor.
Lebensweise: Kaiserfische sind tagaktive Fische, die meist einzeln, selten paarweise leben. Sie sind wie die Falterfische Brustflossenschwimmer. Gewöhnlich besitzt ein Männchen einen Harem von 2–5 Weibchen in einem relativ großen Revier, ohne dass sie ständig zusammen sind. Die Männchen können ein Territorium von wenigen Quadratmetern *(Centropyge)* bis zu 1000 m^2 *(Pomacanthus)* haben, das energisch gegen Artgenossen verteidigt wird. Dieses Territorialverhalten sichert die Ernährung: Die Gattung *Centropyge* lebt vorwiegend von Fadenalgen; *Genicanthus* hingegen ernährt sich von Zooplankton; wieder andere Gattungen fressen Schwämme, Fischeier oder Wirbellose. Alle Kaiserfische sind zuerst weiblich und können sich bei Bedarf in ein Männchen umwandeln. Eine Rückverwandlung ist nicht möglich. Junge Kaiserfische wurden schon beobachtet, wie sie sich als Putzerfische betätigten und größeren Fischen die Schmarotzer abfraßen. Große Kaiserfischarten können laute Geräusche im Wasser erzeugen. Werden sie beunruhigt, stoßen sie »Knack«-Laute aus, die den Angreifer abschrecken sollen. Wahrscheinlich wird dieses Drohverhalten auch an den Reviergrenzen gegen Artgenossen eingesetzt.
Nahrung: *Centropyge*-Arten fressen vorwiegend Fadenalgen; *Genicanthus*-Arten Zooplankton, am Boden lebende Wirbellose und Algen; alle anderen Arten hauptsächlich Schwämme und teilweise Fischeier und Algen.
Fortpflanzung: Die Eiablage erfolgt gewöhnlich paarweise bei Sonnenuntergang im Freiwasser, wobei das Männchen »auf und ab schwimmt« und dann das Weibchen an den Bauch stupst. Innerhalb von 24 Stunden schlüpfen die planktonisch lebenden Larven, die nach 3–4 Wochen die Riffe besiedeln.

Rotmeer-Lyrakaiser
Genicanthus caudovittatus
(Zebra Lyretail Angelfish)
bis 25 cm
Männchen (Weibchen siehe Foto Mitte links)
Paarweise an planktonreichen Riffhängen.
Endemisch im Roten Meer.

Rotmeer-Lyrakaiser ▶
Weibchen (Männchen siehe Foto oben)

Dreipunkt-Zwergkaiserfisch ▶
Apolemichthys trimaculatus
(Three-spot Angelfish)
bis 30 cm
In Korallen- und Felsenriffen, meist einzeln.
Ostafrika bis Samoa.

Pfauen-Kaiserfisch ▶
Pygoplites diacanthus
(Regal Angelfish)
bis 26 cm
Dieser attraktive Fisch bevorzugt geschützte und korallenreiche Riffe.
Rotes Meer bis Tahiti.

Arabischer Kaiserfisch ▶
Pomacanthus maculosus
(Moon Angelfish)
bis 50 cm
Rotes Meer bis Ostafrika und Persischer Golf.

Anemonenfische – Amphiprioninae

Unterfamilie Anemonenfische, Familie Riffbarsche, Ordnung Barschartige (Perciformes). 27 Arten. Länge 8–15 cm.
Erkennungsmerkmale: Körper seitlich abgeflacht, relativ hoch, stumpfer Kopf und kleines endständiges Maul. Die Flossen sind abgerundet, der Körper mit Schuppen bedeckt. Fast alle Anemonenfische sind sehr kontrastreich gefärbt und haben 1–3 weiße Querbinden. Jungfische verändern ihre Färbung während ihrer Entwicklung.
Vorkommen: Tropische Meere; Rotes Meer bis Tahiti.
Lebensweise: Anemonenfische können ohne Anemone nicht existieren. Von den 35 bekannten Seeanemonen werden nur 10 Arten von Anemonenfischen bewohnt. Jede Anemonenfischart bevorzugt bestimmte Anemonenarten. Sie entfernen sich selten mehr als 2 m von ihrer Anemone und suchen bei Gefahr zwischen den nesselnden Tentakeln Schutz; andererseits schützen sie die Anemone vor spezialisierten Fressfeinden, die sich von deren Tentakeln ernähren. Die kleinen Anemonenfische fürchten sich auch vor größeren Angreifern nicht und greifen sogar Taucher an, die der Anemone zu nahe kommen. Das Nesselgift kann ihnen nichts anhaben, da sie den Schleim der Anemone schon im »Kindesstadium« auf ihren Körper übertragen und bei späterer Berührung mit den Tentakeln eine »Immunität« besitzen. Die Anemone reagiert auf den Anemonenfisch so, als wenn sich die Tentakeln gegenseitig berühren. Kommt ein fremder Fisch mit den Tentakeln in Berührung, wird er festgehalten und hat keine Chance mehr zu entkommen. Alle Jungtiere sind zunächst männlich und können bei Bedarf ihr Geschlecht umwandeln. In jeder Anemone herrscht eine strenge Rangordnung. Der größte Anemonenfisch ist immer ein dominierendes Weibchen und der zweitgrößte ein Männchen. Alle anderen sind kleiner und werden von den Erwachsenen am Wachstum gehindert. Dieses Phänomen ist noch nicht eindeutig erforscht. Man könnte von einer »sozialen Unterdrückung« sprechen. Stirbt das Weibchen, verwandelt sich innerhalb einer Woche das ranghöchste Männchen zum Weibchen und das »zweitgrößte« Männchen wächst in kurzer Zeit zu seiner vollen Größe heran.
Nahrung: Plankton und kleine Krebse.
Fortpflanzung: Anemonenfische heften die Eier nahe am Anemonenfuß auf eine feste Unterlage; die Eier werden vom Männchen bewacht. Nach etwa 1 Woche schlüpfen die Larven und treiben mit der Strömung als Plankton davon. Die Larven besiedeln nach 1–3 Wochen ein Riff und die Jungfische beginnen mit der Suche nach einer Anemone. Durch das kurze Larvenstadium sind viele Arten endemisch, d. h. sie kommen in einem begrenzten Gebiet vor.

Orangeringel-Anemonenfisch
Amphiprion ocellaris
(Clown Anemonefish)
bis 11 cm
Indien bis Philippinen und Indonesien.

Glühkohlen-Anemonenfisch
Amphiprion ephippium
(Saddle Anemonefish)
bis 12 cm
Jungtiere haben eine weiße Nackenbinde.
Thailand bis Java.

Clarks Anemonenfisch
Amphiprion clarkii
(Clark's Anemonefish)
bis 12 cm
Persischer Golf bis Fidschi-Inseln.

Rotmeer-Anemonenfisch
Amphiprion bicinctus
(Two-banded Anemonefish
bis 10 cm
Rotes Meer, Golf von Aden

Malediven-Anemonenfisch
Amphiprion nigripes
(Black-finned Anemonefish
bis 11 cm
Malediven, Sri Lanka und Lakkadiven.

Riffbarsche – Pomacentridae

Familie Riffbarsche, Ordnung Barschartige (Perciformes). Etwa 320 Arten in 4 Unterfamilien. 4–20 cm lang.
Erkennungsmerkmale: Seitlich abgeflachter, oft hochrückiger Körper und kleiner stumpfer Kopf mit relativ großen Augen; durchgehende Rückenflosse und tief gegabelter Schwanz. Die Färbung variiert sehr stark. Die Unterfamilie Preußenfische (Pomacentrinae) hat ihren deutschen Namen von der schwarz-weißen Färbung; sie tragen häufig Querbinden. Diese Musterung findet man aber auch in der Unterfamilie Chrominae bei der Gattung *Dascyllus*. Bei den anderen Unterfamilien, außer den Anemonenfischen, sind meist nur die Jungtiere leuchtend gefärbt. Alle Arten haben deutlich sichtbare große Schuppen.
Vorkommen: Weltweit in tropischen und subtropischen Meeren. Am häufigsten im flachen Wasser küstennaher Gebiete. Sie halten sich dort auf, wo es viele Versteckmöglichkeiten gibt, z. B. in Korallen der Gattung *Acropora*.
Lebensweise: Riffbarsche sind tagaktiv und leben territorial. Nur Jungtiere sieht man oft in großer Zahl, wenn sie über »ihrem Korallenstock« nach Plankton schnappen. Bei Gefahr und nachts verstecken sie sich zwischen den Korallenästen. Dabei hat wahrscheinlich jeder Fisch einen bestimmten Platz. Das würde bedeuten, dass sie schon in der Jugend ein territoriales Verhalten zeigen, aber tagsüber zum eigenen Schutz mit Artgenossen ein kleiner Lebensraum geteilt wird. Die Algenfresser unter den Riffbarschen sind besonders aggressiv: Unter ihnen gibt es Arten, die als Farmer-Fische ihre eigenen Algen-Farmen »bewirtschaften«, indem sie nicht schmeckende Algen aus ihren »Feldern« herauszupfen.
Jungtiere des Dreipunkt-Preußenfisches, *Dascyllus trimaculatus,* suchen in Anemonen Schutz wie Anemonenfische.
Nahrung: Vorwiegend Plankton, einige ernähren sich von Algen. Es gibt aber auch Allesfresser.
Fortpflanzung: Riffbarsche laichen häufig am Morgen; manche Arten am Höhepunkt einer bestimmten Mondphase. Sie heften die gestielten, elliptischen Eier auf festen Untergrund, der vorher sorgfältig gereinigt wird. Meist besteht der Grund aus Felsen oder Korallengestein, auch tote Korallenäste oder Sandgrund sind möglich. Die Eier können sehr unterschiedlich gefärbt sein: rot, pink, violett, braun, grün, weiß oder transparent. In der Regel wird das Gelege von den Männchen bewacht und versorgt. Durch Flossenbewegungen wird den Eiern frisches Wasser zur Sauerstoffversorgung zugeführt. Abgestorbene Eier werden sorgfältig vom bewachenden Elternteil entfernt. Die planktonischen Larven schlüpfen nachts, steigen nach oben und treiben mit der Strömung ins offene Meer.

Indopazifik-Sergant
Abudefduf vaigiensis
(Sergeant-major)
bis 17 cm
Kommt häufig in großen Schwärmen vor.
Alle tropischen Meere.

Philippinen-Demoiselle
Pomacentrus philippinus
(Philippine Damsel)
bis 9 cm
Eine weit verbreitete und häufige Art.
Thailand bis Fidschi.

Schwarzachsel-Chromis
Chromis atripectoralis
(Black axil Chromis)
bis 10 cm
Der sehr ähnliche *Ch. viridis* hat keinen schwarzen Fleck an der Innenseite der Brustflossenbasis.
Madagaskar bis Tahiti.

Lippfische – Labridae

Familie Lippfische, Ordnung Barschartige (Perciformes). Nach groben Schätzungen etwa 500 Arten. Ihre Größen variieren sehr stark, die Kleinsten werden nur 4 cm lang, während die Größten bis über 2 m erreichen können. Die meisten Arten werden bis 25 cm lang.
Erkennungsmerkmale: Die Körperformen der Lippfische sind so unterschiedlich wie ihre Größen. Die wenigen großen Arten haben einen hohen, seitlich abgeflachten Körper, während die kleinen eher schlank und länglich sind. Alle besitzen eine durchgehende Rückenflosse und Schuppen. Weibchen und Männchen sind oft unterschiedlich gefärbt und gemustert; männliche Lippfische sind meist brillanter und auffälliger. Jungtiere durchlaufen während ihrer Entwicklung eine Reihe von Farbvarianten, was das Bestimmen der Arten sehr erschwert. Bis heute sind noch nicht alle Jungtiere eindeutig bestimmt. Viele Arten wechseln zudem ihre Färbung während der Laichzeit. Es ist sogar möglich, dass bei einer Art und gleichem Geschlecht 2 voneinander abweichende Farbvarianten auftreten.
Auch die Körperform kann zwischen den Geschlechtern variieren. Die vielen kleinen Lippfischarten haben meist einen kleinen Kopf und ein klein wirkendes, endständiges Maul, das oft ausstülpbar ist (siehe Grafik) oder relativ weit geöffnet werden kann. Sie besitzen ein stark entwickeltes Gebiss mit Reiß- und Mahlzähnen. Große Arten sind gedrungen mit großem Kopf und dicken Lippen (Name). Alte Tiere bekommen manchmal einen vorstehenden Stirnwulst, z. B. der Napoleonfisch.

Stülpmaul-Lippfisch

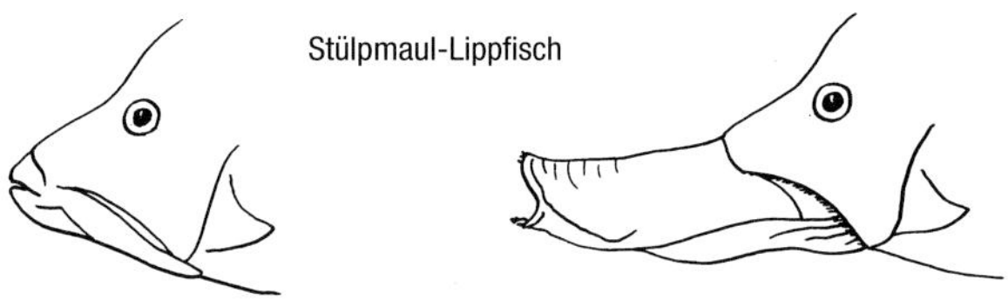

Lippfische – und auch ihre nächsten Verwandten, die Papageifische – sind gut an ihrer wippenden Schwimmweise zu erkennen: Sie schwimmen mit kräftigen Brustflossenschlägen, wodurch eine leichte Hoch-tief-Bewegung entsteht, die für diese Gruppen typisch ist.
Vorkommen: Weltweit in tropischen, subtropischen und gemäßigten Meeren.
Lebensweise: Lippfische sind tagaktive Tiere, die nachts schlafen. Viele Arten graben sich im Sand ein oder verstecken sich zwischen Steinen, andere schlafen in Spalten

Napoleonfisch
Cheilinus undulatus
(Napoleonfish)
bis 2,3 m
Im Roten Meer sehr zutraulich; in anderen Gebieten relativ scheu.
Rotes Meer bis Tahiti.

Rotbrust-Lippfisch
Cheilinus fasciatus
(Red-breasted Wrasse)
bis 30 cm
Die meisten kleineren Lippfischarten sind flinke Schwimmer,die mit den Brustflossen schwimmen.
Ostafrika bis Samoa.
Im Roten Meer wird diese Art durch *Ch. quinquecinctus* ersetzt.

Lippfische (Fortsetzung)

oder Höhlen. Kleine Lippfische sind flinke und wendige Schwimmer, die dauernd in Bewegung sind, während größere ruhig und gelassen ihre Bahnen ziehen. In der Familie der Lippfische sind viele Putzerfische zu finden (siehe auch Seite 28, Symbiose). Die kleinsten Arten der Gattung *Labroides* kann man häufig in tropischen Meeren bei dieser Tätigkeit beobachten. Sie leben ortsgebunden in einem kleinen Revier, in dem sich die unterschiedlichsten Fischarten einfinden und eine »Körperpflege« über sich ergehen lassen. Die Putzerfische suchen nicht nur die Körperoberfläche, sondern auch die Mundhöhle und Kiemen nach Schmarotzern ab, von denen sie sich ernähren. Großfische wie Haie und Mantas werden aber auch von größeren Lippfischarten geputzt.
Lippfische können ihr Geschlecht umwandeln. Wenn die Fische geschlechtsreif werden, beginnt die so genannte Anfangsphase, in der sie weiblich und nicht so intensiv gefärbt sind. Später reifen sie dann in der so genannten Endphase zu prächtig gefärbten Männchen heran. Die Jungtiere ähneln häufig den Weibchen. Diese verwirrenden Farbveränderungen während der Geschlechtsumwandlung haben dazu geführt, dass man früher viele Altersstadien als eigene Arten beschrieb.
Manche kleinen Lippfischarten, die den Grund nach winzigen Wirbellosen absuchen, haben eine doppelte Linse im Auge: eine für den Normalbereich, die zweite für den Nahbereich; diese erleichtert ihnen die Nahrungssuche. Eine ähnliche Doppellinse ist auch von dem im Süßwasser lebenden Vieraugenfisch *(Anableps anableps)* bekannt.
Nahrung: Vorwiegend Fische und Wirbellose. Manche Arten ernähren sich von Polypen oder Plankton, während Putzerlippfische die Parasiten anderer Fische fressen.
Fortpflanzung: Lippfische laichen meist im Freiwasser über den Riffen, wobei ein ausgedehntes Balzverhalten mit verschiedenen »Tanzformen« beobachtet werden kann. Jüngere Tiere bilden dazu große Gruppen, ältere laichen paarweise. Manche Arten bauen Nester, über die das Männchen nach der Eiablage viele Male schwimmt und die Eier befruchtet. Das Gelege wird auch von den Männchen bewacht.

Streifen-Bannerlippfisch
Hemigymnus fasciatus
(Barred Thicklip Wrasse)
bis 50 cm
Männchen in Balzfärbung; sonst sind die Streifen hell auf dunklem Grund.
Ostafrika bis Tahiti.
Der Rotmeer-Bannerlippfisch *H. sexfasciatus* ist dieser Art sehr ähnlich.

Stülpmaul-Lippfisch ▶
Epibulus insidiator
(Sling-jaw)
bis 35 cm
Weibchen
Diese Art kann das Maul weit ausstülpen (siehe Grafik Seite 206). Die Fische variieren in der Färbung, nur Weibchen sind gelb.
Rotes Meer bis Hawaii.

Gewöhnlicher Putzerfisch ▶
Labroides dimidiatus
(Bluestreak Cleaner Wrasse)
bis 10 cm
Weit verbreitete Art. Oft 2–5 Tiere an einer Putzerstation.
Rotes Meer bis Tahiti.

Diana-Schweinslippfisch
Bodianus diana
(Diana's Hogfish)
bis 25 cm
Jungtiere sehen völlig anders aus: braun mit hellen Punkten.
Rotes Meer bis Samoa.

Papageifische – Scaridae

Familie Papageifische, Ordnung Barschartige (Perciformes). Sie sind stammesgeschichtlich aus der Familie der Lippfische hervorgegangen. Etwa 80 Arten. Größe von 20 bis 120 cm.

Erkennungsmerkmale: Kräftiger Körper mit sehr großen, oft auffällig gefärbten Schuppen. Ihr Kopf ist abgerundet, mit endständigem Maul, das mit einem extrem kräftigen schnabelartigen Gebiss versehen ist. Die Zähne der Arten oder Gattungen sind in ihrem Aufbau sehr unterschiedlich. Bei einigen sind sie im Laufe der Entwicklung zu Zahnplatten verschmolzen, während bei anderen noch einzelne Zähne – teilweise viele winzige – zu sehen sind, die ganz dicht in Reihen stehen und nur an der Basis zu Platten verwachsen sind. Wenige Arten besitzen nach hinten gebogene Eckzähne, die wahrscheinlich als Verteidigungswaffen dienen. Die Schlund- oder Mahlzähne sind ebenfalls miteinander verschmolzen. Mit diesem kräftigen Gebiss können lebende oder tote Korallenstücke abgebissen und zermahlen werden. Dabei schleifen sich die Zähne schnell ab, wachsen aber genauso schnell nach. In Gefangenschaft gehaltene Papageifische können ihre Zähne nicht abschleifen, sie wachsen aber so schnell wie unter natürlichen Bedingungen weiter, bis die Fische ihren Unterkiefer nicht mehr bewegen können. Sie können dann keine Nahrung mehr aufnehmen. Alle Papageifische haben eine lange, durchgehende Rückenflosse. Die Schwanzflossenformen variieren sehr stark. Papageifische schwimmen – genau wie die Lippfische – mit den Brustflossen und sind leicht an ihrer wippenden Schwimmweise zu erkennen. Der Schwanz dient nur als Ruder. Der Name »Papageifisch« kommt nicht nur von ihrem schnabelartigen Gebiss, sondern auch von den vielen Farbvarianten in Blau, Grün, Rot, Gelb, aber auch düstere Farben, Braun, Grau bis fast Schwarz, kommen vor. Pastelltöne sind ebenfalls häufig, und bei mehrfarbigen Tieren fließen die Farben aquarellartig ineinander über. Männchen, Weibchen und Jungtiere einer Art sind fast immer unterschiedlich gefärbt (s. Fotoserie rechts). Viele Jungtiere sind dunkel und haben helle Längsstreifen. Das auffälligste Jungtier hat der Zweifarben-Papageifisch, *Cetoscarus bicolor,* in der Grundfarbe Weiß, mit einer orangenen Querbinde über dem Auge. Je nach Alter wird das leuchtende Orange erst ocker, dann bräunlich, bis hin zur grauen Färbung des Weibchens.

Vorkommen: Tropische und subtropische Meere in nicht zu tiefen Riffgebieten.

Lebensweise: Papageifische sind tagaktive Fische, die nachts tief schlafen. Einige Arten suchen sich Spalten oder Höhlen, in denen sie sich mit ihren kräftigen Flossenstrah-

Masken-Papageifisch
Cetoscarus bicolor
(Bicolor Parrotfish)
bis 75 cm
oben: Männchen
unten links: Weibchen
unten rechts: Jungtier
Die extreme Veränderung der Färbung bei Papageifischen wird hier besonders deutlich. Auf den Malediven und in Ägypten ist diese Art wenig scheu. Rotes Meer bis Tahiti.

Masken-Papageifisch
links Weibchen
rechts Jungtier
(siehe auch Foto oben)

Papageifische (Fortsetzung)

len festklemmen; andere umgeben sich mit einer Schleimhülle, die das Tier wie ein Kokon umhüllt. Diese Hülle gewährt ihnen Schutz vor den nächtlich jagenden Muränen, die mit ihrem gut entwickelten Geruchsorgan auch unverletzte Beutetiere riechen können. Durch die Schleimhülle nehmen Muränen die Papageifische nicht wahr. Wird die Schleimhülle durch einen Angreifer durchbrochen, erwacht der schlafende Papageifisch und kann fliehen. Schlafende Papageifische sollte man nicht wecken, weil sie ihren angestammten Schlafplatz nicht mehr finden und deshalb leichter die Beute größerer Raubfische werden. Sie können in einer Nacht auch keinen zweiten Kokon bilden.
Am Tag kann man Papageifische gut beobachten, wenn sie einzeln oder in Gruppen unentwegt auf Nahrungssuche sind. Sie schaben hörbar die Korallen ab, zerbeißen Korallenstücke und zermahlen sie zu einem Brei. In ihrer Nahrung befinden sich relativ wenig Nährstoffe, aber viel zerriebenes Korallengestein, das häufig in einer Sandwolke ausgeschieden wird. Ein Großteil des Sandes, der an tropischen Stränden vorkommt, ist von Papageifischen produziert worden.
Papageifische machen während ihrer Entwicklung eine ganze Reihe von Farbwechseln durch, die vom Alter und Geschlecht abhängen. Jungtiere sind Weibchen oder Primärmännchen und meistens unscheinbar gefärbt; sie befinden sich jetzt in der Anfangsphase. Die Weibchen können sich zu brillant gefärbten Männchen umwandeln, zu so genannten Supermännchen, aber auch zu Primärmännchen. Supermännchen sind größer und farbenprächtiger als Primärmännchen. Während der verschiedenen Entwicklungsphasen sind Papageifische schwer zu bestimmen. Jungtiere leben meist einzeln, während halbwüchsige oft in großen Schwärmen durch die Riffe ziehen. Erwachsene Tiere sind einzeln oder in kleinen Gruppen, gelegentlich auch in großen Schwärmen zu beobachten.
Nahrung: Je nach Art: Korallenpolypen, Algen oder Seegras.
Fortpflanzung: Viele Arten laichen in großen Schwärmen zu Beginn einer Mondphase ab. Diese Schwärme bestehen aus Weibchen und Männchen der Anfangsphase. Die Weibchen der »Supermännchen« scheinen immer paarweise abzulaichen.

Vorsicht: Papageifische können mühelos einen Finger samt Knochen durchbeißen. In ihrer natürlichen Umgebung sind sie völlig ungefährlich. Bei älteren Tieren sollen Fälle von Ciguatera bekannt geworden sein, obwohl Papageifische nicht räuberisch leben.

Kugelkopf-Papageifisch
Chlororus sordidus
(Bullethead Parrotfish)
bis 40 cm
Männchen
Weibchen haben 8 weiße Punkte auf der Seite oder einen schwarzen Fleck auf weißer Schwanzwurzel.
Rotes Meer bis Hawaii und Tahiti.

Rostnacken-Papageifisch
Scarus ferrugineus
(Rusty Parrotfish)
bis 41 cm
Weibchen
Männchen sind grünblau und haben einen rostfarbenen Nacken.
Rotes Meer bis Golf von Aden.

Blauband-Papageifisch
Scarus ghobban
(Blue-barred Orange Parrotfish
bis 66 cm
Weibchen
Männchen haben einen leicht gewölbten Nasenhöcker und sind grün-blau gefärbt.
Rotes Meer bis östlicher Pazifik.

Sandbarsche – Pinguipedidae

Familie Sandbarsche, Ordnung Barschartige (Perciformes). Etwa 44 Arten. Bis 25 cm lang.
Erkennungsmerkmale: Fast zylindrischer, langgestreckter Körper und kleiner, konisch zulaufender Kopf mit endständigem Maul. Sie besitzen deutlich hervorstehende Augen. Die Grundfarben sind beige oder sandfarben. Ein Fleckenmuster erstreckt sich vom Kopf bis zum Schwanz über den gesamten Körper. Die Anzahl der Flecken ist ein wichtiges Bestimmungsmerkmal. Männliche und weibliche Tiere mancher Arten unterscheiden sich minimal.
Vorkommen: Tropische Meere; auf Sand- und Geröllgrund.
Lebensweise: Sandbarsche sind Lauerräuber, die regungslos am Boden liegen. Der Kopf ist immer etwas vom Boden abgehoben, da sie sich auf ihre Bauchflossen stellen. Männliche Tiere sind territorial und haben einen kleinen Harem. Alle Jungtiere sind weiblich und können sich später in Männchen umwandeln.
Nahrung: Kleine Fische und Wirbellose.
Fortpflanzung: Die Eier werden nach Sonnenuntergang in das Freiwasser abgegeben und treiben ins offene Meer. Das Larvenstadium dauert 1–2 Monate.

Augenstreifen-Sandbarsch
Parapercis tetracantha
(Four-barred Weever)
18 cm
Lauert auf Sand- und Geröllböden.
Indischer Ozean bis Westpazifik.

Sandtaucher – Trichonotidae

Familie Sandtaucher, Unterordnung Drachenfische (Trachinoidei), Ordnung Barschartige (Perciformes). Etwa 50 Arten, nur 6 im tropischen Indopazifik. Bis 18 cm.
Erkennungsmerkmale: Alle Arten besitzen einen extrem langgestreckten Körper und viele Flossenstrahlen in der lang durchgehenden Rücken- und Afterflosse. Die für Knochenfische typischen Stacheln der 1. Rückenflosse fehlen. Bei den Männchen sind die ersten 3 Strahlen extrem verlängert, Weibchen haben eine kurzstrahlige Rückenflosse. Sandtaucher besitzen große, fächerförmige Brustflossen. Ihr langgestreckter Kopf hat einen vorspringenden Unterkiefer. Die großen, hochliegenden Augen können unabhängig voneinander gedreht werden und verfügen über silbrige »Jalousien«, die als Sonnenblenden dienen. Sandtaucher sind farblich dem Untergrund angepasst und werden leicht übersehen.
Vorkommen: Rotes Meer bis Pazifischer Ozean und von Japan bis Australien. Auf Hängen mit lockerem Sand.
Lebensweise: Sandtaucher können sich bei Gefahr blitzschnell im Sandboden eingraben. Sie halten sich meistens in größeren Schwärmen auf und jagen im Freiwasser nach Plankton. Auf ein Männchen kommen mehrere Weibchen, die kleinwüchsiger sind. Nur selten findet man Einzeltiere, die gewöhnlich auf dem Grund ruhen.
Nahrung: Plankton.

Gefleckter Sandtaucher
Trichonotus setiger
(Spotted Sanddiver)
15 cm
Alle Vertreter der Familie können sich blitzschnell im Sand eingraben. Sie leben vorwiegend an Hängen mit lockerem Sand.
Arabischer Golf bis Melanesien.

Himmelsgucker – Uranoscopidae

Familie Himmelsgucker, Unterordnung Drachenfische (Trachinoidei), Ordnung Barschartige (Perciformes). Etwa 25 Arten. Bis 45 cm.
Erkennungsmerkmale: Sie haben einen massigen Körper und einen breiten Kopf, der oben abgeflacht ist. An der höchsten Stelle befinden sich die kleinen Augen und das große, senkrechte oder schräg nach oben gerichtete Maul. Die Lippen sind mit fleischigen Fortsätzen gesäumt und tarnen die Mundöffnung; die Fortsätze verhindern auch, dass Sand in das Maul gelangt. Viele Arten haben an der Unterlippe einen wurmförmigen oder algenartigen Köder, der ein wichtiges Bestimmungsmerkmal ist. Viele Himmelsgucker sind mit paarigen elektrischen Organen ausgestattet, die gewöhnlich nur schwachen Strom erzeugen.
Vorkommen: Tropische und gemäßigte Meere; auf Sand- und Schlammgrund bis 500 m Tiefe.
Lebensweise: Himmelsgucker graben sich bis zu den Augen im Grund ein. Mit ihrem Köder versuchen sie, Beutetiere vor ihr Maul zu locken, indem sie ihn von Zeit zu Zeit aus dem gut getarntem Maul hervortreten lassen und mit schlängelnden Bewegungen »zum Leben erwecken«.
Nahrung: Fische und Krebse.

Vorsicht: Himmelgucker besitzen nach hinten gerichtete, mit Giftdrüsen versehene Kiemendeckelstacheln.

Marmorierter Himmelsgucker
Uranoscopus bicinctus
(Whitemargin Stargazer)
20 cm
Himmelsgucker werden von Taucher nur sehr selten entdeckt, da sie die meiste Zeit bis zu den Augen im Grund eingegraben sind.
Indonesien bis Neuguinea.

Dreiflosser – Tripterygiidae

Familie Dreiflosser, Ordnung Barschartige (Perciformes). Etwa 130 Arten. Bis 7,5 cm lang.
Erkennungsmerkmale: Kleinwüchsige Arten mit 3 Rückenflossen. Sie sind in vielen Farbvarianten zu finden; viele sind unauffällig gefärbt und dem Untergrund angepasst. Bei der Balz können sie ihre Farbe verändern.
Vorkommen: Weltweit in tropischen bis gemäßigten Meeren nahe der Oberfläche und bis 40 m Tiefe. Auf Fels-, Korallenriffen und in Höhlen – meist an der Decke.
Lebensweise: Dreiflosser haben ein sehr kleines Revier von maximal 2 Quadratmetern, in dem sie sehr schell kurze Stecken schwimmen und sich an Stammplätzen häufig ausruhen. Dabei stützen sie sich auf ihre Brust- und Bauchflossen, mit denen sie sich auch bei starker Strömung oder Brandung festhalten können.
Nahrung: Kleine Wirbellose.
Fortpflanzung: Die Weibchen heften die Eier auf eine gereinigte Oberfläche; das Gelege wird vom Männchen bewacht. Die Larven schlüpfen nachts.

Weißpunkt-Dreiflosser
Helcogramma maldivensis
(White-spotted Triplefin)
5 cm
Einzige Familie mit 3 Rückenflossen.
Endemisch auf den Malediven.

Schleimfische – Blenniidae

Familie Schleimfische, Ordnung Barschartige (Perciformes). 2 Unterfamilien: Salariinae, Kammzahn-Schleimfische (Foto oben) und Blenniinae, Säbelzahnschleimfische (Foto unten). Etwa 345 Arten. Bis 15 cm lang.

Erkennungsmerkmale: Schlanker Körper mit kleinem Kopf. Kammzahn-Schleimfische besitzen einen stumpfen Kopf mit verschiedenen Anhängseln, ein endständiges Maul und meist große, hoch angeordnete Augen. Der Kopf der Säbelzahn-Schleimfische dagegen ist etwas spitzer und hat ein unterständiges Maul. Alle haben eine lang durchgehende Rückenflosse und eine relativ lange Afterflosse. Kammzahn-Schleimfische benutzen ihre Brust- und Bauchflossen zum Stützen und Halten. Sie besitzen weder eine Schwimmblase noch Schuppen. Ihre Färbungen und Muster variieren stark, auch Männchen und Weibchen unterscheiden sich. Manche sind dem Untergrund gut angepasst, während andere auffällig gefärbt und gemustert sind.

Vorkommen: Weltweit in tropischen und gemäßigten Meeren, in felsigen Küstenregionen und Korallenriffen.

Lebensweise: Die beiden Unterfamilien der Schleimfische unterscheiden sich in ihrer Lebensweise stark. Die Kammzahn-Schleimfische sind typische Bodenbewohner, die sich am Grund festhalten und nur sehr kurze Strecken schwimmen. Sie sind hauptsächlich Vegetarier, aber verschmähen auch kleinere Lebewesen nicht, die sich zwischen den Algen verstecken. Bei Gefahr ziehen sie sich rückwärts in ihre Wohnröhre zurück. Die Säbelzahn-Schleimfische sind schnelle und ausdauernde Schwimmer, die sich räuberisch ernähren. Der bekannteste unter ihnen ist der Falsche Putzerfisch, *Aspidontus taeniatus*, der die Putzer-Lippfische der Gattung *Labroides* in seiner Färbung nachahmt. Diese Nachahmung kommt in der Natur häufig vor und wird »Mimikry« genannt. Der Falsche Putzerfisch ähnelt nicht nur dem echten in der Färbung, sondern er imitiert auch sein Verhalten, um unbemerkt in die Nähe seiner Opfer zu gelangen. Den arglosen Fischen, die glauben, »geputzt« zu werden, reißt er dann Haut- oder Flossenstücke mit den scharfen Zähnen heraus. Schleimfische leben ortsgebunden und bewohnen Löcher von Röhrenwürmern und anderen Tieren. Manche bauen auch eigene Höhlen. Männliche Tiere sind territorial.

Nahrung: Kammzahn-Schleimfische vorwiegend Algen. Säbelzahn-Schleimfische ernähren sich räuberisch.

Fortpflanzung: Schleimfische legen haftende Eier in Spalten, Höhlen, unter Steine oder in Muschelschalen, die meist vom Männchen bewacht werden, gelegentlich auch von beiden Elternteilen. Die meisten Arten haben ein kurzes Larvenstadium.

Zweifarben-Kammzähner
Ecsenius bicolor
(Bicolor Blenny)
bis 11 cm
Diese Art kommt in 2 Farbvarianten vor. Variante: dunkelbraun, mit gelbem Hinterkörper. Malediven bis Samoa.

Blaustreifen-Säbelzahn-Schleimfisch
Plagiotremus rhinorhynchus
(Bluestriped Blenny)
bis 11 cm
Farbvariante
Die Jungtiere dieser Art und die blaue Variante ahmen den Gewöhnlichen Putzerfisch (Foto Seite 209) nach. Rotes Meer bis Marquesa-Inseln.

Schildbäuche – Gobiesocidae

Familie Schildbäuche, Ordnung Barschartige (Perciformes). Etwa 30 Arten. Bis 30 cm, meistens nur 3–6 cm.
Erkennungsmerkmale: Diese meist schlanken Fische haben eine kräftige Saugscheibe, die sich aus ihren Bauchflossen entwickelt hat. Sie besitzen nur eine, weit hinten angeordnete Rückenflosse ohne Stachelstrahlen.
Vorkommen: Vorwiegend in kühleren Meeren, nur wenige Arten sind in tropischen Gebieten zu finden.
Lebensweise: Diese schlechten Schwimmer sind wahrscheinlich durch einen giftigen Hautschleim vor Feinden geschützt. Bei 2 Arten wurde von John Randall ein Hautgift nachgewiesen. Schildbäuche leben zwischen den Zweigen von Haarsternen und Korallen, aber auch zwischen den Stacheln von Seeigeln.
Nahrung: Zooplankton und winzige Wirbellose.
Fortpflanzung: Von einer Art ist bekannt, dass sie ihre Eier in leere Muschelschalen legt, die das Männchen 4 Wochen lang bewacht.

Seeigel-Schildbauch
Diademichthys lineatus
(Striped Clingfish)
5 cm
Alle Schildbäuche besitzen nur 1 Rückenflosse und eine Saugscheibe, die sich aus den Brustflossen gebildet hat. Oman bis Neuguinea.

Leierfische – Callionymidae

Familie Leierfische, Ordnung Barschartige (Perciformes). Etwa 125 Arten. Bis 30 cm, meistens nur 4–7 cm.
Erkennungsmerkmale: Mit großen, hochstehenden Knopfaugen und einem schräg nach unten gerichteten Maul. Die Männchen haben oft eine wesentlich größere 1. Rückenflosse, die aber nur selten aufgestellt wird.
Vorkommen: In allen tropischen und gemäßigten Meeren in 0,5–400 m Tiefe, meist im Flachwasser auf Sand- und Schlammgrund.
Lebensweise: Leierfische halten sich oft ungeschützt auf offenen Flächen auf. Sie sind durch einen übel riechenden und bitter schmeckenden Hautschleim vor Fressfeinden relativ sicher. Bei Erregung verstärkt sich die Schleimabsonderung. Auf Sand lebende Arten können sich eingraben. Vielen kann man sich nähern, ohne dass sie Angst zeigen. Alle Arten schwimmen in kurzen Intervallen. Bei der Balz und bei territorialen Auseinandersetzungen werden die Rückenflossen aufgestellt. Ihr Name bezieht sich auf die Leier – ein altes Musikinstrument, das eine Ähnlichkeit mit der aufgestellten Rückenflosse der Männchen hat.
Nahrung: Kleine Wirbellose, meist Krebse und Würmer.
Fortpflanzung: Leierfische zeigen ein ausgedehntes Balzverhalten, das in der Dämmerung beginnt. Sie schwimmen paarweise vertikal nach oben, je nach Art bis zu 2 m. Am höchsten Punkt werden die Keimzellen ausgestoßen, die zur Oberfläche treiben, wo auch die Larven schlüpfen.

Bartels Leierfisch
Synchiropus bartelsi
(Bartel's Dragonet)
4 cm
Lebt vorwiegend auf Geröllflächen und ist in diesem Lebenraum sehr gut getarnt. Indonesien bis Neubritannien.

Paletten-Leierfisch
Synchiropus picturatus
(Picturesque Dragonet)
6 cm
Leierfische sind kleinwüchsige Fische, die selten von Tauchern entdeckt werden. Philippinen, Indonesien und nordwestliches Australien.

Grundeln – Gobiidae

Familie Grundeln, Unterordnung Gobioidei, Ordnung Barschartige (Perciformes). Etwa 1875 Arten. Meist 2–15 cm; nur sehr wenige werden über 30 cm lang.
Erkennungsmerkmale: Länglicher oder gedrungener, leicht konisch zulaufender Körper; stumpfer Kopf mit relativ großem Maul. Eindeutiges Merkmal sind die verwachsenen Bauchflossen, die eine einzige tassenförmige Flosse bilden, mit der sich die Fische am Grund ansaugen können. Grundeln besitzen gewöhnlich zwei Rückenflossen und eine abgerundete Schwanzflosse. Mit den großen Brustflossen stützen sie sich auf dem Boden ab. Färbung und Zeichnung variieren sehr stark, doch sind die meisten Arten dem Untergrund gut angepasst. Männchen sind meist auffällig gefärbt.
Vorkommen: Küstennahe Gebiete tropischer und gemäßigter Meere in nicht zu tiefem Wasser; auf Sand- und Schlammböden oder in Korallengebieten.
Lebensweise: Grundeln sind am Boden lebende »Lauerräuber«, die keine ausdauernden Schwimmer sind. Sie können aber kurze Strecken relativ schnell schwimmen. In dieser großen Familie finden wir einige interessante Spezialisten mit unterschiedlichen Lebensgewohnheiten:
Die Planktonfresser unter ihnen haben eine Schwimmblase und jagen im Freiwasser nach Beute.
Eine andere Gruppe, die Wächtergrundeln, leben in Symbiose mit Pistolenkrebsen (Foto Seite 87). Die Krebse bewohnen Höhlen in Sand- oder Geröllgrund, die sie sich selbst graben. Sie haben ein sehr schlechtes Sehvermögen oder können blind sein. Die Grundeln übernehmen deshalb die Funktion eines Wächters (Name) und liegen vor dem Höhleneingang. Der Pistolenkrebs ist ständig beschäftigt, die Höhle von dem nachrieselnden Sand zu befreien. Manchmal schleppt er auch mit seinen Scheren einen großen Stein heraus oder er schiebt den Sand mit den Scheren vor sich her. Sobald er den Ausgang erreicht hat, berührt er mit seinen langen Fühlern die Schwanzflosse der Wächtergrundel, die ihm durch bestimmte Bewegungen signalisiert, ob »die Luft rein ist«. Bei einer drohenden Gefahr flüchtet zuerst der Krebs und dann die Grundel in die schützende Höhle. Die Gemeinschaft besteht immer aus zwei Krebsen und ein oder zwei Grundeln. Ohne die Wächtergrundel kann der Pistolenkrebs die Höhle niemals verlassen, sonst würde er sofort Raubfischen zum Opfer fallen.
Die kleinste Grundelart, *Pandaka pygmaea,* wird nur etwa 1 cm lang und ist damit das kleinste bekannte Wirbeltier.
Nahrung: Kleinfische, Wirbellose und Plankton.
Fortpflanzung: Die Männchen vieler Arten bauen während der Paarungszeit Nester in Höhlen oder unter Steinen und betreiben Brutpflege.

Goldstirn-Grundel
Valenciennea strigata
(Blue-streak Goby)
bis 17 cm
Lebt in Wohnröhren in Sandgrund oder Korallenschutt, meist paarweise.
Ostafrika bis Tahiti.

Wheelers Wächtergrundel
Amblyeleotris wheeleri
(Gorgeous Dartfish)
bis 7,5 cm
Lebt in Symbiose mit Pistolenkrebsen (siehe auch Foto Seite 87 unten rechts).
Ostafrika bis Marschall-Inseln.

Schwertgrundeln – Ptereleotrinae

Unterfamilie Schwertgrundeln, Familie Pfeilgrundeln (Microdesmidae), Unterordnung Gobioidei, Ordnung Barschartige (Perciformes). Bisher 43 Arten bekannt; die verwandten Wurmgrundeln 40 Arten. Länge bis 12 cm.
Erkennungsmerkmale: Langgestreckter, schlanker Körper. Kleiner, stumpfer Kopf mit großen Augen und leicht vorstehendem Unterkiefer. Das schräg nach oben gerichtete Maul ist bei vielen Männchen größer als das der Weibchen. Die 1. Rückenflosse einiger Arten hat 1–2 stark verlängerte Flossenstacheln, die mit einem Membransaum versehen sind. Die gut entwickelte 2. Rückenflosse und die Afterflosse sind etwa gleich in Größe und Form und verleihen den Fischen ein ganz typisches Profil. Einige Arten sind auffällig bunt gefärbt, während andere einfarbig – meist bläulich – sind. Während der Balz können die Männchen ihre Farbe verändern. Die Zebra-Schwertgrundel, *Ptereleotris zebra,* hat ein Querstreifenmuster in zartem Rotviolett.
Vorkommen: Weit verbreitet im Indischen und Pazifischen Ozean, aber auch stellenweise in der Karibik; über Sand, Geröll oder Felsen.
Lebensweise: Die meisten Arten sind aktive Schwimmer, die sich fast ausschließlich im Freiwasser aufhalten. Nachts und bei Gefahr suchen sie Schutz in ihrer Wohnhöhle. Am Tag schweben sie unweit ihres Unterschlupfs bis etwa 1 m über dem Grund und schnappen nach vorbeitreibendem Plankton. Sie leben gewöhnlich paarweise, manchmal einzeln in Tiefen von 2–50 m; wenige Arten kommen tiefer als 90 m vor. Jungtiere sind auch in Gruppen zu beobachten.
Schwertgrundeln sind auch an ihrer ungewöhnlichen Schwimmweise zu erkennen. Sie stehen reglos an einer Stelle, schnappen plötzlich nach erspähtem Plankton und bleiben dann wieder still stehen, bis sie den nächsten Happen entdecken. Auch bei Strömung bleiben sie am gleichen Fleck, ohne dass man eine auffällige Schwimmbewegung erkennen kann. Bei Annäherung eines Feindes verharren Schwertgrundeln in kurzer Entfernung vor ihrem Unterschlupf. Kommt der Feind zu nahe, stürzen sie sich kopfüber so schnell in ihr Versteck, dass man dies kaum mit den Augen verfolgen kann. Gelegentlich sieht man, dass sie mit Wächtergrundeln und Pistolenkrebsen gemeinsam eine Wohnhöhle bewohnen.
Nahrung: Zooplankton.
Fortpflanzung: Es ist wenig bekannt. Die untersuchten Arten zeigen ein ausgeprägtes Territorialverhalten, wobei das Männchen das Weibchen nicht aus den Augen lässt, so dass es nie zu einem »Seitensprung« kommen kann.

Feuer-Schwertgrundel
Nemateleotris magnifica
(Fire Dartfish)
bis 6 cm
Leben in Bodenröhren und schweben bei der Futteraufnahme etwa einen halben Meter über dem Grund.
Ostafrika bis Tahiti.

Dekor-Schwertgrundel
Nemateleotris decora
(Decorated Dartfish)
bis 7 cm
Lebt in Tiefen zwischen 25 und 70 m.
Mauritius bis Samoa.

Fledermausfische – Platax

Gattung Fledermausfische, Familie Spatenfische (Ephippidae), Unterordnung Acanthuroidei, Ordnung Barschartige (Perciformes). Bis 50 cm lang. Die Gattung umfasst 5 Arten.
Erkennungsmerkmale: Fledermausfische sind seitlich abgeflacht und extrem hoch. Die Höhe verändert sich mit dem Alter proportional zur Länge. Jungtiere besitzen sehr lange Rücken-, Bauch- und Afterflossen, die sich mit dem Wachstum verkürzen. Alle Arten sind silbrig und haben mindestens 2 Querbinden; eine läuft über das Auge, die zweite am Ende des Kiemendeckels durch die Basis der Brustflossen, meist bis zu den Bauchflossen. Das Maul ist endständig und klein. Erkennen der Arten: *Platax teira* hat eine abgerundete Rückenflosse, ein steiles, konvexes Kopfprofil und einen schwarzen Fleck unter der Brustflosse. Bei Jungtieren sind die Flossen sehr lang.
Platax orbicularis hat eine fliehende Stirn, die Bauchflossen sind gelb-schwarz und die Afterflosse ist tiefschwarz gesäumt. Die Jungen haben eine rötlichbraune Tarnfärbung, die einem welken Mangrovenblatt ähnelt. Bei Gefahr lassen sie sich seitlich umfallen und imitieren ein im Schwell hin- und herschaukelndes Blatt.
Platax pinnatus fällt durch seine vorstehende Schnauze auf, das Maul ist relativ spitz und die Bauchflossen sind schwarz. Die Jungtiere sind dunkelbraun und mit einem hellorangenen Streifen gesäumt, der über den Kopf und alle Flossen läuft. Die langen Flossen wirken unproportioniert. Mit dem Wachstum verlieren sie die Streifen und ihre dunkle Färbung. *Platax boersi* hat einen Stirnwulst in Augenhöhe und schwarze Bauchflossen; die Jungtiere sind den Jungtieren von *Platax teira* ähnlich.
Vorkommen: Nur in tropischen Meeren. Meist in kleineren Gruppen, dicht am Riff, erwachsene Tiere aber auch im Freiwasser über den Riffen in großen Schwärmen.
Lebensweise: Fledermausfische sind tagaktive Tiere, die unterschiedliche Reviere haben. *Platax teira* und *boersi* sind meist im Freiwasser über Riffen zu finden. *Platax pinnatus* bevorzugt den Schutz der Korallenriffe und *Platax orbicularis* lebt auf Sandflächen, wenn es in der Nähe ein Riff mit Versteckmöglichkeiten für die Nacht gibt. Die Arten sind auch unterschiedlich scheu. *Platax teira* hat selten Angst vor Menschen und gesellt sich oft zu Tauchern.
Nahrung: Quallen, kleine Krabben, Würmer und Weichtiere. Sie lassen sich manchmal mit Brot oder hart gekochten Eiern füttern. Ob diese ungewohnte Nahrung den Tieren bekommt, ist allerdings fraglich.
Fortpflanzung: Nur wenig bekannt; lediglich von einer Art weiß man, dass sie in Gruppen von 10–20 Tieren in einer Entfernung von etwa 40 m von der Küste laichen.

Rundkopf-Fledermausfisch ▶▶
Platax orbicularis
(Circular Batfish)
bis 50 cm
Links: Jungfische ahmen ein welkes Blatt nach und lassen sich bei Gefahr im Schwell schaukeln. Rechts: Erwachsenes Tier.
Rotes Meer bis Tahiti.

Rotsaum-Fledermausfisch ▶▶
Platax pinnatus
(Pinnate Batfish)
bis 42 cm
Links: Jungfische haben sehr lange Rücken-, Bauch- und Afterflossen. Sehr junge Tiere sind dunkelbraun mit leuchtend orangefarbenem Saum. Rechts: Erwachsenes Tier.
Thailand bis Salomonen.

Spatenfisch ▶
Ephippius orbis
(Orbiculate Spadefish)
bis 40 cm
Eine seltene Art, die in Riffnähe lebt. Sehr scheu.
Ostafrika bis Indomesien.

Langflossen-Fledermausfisch ▶
Platax teira
(Longfin Batfish)
bis 48 cm
Nur die Jungtiere haben extrem lange Flossen.
Rotes Meer bis Australien.

Kaninchenfische – Siganidae

Familie Kaninchenfische, Unterordnung Acanthuroidei, Ordnung Barschartige (Perciformes). 28 Arten. Bis 40 cm lang. Sie sind mit den Doktorfischen verwandt.

Erkennungsmerkmale: Ihr Körper hat eine elliptische Form und ist seitlich abgeflacht. Kleiner Kopf mit großen Augen. Das »Mümmelmaul« mit den verdickten Lippen soll ihnen den Namen gegeben haben. Ihre durchgehende Rückenflosse ist mit 13 Stacheln bestückt, die in einem giftigen Gewebe eingebettet sind. Der erste Stachel ist winzig und nach vorn gerichtet. Auch die Bauch- und Afterflossen sind mit giftigen Stacheln ausgerüstet. Kaninchenfische sind unterschiedlich gefärbt. Kleine Flecken- und Linienmuster sind über den ganzen Körper verteilt und erinnern an Ornamente. *Siganus vulpinus* und *magnifica* haben kontrastreiche, breite Streifen am Kopf, die einen Vergleich zum Dachs aufkommen lassen. Zur Tarnung können sie ihre Färbung verändern. Auch in Stresssituationen wechseln sie ihre Farbe sehr schnell. Die Schuppen sind klein. In manchen Gebieten werden sie als Speisefische geschätzt.

Vorkommen: Rotes Meer, Indischer Ozean bis zum Pazifik. (*Siganus rivulatus* und *S. luridus* sind durch den Suezkanal ins Mittelmeer eingewandert.) Meist in Korallenriffen in nicht zu tiefem Wasser.

Lebensweise: Kaninchenfische sind tagaktive Tiere, die den ganzen Tag damit beschäftigt sind, den Bewuchs von festem Untergrund abzuweiden. Sie sind sehr gefräßig und leben paarweise oder in Gruppen. In der Dämmerung nehmen sie eine gestaltauflösende, kontrastarme Färbung an und legen sich bewegungslos auf den Boden. So sind sie vor Fressfeinden, die meist in der Dämmerung auf Jagd gehen, relativ sicher.

Nahrung: Algen, Seegras, Manteltiere und Schwämme.

Fortpflanzung: Sie laichen in Paaren oder Gruppen während bestimmter Mondphasen im Frühjahr, meist nachts oder am frühen Morgen. Bei Ebbe treiben die Eier ins offene Meer.

Vorsicht: Fast alle Flossen sind mit giftigen Stacheln ausgerüstet, die sehr schmerzhafte Wunden verursachen können. Die Verletzungen sind aber nicht gefährlich. Diese Waffen werden nur zur Verteidigung eingesetzt; die harmlosen Fische sind meist scheu. Kaninchenfische sind in tropischen Ländern begehrte Speisefische, die auf allen Fischmärkten angeboten werden. Es sollen in manchen Gebieten gelegentlich Fälle von Ciguatera-Vergiftungen auftreten. In diesen Gebieten werden sie als Speisefische gemieden.

Andamanen-Dachsgesicht
Siganus magnificus
(Magnificant Rabbitfish)
bis 25 cm
Lebt paarweise in flachen Riffen.
Bisher nur aus der Andaman-See bekannt.

Korallen-Kaninchenfisch
Siganus corallinus
(Coral Rabbitfish)
bis 28 cm
Grasen in flachen Riffen Algenteppiche ab; meist paarweise.
Seychellen bis Papua-Neuguinea.

Doktorfische – Acanthuridae

Familie Doktorfische, Unterordnung Acanthuroidei, Ordnung Barschartige (Perciformes). Etwa 50 Arten. 13–55 cm. **Erkennungsmerkmale:** Körper relativ hoch, seitlich abgeflacht; Kopf und Maul meist klein, Stirn stark abgerundet. Typisches Merkmal ist ein auf jeder Seite der Schwanzwurzel befindlicher scharfer Knochenfortsatz. Diese Skalpelle liegen in Gruben versenkt und werden nur bei Aggression ausgestellt. Sie sind bei manchen Arten kräftig gefärbt. Doktorfische besitzen lang durchgehende große Rücken- und Afterflossen, die sich oft in ihrer Form gleichen. Die Schwanzflossen sind häufig sichelförmig. Alle Arten der Gattung *Zebrasama* haben sehr hohe Rücken- und Afterflossen; sie wurden früher Segelflosser genannt. Viele Doktorfische sind auffällig gefärbt und gemustert, andere können ihre Farbe bei der Balz oder in Aggression verändern. Die Farbe ist abhängig von der Stimmung der Fische. Einige Arten wechseln ihre Färbung während der Entwicklung so stark, dass man Jungfische früher für eine eigene Gattung *(Acronurus)* hielt. Alle Arten haben kleine, raue Schuppen.
Vorkommen: Weltweit in tropischen Meeren, in relativ flachem Wasser. Am häufigsten im Indopazifik.
Lebensweise: Doktorfische sind tagaktive Fische, die nachts im Riff versteckt schlafen. Sie sind langsame Schwimmer, da sie sich nur mit den Brustflossen vorwärts bewegen. Durch diese Schwimmweise entsteht eine Auf-und-ab-Bewegung, die ihnen einen typischen Rhythmus verleiht. Sie sind hauptsächlich Vegetarier, die den ganzen Tag damit beschäftigt sind, Algen von Korallengestein oder Felsen abzuschaben. Teils leben sie einzeln, aber auch in kleinen oder größeren Ansammlungen, die aus mehreren hundert Tieren bestehen können. Ihre scharfen Skalpelle werden nur zur Verteidigung und bei Rivalitätskämpfen eingesetzt.
Nahrung: Vorwiegend Algen, aber auch kleine Bodentiere, wie Krebse, Moostierchen, Würmer, sowie Detritus (Schwebe- und Sinkstoffe).
Fortpflanzung: Während bestimmter Mondphasen im Winter und zeitigen Frühjahr laichen sie in Paaren oder Gruppen in der Abenddämmerung. Die Eier treiben mit der Strömung ins offene Meer. Das Larvenstadium dauert sehr lange; sie besiedeln ein Riff erst, wenn sie schon relativ groß sind.

Vorsicht: Die Skalpelle können tiefe, schmerzhafte Wunden verursachen, dienen aber nur der Verteidigung. Wer nicht versucht, die Tiere zu fangen, hat nichts zu befürchten. Das gilt auch für Einhornfische (S. 232).

Paletten-Doktorfisch
Paracanthus hepatus
(Palette Surgeon)
bis 25 cm
Jungtiere halten sich bevorzugt in *Acropora*-Korallen auf.
Ostafrika bis Samoa.

Weißkehl-Doktorfisch ▶
Acanthurus leucosternon
(White-breasted Surgeon)
bis 30 cm
Treten oft in großen Schwärmen auf dem Riffplateau auf.
Indischer Ozean.

Goldring-Doktorfisch ▶
Ctenochaetus strigosus
(Goldring Surgeonfish)
bis 16 cm
Jungfisch, der sich später beige und dann braun färbt.
Ostafrika bis Hawaii

Blaustreifen-Doktorfisch
Acanthurus lineatus
(Bluebanded Surgeonfish)
bis 30 cm
Im Roten Meer lebt der ähnliche Rotmeer-Doktorfisch *A. sohal.*
Ostafrika bis Hawaii.

Nasendoktorfische – Nasinae

Unterfamilie Nasendoktorfische, Familie Doktorfische, Unterordnung Acanthuroidei, Ordnung Barschartige. Etwa 15 Arten. Bis 1 m lang.
Erkennungsmerkmale: Nasendoktorfische sind größer als ihre nächsten Verwandten, die Doktorfische. Ein paar Angehörige dieser Unterfamilie haben auf der Stirn zwischen den Augen einen langen, nach vorn gerichteten Knochenzapfen (»Horn«), der langsam während ihrer Entwicklung wächst, bei *Naso unicornus* haben nur Männchen das Horn. Andere besitzen nur eine runde Stirnwulst. Einhornfische tragen auf jeder Seite 2 »Skalpelle« (siehe Grafik), die aber nicht eingeklappt werden können. Sie wachsen erst, wenn die Fische geschlechtsreif werden. Viele Arten sind unauffällig gefärbt, können aber abhängig von der Stimmung ihre Farbe verändern.
Vorkommen: Rotes Meer bis zum Ostpazifik.
Lebensweise: Nasendoktorfische sind tagaktiv; nachts ruhen sie in Verstecken. Man trifft sie einzeln oder in unterschiedlich großen Schwärmen an Riffhängen.
Nahrung: Zooplankton, einige Braunalgen.
Fortpflanzung: Während der Balz nehmen die Männchen auffällige Farbmuster an. Langes Larvenstadium.

Buckel-Nasendoktor
Naso brachycentron
(Humpback Unicornfish)
bis 60 cm
Einzelgänger, der geschützte Riffe bevorzugt.
Ostafrika bis Westpazifik.

Kuhkopf-Doktorfisch

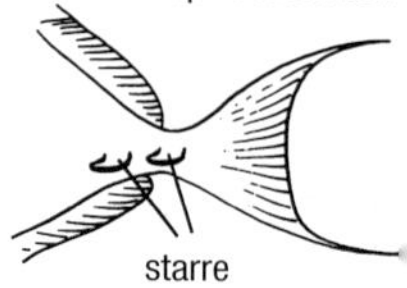

starre Skalpelle

Gelbklingen-Nasendoktor
Naso lituratus
(Orangespine Unicornfish)
bis 40 cm
Nachtaufnahme
Im Pazifik hat diese Art eine weiße Rückenflosse.
Rotes Meer bis Ostpazifik.

Halfterfische – Zanclidae

Familie Halfterfische, Unterordnung Acanthuroidei, Ordnung Barschartige (Perciformes). Nur eine Art. Bis 18 cm lang.
Erkennungsmerkmale: Ihr Körperbau ist den Wimpelfischen der Familie Falterfische ähnlich (s. Seite 196). Halfterfische sind an ihrem schwarzen Schwanz eindeutig von ihnen zu unterscheiden. Sie sind mit den Doktorfischen nahe verwandt, haben aber keine Skalpelle. Die eigenartige Zeichnung des Gesichts brachte ihnen den Namen ein. Ihre Augen liegen sehr hoch. Der 3. Rückenflossenstachel ist mit einem peitschenartigen Filament extrem verlängert und ragt bis 10 cm über den Schwanz hinaus. Erwachsene Tiere bekommen zwischen den Augen kleine Hörner.
Vorkommen: Ostafrika bis Tahiti und Hawaii.
Lebensweise: Halfterfische sind Brustflossenschwimmer und deshalb nicht schnell. Sie sind tagaktiv und leben paarweise oder in Gruppen.
Nahrung: Allesfresser, aber vorwiegend Schwämme.
Fortpflanzung: Sie laichen nachts oder in der Morgendämmerung. Nach etwa 30 Stunden schlüpfen schon die Larven. Das pelagische Larvenstadium dauert relativ lang. Sie besiedeln die Riffe ab einer Größe von 6–7 cm.

Halfterfisch
Zanclus cornutus
(Moorish Idol)
16 cm
Meist in kleinen Gruppen zu beobachten.
Rotes Meer bis östlicher Pazifik.

Barrakudas – Sphyraenidae

Familie Barrakudas, Unterordnung Makrelenartige (Scombroidei), Ordnung Barschartige (Perciformes). Etwa 20 Arten. Bis 1,80 m lang.
Erkennungsmerkmale: Langgestreckter, fast zylindrischer Körper, der mit kleinen Schuppen bedeckt ist. Kopf ebenfalls länglich, läuft spitz zu. Große Augen, riesiges Maul mit furchterregenden, dolchartigen Zähnen. Der Unterkiefer steht deutlich vor. Die gut entwickelte Schwanzflosse ist leicht gegabelt, die Rückenflossen stehen weit auseinander. Alle Arten sind silbrigglänzend und können undeutlich dunkle Querbänder haben, die manchmal nur in der oberen Körperhälfte zu sehen sind. Jungtiere haben oft undeutliche dunkle oder auch gelbliche Längsstreifen.
Vorkommen: Weltweit in tropischen und subtropischen Meeren; oft in Buchten und Mündungsgebieten.
Lebensweise: Barrakudas sind sehr schnelle Raubfische, die als erwachsene Tiere Einzelgänger sind. Es gibt tagaktive und nachtaktive Arten; letztere und Jungtiere halten sich tagsüber inaktiv in großen Schwärmen auf. Barrakudas tarnen sich, indem sie sich schräg oder senkrecht zwischen Korallenäste stellen, die etwa ihre Größe haben. Viele Taucher berichten, dass sie Barrakudas nie kommen sehen, »sie sind plötzlich da«. Das liegt daran, dass sie von vorn gesehen kaum Kontraste zeigen und gut getarnt sind.
Nahrung: Fische.

Vorsicht: Barrakudas werden in manchen Gebieten mehr als Haie gefürchtet. Ihre Zähne reißen Wunden, die nur schwer behandelt werden können; Betroffene sind deshalb verblutungsgefährdet. Angriffe sind wahrscheinlich auf optische Täuschungen in trübem Wasser zurückzuführen. Barrakudas reagieren auf glitzernde Objekte wie Schmuck oder Fische, die harpuniert wurden. Auch Angriffe von angeschossenen Barrakudas sind bekannt. Bedrängte Tiere drohen mit Beißbewegungen; dabei kann es sich um Territorialverhalten handeln. Drohgebärden sind auch von Haien bekannt. Wenn man dieses Verhalten kennt und sich zielstrebig aus dem Revier des Barrakudas entfernt, ist man nicht gefährdet. Barrakudas sind sehr neugierig und nähern sich oft Tauchern. In klarem Wasser braucht man vor ihnen keine Angst zu haben.
Beim Verzehr von Barrakudas sind in manchen Gebieten Fälle von Ciguatera-Vergiftungen bekannt geworden. In manchen Teilen der Karibik dürfen deshalb keine Barrakudas verkauft werden. In der Regel sollte man keine Barrakudas über 1 m Länge essen.

Großer Barrakuda
Sphyraena barracuda
(Great Barracuda)
bis 2 m
In manchen Gebieten sind sie gefürchteter als Haie. Große Barrakudas drohen gelegentlich mit Beißbewegungen.
Alle tropischen Meere.

Gelbschwanz-Barrakudas
Sphyraena flavicauda
(Yellowtail Barracuda)
bis 75 cm
Jungfische leben in Schwärmen.
Ostafrika bis Marquesa-Inseln.

Thunfische – Scombridae

Familie Thunfische, Unterordnung Makrelenartige (Scombroidei), Ordnung Barschartige (Perciformes). 49 Arten. 0,35–4,20 m.
Erkennungsmerkmale: Körper spindelförmig, mit dünnem Schwanzstiel; Kopf mit endständigem Maul und großen Augen; Rückenflossen deutlich getrennt. Die 2. Rückenflosse und die Afterflosse gleichen sich in Form und Größe. Hinter diesen zieht sich oben und unten je eine Reihe von so genannten Flösselchen bis zum Schwanzstiel, meist 5–12 Paar (siehe Grafik). Die Schwanzwurzel ist durch kräftige Seitenkiele verstärkt.
Vorkommen: Weltweit in tropischen und gemäßigten Meeren; manche Arten dringen auch in kältere Meere vor.
Lebensweise: Thunfische gehören zu den schnellsten Schwimmern und legen sehr große Strecken zurück. Sie können ihre Körpertemperatur mehrere Grade über der des umgebenden Wassers halten. Diese »Warmblütigkeit« bringt eine große Ausdauer mit sich. Sie sind tag- und nachtaktiv und schlafen nie. Thunfische kommen sowohl einzeln als auch in großen Schwärmen vor. Die Bestände sind in den letzten Jahren durch 60 km lange, treibende Stellnetze stark dezimiert worden.
Nahrung: Tintenfische, Schalentiere und Fische.

Einfarben-Thunfisch
Gymnosarda unicolor
(Dogtooth Tuna)
bis 2,1 m
Er jagt gelegentlich in der Nähe von Riffen.
Rotes Meer bis Tahiti.

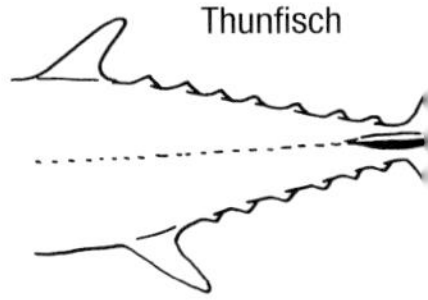

Plattfische – Pleuronectiformes

Ordnung Plattfische: Familien Butte (Bothidae), Schollen (Pleuronectidae), Seezungen (Soleidae) und andere. Etwa 500 Arten. Von 4,5 cm bis 2,60 m, meistens um 30 cm.
Erkennungsmerkmale: Alle Vertreter dieser 8 Familien haben einen seitlich abgeflachten Körper und schwimmen auf der Seite. Während des Larvenstadiums haben sie noch eine symmetrische Form. Im Laufe ihrer Entwicklung wandert das eine Auge langsam über die Stirn auf die Oberseite; dabei wird auch die Kopfform asymmetrisch. Je nach Familie befinden sich die Augen auf der rechten oder linken Seite. Alle Arten haben lange Flossensäume, die meist am Kopf beginnen und sich bis zur Schwanzwurzel ziehen.
Vorkommen: Zirkumglobal. Auf Sand, Schlick und feinem Kies vom Ufersaum bis 1500 m Tiefe.
Lebensweise: Plattfische sind Flossensaumschwimmer, die sich flach über dem Grund bewegen oder eingraben; nur wenige große Arten jagen im Freiwasser.
Nahrung: Wirbellose, größere Arten auch Fische.
Fortpflanzung: Einige Arten sind sehr fruchtbar: Der Schwarzmeer-Steinbutt *(Scophthalmus aquosus)* kann bis zu 13 Millionen Eier produzieren!

Moses-Seezunge
Pardachirus marmoratus
(Moses Sole)
26 cm
Diese auf offenen Sandflächen lebende Art schützt sich durch ein giftiges Sekret, das sogar Haie in die Flucht schlägt.
Rotes Meer bis Sri Lanka.

Drückerfische – Balistidae

Familie Drückerfische, Ordnung Haftkiefer (Tetraodontiformes). 37 Arten. Länge 17–70 cm.
Erkennungsmerkmale: Körper seitlich abgeflacht und hoch; die Seitenansicht ist rhombusförmig. Der sehr große Kopf läuft konisch zu; Augen weit zurückgesetzt und sehr hoch gelegen; das endständige, kleine Maul ist mit kräftigen Zähnen bestückt, die teilweise sichtbar sind. Die 1. Rückenflosse kann in einer Nut versenkt werden und ist nicht immer zu sehen. Sie besteht aus drei kräftigen Stacheln, die nach hinten kleiner werden und einen mechanischen Sperrmechanismus haben (siehe unten). Die 2. Rückenflosse und Afterflosse sind Flossensäume, die sich in Form und Größe gleichen. Drückerfische sind oft auffällig gefärbt und gezeichnet. Sie besitzen sehr große und kräftige Schuppen, die eine Art Panzer bilden. Die Jungtiere mancher Arten weichen in der Färbung sehr von den Erwachsenen ab.
Vorkommen: Tropische und gemäßigte Meere; in flachen, felsigen Küstengewässern, Korallenriffen und Seegraswiesen.
Lebensweise: Drückerfische schwimmen, indem sie die Flossensäume der 2. Rücken- und Afterflosse wellenförmig bewegen. Sie schwimmen oft schräg zur Seite gekippt oder sogar ganz auf der Seite liegend. Wenn das Schwimmtempo mit den Flossensäumen nicht ausreicht, wird mit der Schwanzflosse kräftig beschleunigt. Das geschieht, wenn sie auf der Flucht sind oder ein anderer Fisch (oder auch Taucher) sich ihrem Gelege zu sehr nähert, ohne die Warnzeichen zu beachten.
Das Brutverhalten des Grünen Riesendrückerfisches ist vielen Tauchern bekannt: Das Männchen stellt sich mit dem Kopf nach unten über das Gelege und bläst den Eiern sauerstoffreiches Wasser zu; dabei beobachtet es mit rollenden Augen die Umgebung. Wer dieses Verhalten nicht kennt und sich dem Nest nähert, wird mit einem Scheinangriff deutlich gewarnt; der Drückerfisch schwimmt dann mit relativ großer Geschwindigkeit auf den vermeintlichen Angreifer zu und dreht kurz vorher ab. Wer daraufhin nicht sofort sein Revier verlässt, wird mit voller Wucht gerammt und gebissen. Beim Verlassen des Reviers sollte man nie nach oben schwimmen; das scheint ihn besonders zu reizen. Das Nest wird oft auch von beiden Elternteilen bewacht.
Außerhalb der Brutzeit leben Drückerfische einzeln, sind friedlich und eher scheu. Die tagaktiven Tiere schlafen nachts in Höhlen oder Löchern und verkeilen sich darin mit ihrem 1. Rückenflossenstachel. Der 2. Stachel wird gegen den 1. gestützt und liegt in einer kleinen Mulde. Es ist nun unmöglich, den 1. Stachel einzuklappen (s. Grafik). Ein Fressfeind, der den Drückerfisch in seiner Höhle fin-

Grüner Riesendrückerfisch
Balistoides viridescens
(Titan Triggerfish)
bis 70 cm
Kann während der Brutpflege sehr aggressiv sein.
Rotes Meer bis Tahiti.

Sperrmechanismus der Rückenflossenstacheln

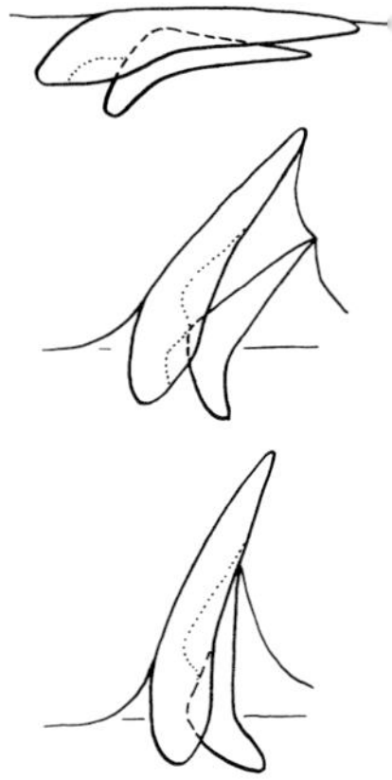

Leoparden-Drückerfisch
Balistoides conspicillum
(Clown Triggerfish)
bis 30 cm
Bei Gefahr verkeilen sich Drückerfische in Höhlen oder Spalten (siehe Foto).
Ostafrika bis Samoa.

Orangestreifen-Drückerfisch
Balistapus undulatus
(Orangestriped Triggerfish)
bis 28 cm
Grundfarbe kann von Grün bis Lila variieren.
Rotes Meer bis Tahiti.

Drückerfische (Fortsetzung)

det, kann ihn nicht herausziehen. In dieser verkeilten Stellung kann sich der Drückerfisch noch mit seinem kräftigen Gebiss zur Wehr setzen. Es ist so stark, dass er damit hartschalige Muscheln mühelos zerbeißt.
Drückerfische haben auch eine besondere Angriffstechnik auf Seeigel entwickelt, die von Hans W. Fricke beobachtet und fotografiert wurde: Die langen Stacheln des Diadem-Seeigels, die scheinbar ein unüberwindliches Hindernis für Angreifer darstellen, beißt er ab, bis er einen kräftigen Stachel hat, an dem er den Seeigel hochheben kann. Er schwimmt mit ihm etwa 1 m hoch und läßt ihn fallen. Während der Seeigel langsam zu Boden trudelt, schwimmt er unter ihn und beißt in die schwach geschützte Mundseite des Seeigels. Seine weit zurückgesetzten Augen sind dabei nicht gefährdet. Eine weitere Jagdtaktik besteht darin, den Seeigel durch einen kräftigen Wasserstrahl – den der Drückerfisch mit dem Maul erzeugen kann – umzukippen. Der Wasserstrahl wird auch bei der Nahrungssuche im Sand eingesetzt, um Nahrung freizulegen – ebenso beim Nestbau.
Drückerfische bauen sehr große Nestmulden. So entsteht um das Gelege ein freier Raum, der gut überblickt werden kann. Es ist dadurch für den Räuber nicht so leicht, unbemerkt an die Eier heranzukommen. Wenn der Drückerfisch den Platz für sein Nest gewählt hat, beginnt er mit kräftigem Wasserstrahl den Sand nach außen zu blasen. Die unter dem Sand befindlichen Korallenbruchstücke oder Steine, die dabei freigelegt werden, nimmt er ins Maul und schwimmt zum Rand der Mulde und lässt sie fallen. So entsteht in mühevoller Arbeit eine große Mulde, die bei großen Arten einen Durchmesser von 1–2 m erreicht.
Nahrung: Fische, Weichtiere, Krebse, Korallen, Manteltiere, Seeigel und andere Stachelhäuter. Einige Arten nehmen auch Algen oder größeres Zooplankton.
Fortpflanzung: Sie bauen Nester und legen vor der Dämmerung haftende Eier, die vom Männchen oder von beiden Elternteilen bewacht werden. Die schlüpfenden Larven treiben nach oben und mit der Strömung ins offene Meer.

Vorsicht: Während der Brutzeit sind größere Drückerfischarten sehr aggressiv und greifen auch Taucher an, die sich ihrem Nest nähern. Es ist ratsam, die Warnzeichen dieser Fische zu kennen und zu beachten (siehe auch Lebensweise). Beim Erkennen dieser Situation sofort zielstrebig in Rückenlage vom Nest wegschwimmen, niemals nach oben! Bisse in Flossen oder Kniekehlen sind nicht selten!

Blaustreifen-Drückerfisch
Pseudobalistes fuscus
(Blue Triggerfish)
bis 48 cm
Jungfische haben breite blaue Streifen auf gelbem Grund.
Rotes Meer bis Gesellschaftsinseln.

Picasso-Drückerfisch ▶
Rhinecanthus aculeatus
(Picassofish)
bis 25 cm
Kommt in geringer Wassertiefe auf Sand und Geröllgrund vor.
Ostafrika bis Hawaii und Tahiti.

Rotzahn-Drückerfisch ▶
Odonus niger
(Redtooth Triggerfish)
bis 33 cm
Lebt oft in großer Zahl an Riffhängen; zieht sich bei Gefahr in Spalten oder Löcher zurück, wobei der Gabelschwanz sichtbar bleibt.
Rotes Meer bis Tahiti.

Gelbsaum-Drückerfisch
Pseudobalistes flavimarginatus
(Yellow-margin Triggerfish)
bis 60 cm
Baut große, bis 2 m breite Nestmulden.
Rotes Meer bis Tahiti.

Feilenfische – Monacanthidae

Familie Feilenfische, Ordnung Haftkiefer (Tetraodontiformes). 31 Gattungen mit etwa 95 Arten. Länge 6–75 cm.
Erkennungsmerkmale: Körper sehr stark abgeflacht; meist relativ hoch. Körperform, Augen und Flossen sind denen der Drückerfische ähnlich; meist kleiner. Beide Familien sind sehr nahe verwandt und unterscheiden sich hauptsächlich durch die 1. Rückenflosse; Feilenfische besitzen einen charakteristischen Stachel. Daher werden sie auch Einstachler genannt. Der Stachel ist lang und dünn – manchmal mit kleinen Dornen besetzt – und sitzt weit vorn, bei vielen Arten direkt über den Augen. Ein zweiter, sehr kleiner Stachel ist unter der Haut eingebettet und nicht zu sehen; er rastet auch ein, wie beim Drückerfisch. Das kleine endständige Maul ist mit kräftigen Zähnen ausgestattet. Schwanzflosse sehr groß, wird aber fast immer flach zusammengefaltet. Die Schwanzwurzel ist seitlich abgeflacht, aber relativ hoch. Kleine Arten variieren sehr in der Form und können wie Spitzkopf-Kugelfische aussehen, der Körper ist aber flacher; das deutlichste Unterscheidungsmerkmal sind die wesentlich längeren 2. Rücken- und Afterflosse. Sie besitzen sehr raue Schuppen, daher der Name Feilenfisch. Die meisten Arten sind unauffällig gefärbt und können sich zur Tarnung ihrer Umgebung, z.B. der Farbe des Untergrunds, anpassen. Eine kleine Art, *Oxymonocanthus longirostris,* ist auffällig bunt gefärbt. Die Musterung ist fast bei jeder Art unterschiedlich.
Vorkommen: Tropische und gemäßigte Meere; in Korallenriffen, Seegraswiesen und Algenzonen flacher Küsten.
Lebensweise: Feilenfische sind langsame Schwimmer, die sich mit der 2. Rücken- und Afterflosse durch Wellenbewegungen vorwärts bewegen. Sie leben einzeln, paarweise oder auch in Gruppen. Sie bevorzugen flache Riffgebiete mit klarem Wasser und reichem Korallenbewuchs, insbesondere Weichkorallen oder die Steinkorallen *Acropora* und *Pocillopora.* Sie führen in diesen Gebieten eine versteckte Lebensweise. Geschickt manövrieren sie zwischen den Ästen der Korallen und schwimmen nicht nur vorwärts, sondern auch rückwärts. Der Schwarzsattel-Feilenfisch, *Paraluteres prionurus,* zeigt eine interessante Mimikry, indem er fast identisch in der Färbung mit dem giftigen Spitzkopf-Kugelfisch, *Canthigaster coronata,* ist.
Nahrung: Korallenpolypen, kleine Krebse, Fischfleisch.
Fortpflanzung: Sie legen haftende Eier, die vom Männchen oder Weibchen bewacht werden.

Feilenfische sind keine Speisefische, ihr Fleisch ist ungenießbar bitter, aber nicht giftig.

Schwarzsattel-Feilenfisch
Paraluteres prionurus
(Black-saddlemimic)
bis 9 cm
Ahmt den giftigen Sattel-Spitzkopf-Kugelfisch, *Canthigaster valentini,* nach (siehe Seite 247).
Ostafrika bis Samoa.

Palettenstachler
Oxymonacanthus longirostris
(Longnose Filefish)
bis 9 cm
Lebt zwischen den Ästen von *Acropora*-Korallen und frisst deren Polypen.
Ostafrika bis Samoa.

Schrift-Feilenfisch
Aluterus scriptus
(Sribbled Filefish)
bis 90 cm
Größte Art der Familie
Die Schwanzflosse wird nur nachts zu einem großen Fächer gespreizt.
Alle tropischen Meere.

Kofferfische – Ostraciidae

Familie Kofferfische, Ordnung Haftkiefer (Tetraodontiformes). 34 Arten. Länge 13–38 cm.
Erkennungsmerkmale: Körper und Kopf werden von einem starren, eckigen, »kofferartigen« Panzer vollständig umhüllt. Der Panzer besteht aus sechseckigen Knochenplatten, die fugenlos unter der schuppenlosen Haut liegen. Die meisten Kofferfische sind viereckig im Querschnitt, einige auch dreieckig. Der Panzer hat nur Aussparungen für Maul, Augen, Kiemen, After und Flossen. Alle Flossen sind rund und, außer der Schwanzflosse, relativ klein. Sie besitzen nur eine Rückenflosse; Bauchflossen fehlen. Die Gattung *Rhynchostracion* besitzt eine »Nase«. Das Maul der Kofferfische ist sehr klein und hat dicke Lippen. Die Färbung variiert und kann bei Jungtieren anders sein als bei erwachsenen Tieren; bei manchen Arten unterscheiden sich auch Männchen und Weibchen.
Vorkommen: Weltweit in tropischen Meeren.
Lebensweise: Kofferfische sind langsame, aber sehr manövrierfähige, dem Leben im Riff gut angepasste Fische. Mit ihren kleinen Flossen können sie sich im Stand drehen wie ein Hubschrauber. Sie bewegen sich vorwärts, indem sie die 2. Rücken- und die Afterflosse gegensätzlich wellenförmig bewegen. Diese eigenartige Schwimmweise wird »Gondoliereschwimmen« genannt. Die Brustflossen führen dabei propellerartige Bewegungen aus, die der so entstehenden Schaukelbewegung entgegenwirken. Zur Flucht wird häufig die Schwanzflosse eingesetzt, die das Tier zu einer erstaunlichen Schwimmgeschwindigkeit befähigt. Wegen ihres Panzers besitzen Kofferfische keine Kiemendeckel. Die zur Sauerstoffversorgung nötige Wasserzirkulation wird durch Heben und Senken eines Mundhöhlenbodens erreicht. Die tagaktiven Fische stellen sich bei der Nahrungssuche auf den Kopf und erzeugen mit ihrem Mundhöhlenboden einen Wasserstrahl, der den Sand aufwühlt und im Sand versteckte Nahrung freilegt. Männliche Tiere sind territorial und halten sich einen Harem mit 3–4 Weibchen.
Nahrung: Kleine Wirbellose und Algen.
Fortpflanzung: Zur Paarung suchen sie erhöhte Plätze im Riff; von da aus schwimmen sie paarweise hoch ins Freiwasser und überlassen die Eier der Strömung.

> **Vorsicht:** Gestresste Tiere sondern ein sehr giftiges Sekret ab, das auf andere Fische tödlich wirken kann. Besonders auf engem Raum, z. B. im Aquarium, führt das zum Tod aller Insassen, einschließlich des giftabsondernden Kofferfisches.

Gelbbrauner Kofferfisch
erwachsenes Tier
(siehe auch Foto Mitte)

Gelbbrauner Kofferfisch
Ostracion cubicus
(Cube Trunkfish)
bis 45 cm
Jungtier in typischer Färbung (erwachsenes Tier siehe Foto oben).
Rotes Meer bis Hawaii und Tahiti.

Weißpunkt-Kofferfisch
Ostracion meleagris
(Spotted Trunkfish)
bis 19 cm
Männchen
Das Weibchen ist dunkelbraun mit weißen Punkten.
Ostafrika bis östlicher Pazifik.

Kugelfische – Tetraodontidae

Familie Kugelfische, Ordnung Haftkiefer (Tetraodontiformes). Etwa 120 Arten. Größe 6–90 cm.
Erkennungsmerkmale: Körper rundlich und plump; der Kopf erinnert an einen Seehund. Das endständige, kleine Maul ist mit einem extrem kräftigen Gebiss ausgestattet, das hartschalige Tiere mühelos zerbeißen kann. Der schuppenlose Körper ist elastisch und extrem dehnbar. Sie besitzen keine Kiemendeckel, sondern Kiemenöffnungen vor den Brustflossen. Die Rückenflosse und die Afterflosse sind weit zurückgesetzt und gleichen sich in Form und Größe; sie sind »Gondoliereschwimmer« (vgl. S. 244). Alle Flossen, außer der Schwanzflosse, sind relativ klein; Bauchflossen fehlen. Fast alle Kugelfische sind unauffällig gefärbt. Arten der Unterfamilie Spitzkopf-Kugelfische *(Canthigasterinae)* haben, wie der Name schon sagt, einen relativ spitzen Kopf und sind nur wenige Zentimeter groß.
Vorkommen: Alle tropischen und subtropischen Meere; in Korallen- und Felsriffen, auch in Seegraswiesen.
Lebensweise: Kugelfische sind langsame, aber manövrierfähige Fische, die dem Leben in Korallenriffen gut angepasst sind. Ihre Fähigkeit, ihr Körpervolumen in kurzer Zeit um ein Vielfaches zu vergrößern, soll Angreifer abschrecken. Sie saugen große Mengen Wasser in eine separate Kammer nahe dem Magen. Leider fangen viele Taucher Kugelfische nur zum Vergnügen, da sich der Fisch so »fotogen« aufbläst. Man übersieht dabei, dass sich das Tier in Lebensgefahr fühlt und nach einiger Zeit durch diesen unnötigen Stress sterben kann. Noch schlimmer ist es, wenn dies an der Oberfläche geschieht, weil ein Kugelfisch auch Luft schlucken und dann nicht mehr abtauchen kann. Er treibt – falls er den Stress überlebt – davon und hat kaum eine Chance, je wieder ein schützendes Riff zu erreichen. Meist halten sie sich in Bodennähe auf und versuchen sich zu tarnen.
Nahrung: Krebse, Schalentiere, Fische.
Fortpflanzung: Sie legen haftende Eier; sonst ist noch wenig bekannt.

Vorsicht: Mit ihrem kräftigen Gebiss können sie einen Finger abtrennen! In Japan werden Kugelfische von lang ausgebildeten »Fugu-Köchen« zubereitet und gelten als Delikatesse. In der Leber, den Geschlechtsorganen und in der Haut dieser Fische befindet sich eines der stärksten Gifte (Tetrodotoxin), die die Natur je hervorgebracht hat. Bei falscher Zubereitung führen die meisten Vergiftungen in kurzer Zeit zum Tod. Die Giftigkeit hängt von der Art, dem Fanggebiet und der Jahreszeit ab.

Sattel-Spitzkopf-Kugelfisch
Canthigaster valentini
(Black-saddled Toby)
bis 9 cm
Wird vom Schwarzsattel-Feilenfisch nachgeahmt (vgl. Seite 243 oben).
Rotes Meer bis Tahiti.

Schwarzflecken-Kugelfisch
Arothron nigropunctatus
(Black Spotted Puffer)
bis 33 cm
Von dieser Art gibt es mehrere Farbvarianten: gelb, braun und grau.
Ostafrika bis Hawaii.

Punkt-Kugelfisch
Arothron caeruleopunctatus
(Starry Puffer)
bis 70 cm
Diese Art wurde erst kürzlich beschrieben.
Malediven bis Palau.

Igelfische – Diodontidae

Familie Igelfische, Ordnung Haftkiefer (Tetraodontiformes). 19 Arten. Bis 85 cm lang.
Erkennungsmerkmale: Der Körper sieht, sowohl im Profil als auch von oben gesehen, dreieckig aus. Der leicht abgeplattete, stumpfe Kopf mit dem endständigen, kleinen Maul fällt durch die extrem großen Augen auf. Kopf und Körper sind mit eng anliegenden, nach hinten gerichteten Stacheln bedeckt, die sich nur aufstellen, wenn sich Igelfische aufblasen. Die Flossen sind mit denen des Kugelfisches fast gleich. Das Gebiss besteht nur aus 2 Teilen; in jedem Kiefer befindet sich eine durchgehende Zahnplatte mit einer gewaltigen Beißkraft. Igelfische sind meist beige bis bräunlich gefärbt. Wenige besitzen charakteristische, dunkle Augenflecken.
Vorkommen: Weltweit in tropischen Korallenriffen; auch in größeren Tiefen.
Lebensweise: Igelfische sind – wie ihre nächsten Verwandten, die Kugelfische – langsame Schwimmer und manövrieren ihren plumpen Körper ebenso geschickt durch das Gewirr der Korallenäste eines Riffes. Diese langsamen »Gondoliereschwimmer« können ihr Schwimmtempo mit der Schwanzflosse beachtlich steigern. Sie sind meistens dämmerungsaktiv und verstecken sich nachts im Riff. Bei Gefahr pumpen sie sich wie Kugelfische voll Wasser und vergrößern ihr Volumen beträchtlich; dabei werden ihre relativ langen Stacheln strahlenförmig abgespreizt. Die bereits genannten Augenflecken werden so zu einer Schreckzeichnung für Angreifer. Sollte dennoch ein großer Raubfisch den Igelfisch fangen, bleibt er ihm im Maul stecken. Der sich weiter aufblasende Igelfisch verkeilt sich im Maul des Angreifers, der ihn nicht mehr herausbekommt. Auf diese Weise sollen schon große Haie erstickt sein. Diese scheuen, harmlosen Fische halten sich immer in Bodennähe auf und verstecken sich, sobald ein Feind auftaucht. Oft sieht man nur den großen Kopf mit den riesigen Augen in einer Höhle; unerfahrene Taucher erschrecken vor dem »Monster«, weil sie glauben, ein großes oder gefährliches Tier vor sich zu haben. Manche Arten graben sich bis zu den Augen im Sand ein.
Nahrung: Sie bevorzugen hartschalige Weichtiere, nehmen aber auch Krebse und Seeigel.
Fortpflanzung: In der Dämmerung steigen die Weibchen mit einem oder auch mehreren Männchen zur Wasseroberfläche auf und laichen ins freie Wasser ab.

Vorsicht: Igelfische können mit ihrem kräftigen Gebiss einen Finger durchbeißen. Auch sie sind giftig (siehe S. 246).

Masken-Igelfisch
Diodon liturosus
(Shortspine Porcupinefish)
bis 65 cm
Lebt am Tag meist versteckt.
Ostafrika bis Gesellschaftsinseln.

Gepunkteter Igelfisch
Diodon hystrix
(Spotted Porcupinefish)
bis 90 cm
Die beiden abgebildeten Arten kommen im Indopazifik relativ häufig vor.
Alle tropischen Meere.

Meeresschildkröten – Cheloniidae

Familie Meeresschildkröten, Ordnung Schildkröten (Testudines), Klasse Kriechtiere (Reptilia). 6 Arten. Bis 1,50 m lang (Familie Lederschildkröten 1 Art, bis 2,5 m).
Erkennungsmerkmale: Sie unterscheiden sich von Landschildkröten durch paddelartige Schwimmfüße.
Vorkommen: Weltweit, außer in kalten Meeren.
Lebensweise: Meeresschildkröten sind ehemalige Landbewohner; nur die Weibchen verlassen das Wasser zur Eiablage. Als Lungenatmer müssen sie regelmäßig zum Atmen an die Oberfläche. Mit ihren Vordergliedmaßen können sie sehr schnell schwimmen, die hinteren Gliedmaßen haben nur eine Steuerfunktion.
Nahrung: Seegras, Algen, Weichtiere, Krebse und Fische.
Fortpflanzung: Zur Paarung (alle 2–7 Jahre) wandern sie große Strecken, zurück zu dem Gebiet, in dem sie geboren wurden. Vor der Küste treffen sich Männchen und Weibchen und paaren sich im Wasser. Nur zur Eiablage gehen die Weibchen im Abstand von 14 Tagen 2–3-mal an Land. Sie graben mit ihren Hinterbeinen oberhalb des höchsten Wasserstandes eine etwa 60 cm tiefe Grube, in die 80–160 Eier gelegt werden; in einer Saison werden bis zu 400 Eier gelegt. Danach schaufeln sie die Gelege wieder zu und glätten die Oberfläche mit ihrem Bauchpanzer.

Echte Karettschildkröte
Eretmochelys imbricata
(Hawksbill Turtle)
bis 90 cm
Ist an dem gezackten Schildrand zu erkennen.
Indopazifik.

Suppenschildkröte
Chelonia mydas
(Green Turtle)
bis 1,4 m
Ernährt sich vorwiegend von Algen. Leider hat ihr Fleisch in manchen Ländern immer noch wirtschaftliche Bedeutung.
Indopazifik.

Seeschlangen – Hydrophiidae

Familie Seeschlangen, Ordnung Schlangen (Serpentes), Klasse Kriechtiere (Reptilia). Etwa 50 Arten. 1–3 m lang.
Erkennungsmerkmale: Der Körper endet in einem paddelförmigen Schwanz. Manche Arten sind schwer zu identifizieren, da sie in vielen Farbvarianten vorkommen.
Vorkommen: Indopazifik; nicht im Roten Meer.
Lebensweise: Seeschlangen können 200 m tief tauchen. Ihre Lunge erstreckt sich fast bis zum Schwanz. Sauerstoff wird aber auch über die Haut aufgenommen. Das erlaubt den Tieren, 2 Stunden unter Wasser zu bleiben.
Nahrung: Kleine Fische.
Fortpflanzung: Echte Seeschlangen gebären lebende Junge im Meer; Seekobras (5 Arten) legen Eier an Land.

Vorsicht: Alle Seeschlangen sind giftiger als eine Königskobra, aber nicht bei jedem Biss wird Gift injiziert. Etwa 25% der Bisse sind tödlich.

Gebänderte Gelblippen-Seeschlange
Laticauda colubrina
(Banded Yellow-lip Sea Snake)
bis 1,5 m
Extrem giftig, aber normalerweise nicht aggressiv. Legt 5–6 Eier auf Sandstrände.
Indopazifik.

Unterwasserfotografie

Wer den Ehrgeiz hat, Schwierigkeiten zu meistern, findet in der Unterwasserfotografie ein weites Betätigungsfeld. Mit ein paar Tipps aus der Praxis möchte ich Interessierten einige Hinweise geben, wie man den häufigsten Problemen aus dem Weg gehen kann.
Bevor man sich mit einer Kamera in die Fluten stürzt, sollte man sich mit den Grundkenntnissen der Fotografie, mit ihren optischen Gesetzen vertraut machen und möglichst die entsprechenden praktischen Erfahrungen dazu haben.
Wer mit Tieren gut umgehen kann und Gefühl für sie hat, wird bessere Fotos nach Hause bringen als Fotografen, denen Tiere suspekt sind. Aber die wichtigste Voraussetzung ist das taucherische Können. Ein Anfänger, der gerade den ersten Tauchkurs hinter sich gebracht hat, weiß theoretisch schon recht viel, aber erst nach einiger Übung werden die Bewegungsabläufe automatisiert. Durch die Praxis lernt man Auftrieb, Abtrieb oder Strömungen rechtzeitig zu bemerken und schnell darauf zu reagieren. Sobald man durch den Sucher einer Kamera sieht, registriert man diese Dinge relativ spät.
Das Fotografieren von beweglichen Objekten erfordert eine hohe Konzentration, die noch mehr von allem ablenkt, was um uns herum vorgeht. Man sinkt zum Grund und bricht dabei möglicherweise Korallen ab, die vielleicht Jahrzehnte zum Wachsen gebraucht haben. Wer die Schönheit der Natur im Foto festhalten möchte, sollte auch bemüht sein, so wenig wie möglich zu zerstören. Deshalb ist es besser, erst mit der Unterwasserfotografie zu beginnen, wenn man genügend Taucherfahrung besitzt. Doch leider überschätzen sich die meisten Menschen, und die Meerestiere sind die Leidtragenden.
Wer sich mit dem Gedanken trägt, eine Unterwasserkamera zu erstehen, sollte sich einige Kenntnisse anlesen, damit er die Ausgabe später nicht bereut. Die relativ teure Spezialausrüstung und die erschwerten Bedingungen in diesem Medium lassen die Kosten pro gelungener Aufnahme enorm in die Höhe schnellen. Aufnahmen, die über Wasser mühelos gelingen, sind unter Wasser oft schwer realisierbar und häufig Ausschuss; jedenfalls bei kritischer Betrachtung. Jeder Mensch hat freilich andere Erwartungen: Ein Perfektionist versucht ständig, die bereits vorhandenen guten Fotos noch besser zu machen, während andere mit ein paar Erinnerungsfotos zufrieden sind. – Nur, lohnt es dann, dafür eine teuere Spezialausrüstung anzuschaffen? Viele Tauchschulen am Urlaubsort vermieten UW-Kameras oder verkaufen Unterwasser-Dias, die fast den gleichen Erinnerungswert besitzen.

Unterwasserkameras

Von unseren Qualitätsansprüchen hängt es ab, für welche Kamera wir uns entscheiden. Es gibt verschiedene Kamerasysteme, mit denen man unter Wasser fotografieren kann:

- Kompaktkameras mit passendem UW-Plastikgehäuse,
- Amphibien-Kompaktkameras (Sea & Sea) und
- Spiegelreflexkameras mit Unterwassergehäuse.

Seit wenigen Jahren sind alle 3 Systeme auch als Digitalkameras erhältlich. Digitale Kameras sind mit einem passiven AF (Autofokus) ausgestat-

tet. Der Bildsensor (CCD-Chip) misst durch das Objektiv den Kontrast, und die Kamera stellt die Entfernung ein. Im Gegensatz zum Infrarot-AF funktioniert die Scharfeinstellung auch unter Wasser.
Die digitale Unterwasserfotografie hat den großen Vorteil, dass man die entstandenen Bilder sofort begutachten kann. Das ist besonders für unerfahrene Fotografen von unschätzbarem Wert; denn so kann man schnell aus seinen Fehlern lernen. Nachteil der digitalen Fotografie ist die Farbabweichung, die erheblich sein kann. Wer Wert auf hochwertige Fotos legt oder sie vermarkten möchte, sollte deshalb mit Geräten arbeiten, die kalibriert werden können. Damit wird die Farbtemperatur justiert. Bei preiswerten und älteren Digitalkameras gibt es noch ein anders Problem: Zwischen dem Auslösen und dem Belichten des CCD-Chips gibt es eine Verzögerung, die sich bei Bewegungsaufnahmen besonders störend auswirkt.
Sobald ein neues Kameramodell auf den Markt kommt, muss immer erst ein passendes Gehäuse entwickelt werden. Doch dank neuer Technologien dauert die Entwicklung nicht mehr so lang wie früher. Die Konstruktion und Herstellung der Gussformen dauerte einige Monate. Heute werden die Gehäuse mit dem Computer berechnet und aus einem vollen Aluminiumblock herausgearbeitet. Das verkürzt die Wartezeit erheblich.
Auch wenn viele Kaufinteressenten gern einen Tipp haben möchten, welche Kamera sich am besten für die Unterwasserfotografie eignet, ist das durch die rassante Entwicklung der Elektronik kaum möglich. Denn was heute hochaktuell ist, kann schon in kurzer Zeit »zum alten Eisen« gehören. Man kann sich nur über aktuelle Berichte in Tauch- und Fotomagazinen informieren und sorgfältig abwägen, welches Produkt man wählt. Aber oft entscheidet der Geldbeutel, mit welcher Kamera man sich zufriedengeben muss.

Kompaktkameras im Plastikgehäuse
Bei dieser »Billigversion« müssen natürlich einige Nachteile in Kauf genommen werden: Das größte Problem ist immer die Ausleuchtung eines Bildes. Durch die Filterwirkung des Wassers geht das Spektrum mit zunehmender Tiefe immer mehr verloren, und schon in 5 m Tiefe wird jedes Foto blau oder grün – je nach Farbe des Wassers. Will man den Lichtverlust mit dem integrierten Blitz ausgleichen, kommt ein neues Problem hinzu: die Schwebeteilchen im Wasser. In Naturgewässern gibt es viel Plankton und andere Schwebeteilchen, die vom Blitz angestrahlt und wie Schneeflocken abgebildet werden. Je näher sich der Blitz am Objektiv befindet, umso stärker »verschneit« das Bild. Dadurch wird das Licht gestreut und der Kontrast geht verloren. Will man diesen unerwünschten Effekt verhindern, muss der Blitz möglichst weit vom Objekt entfernt angebracht sein, damit ein toter (nicht bestrahlter) Winkel entsteht. Die Plastikgehäuse haben aber keine Anschlussmöglichkeit für einen solchen externen TTL(through the lens)-Blitz.
Wegen der eingeschränkten Sicht unter Wasser, kommen bei der UW-Fotografie – außer bei Makroaufnahmen – hauptsächlich Weitwinkelobjektive zum Einsatz. Bei Kompaktkameras kann man aber kein Objektiv wechseln.
Kompaktkameras haben keinen speziellen Sucher, den man mit einer Tauchbrille gut einsehen kann. Der Bildausschnitt muss mit dem LCD-Monitor gewählt werden. Das ist bei Aufnahmen, die man in Ruhe anvisieren kann, ausreichend. Will man aber Fische und andere bewegliche Objekte fotografieren, tut man sich wesent-

lich schwerer als bei einem Blick durch den Sucher einer guten Spiegelreflexkamera. Man braucht viel Routine, um damit Bewegungsaufnahmen zu machen – besonders dann, wenn sich das Objekt nicht linear bewegt.
Von Nikon werden derzeit für 4 Kameramodelle der Coolpix-Serie spezielle Plastikgehäuse angeboten, die für eine Tauchtiefe bis 40 m geeignet sind. Alle Kamerafunktionen können auch unter Wasser bedient werden.

Amphibienkameras
Sie sind speziell für den Einsatz unter Wasser konstruiert. Die Vorteile dieses Systems gegenüber einer Spiegelreflexkamera im Aluminiumgehäuse sind die geringere Größe und das minimale Transportgewicht. Bei neueren Modellen ist die Kamera nicht mehr mit dem Gehäuse verbunden und kann über Wasser als Kompaktkamera eingesetzt werden. Für die UW-Kameras von Sea & Sea gibt es externe TTL-Blitzgeräte. Das Kameramodell DX 5000 G hat eine Blitzsynchronisation von 1/30 bis 1/2000 sek. Das Zoomobjektiv (28–85 mm, 2,5–4,3, 0,3 m–∞) hat zusätzlich eine Makroeinrichtung, die Aufnahmen schon in 10–80 mm Entfernung ermöglichen; je nach gewählter Brennweite. Mit einem Bajonettverschluss kann man auch einen externen Weitwinkelvorsatz (0,6 ×) unter Wasser anbringen. Dieses Modell erlaubt eine Tauchtiefe bis 55 m. Die Auslösereaktion beträgt nur 0,12 sek. Der CCD-Chip hat eine Auflösung von 5,1 MB.
Alle Kamerafunktionen sind unter Wasser bedienbar. Man kann zwischen Blendenautomatik und manuell wählen. Ein digitaler 4-fach-Zoom kommt unter Wasser sicher nur sehr selten zum Einsatz, weil man durch die geringere Anzahl der Pixel (Bildpunkte) Qualitätsverluste in Kauf nehmen muss. Nur wenn man einen kleinen, scheuen Fisch in geringer Entfernung fotografieren möchte, kann das Vorteile haben. Der interne Speicher hat nur 16 MB. Dafür gibt es zusätzlich ein Steckfach für Chip-Karten, die derzeit bis 512 MB speichern können. Den Ausschnitt eines beweglichen Motives zu wählen, ist mit dem LCD-Monitor ebenso schwierig wie bei einer Kompaktkamera.

Spiegelreflexkameras
Sie haben den Vorteil der optischen Schärfenkontrolle und die Möglichkeit, den Bildausschnitt genau zu bestimmen. Der größte Vorteil ist, dass man Objektive jeder Art einsetzen kann: Ob Weitwinkel-, Zoom-, Makro- oder Teleobjektiv, alles ist möglich. Teleobjektive sind wegen der begrenzten Sichtverhältnisse allerdings nur im Nahbereich einsetzbar. Dadurch ist eine Bildgestaltung möglich, die nicht dem Zufall überlassen wird. Der LCD-Monitor kann zum Kontrollieren bereits gemachter Aufnahmen benutzt werden. Das Licht fällt nur auf den Bildsensor, wenn der Spiegel beim Auslösen hochklappt. Er kann deshalb nicht als Sucher eingesetzt werden.
Der AF (Autofokus) einer hochwertigen Spiegelreflexkamera stellt die Entfernung sehr schnell ein, schneller, als es der Fotograf manuell könnte. Das AF-Messsystem ist mit dem Auslöser gekoppelt und verhindert, dass die Kamera auslöst, wenn das anvisierte Objekt noch nicht scharf gestellt ist (Schärfenpriorität). Voraussetzung dafür ist, dass das AF-Messfeld richtig auf das gewünschte Objekt ausgerichtet ist. Diese Aufnahmetechnik hat besonders bei Tieraufnahmen unter ungünstigen Lichtverhältnissen – wie so oft unter Wasser – große Vorteile. Bei wenig Licht muss die Blende weit geöffnet werden, so dass die Schärfentiefe sehr gering wird. Diesen kurzen Bereich bei manueller Einstellung eines bewegten Motivs zu treffen ist nicht leicht.

Subal-Unterwasser-Gehäuse für digitale Spiegelreflexkameras. Es hält einem Wasserdruck bis 80 m Tiefe stand und lässt keine Wünsche offen.

Der AF nimmt uns diese schwierige Arbeit ab. Bei manchen Aufnahmen kann der AF allerdings auch hinderlich sein. Er sollte deshalb unter Wasser abgeschaltet werden können.

Der Einsatz von Makroobjektiven erweitert den Aktionsradius des Fotografen im wahrsten Sinne auf »unendlich«. Das Objektiv fokussiert stufenlos vom Maßstab 1:1 bis unendlich, so dass man z. B. mit einem 50 mm Makroobjektiv einen 2 cm kleinen Krebs fotografieren kann und unmittelbar danach einen Hai. Wer mit dem AF noch keine Erfahrung hat, sollte – bevor er unter Wasser fotografiert – das Auslösen an beweglichen Objekten üben. Besonders bei einem Makroobjektiv mit langer Brennweite ist der Fokussierweg weit, und der AF braucht einige Zeit, bis er scharf gestellt hat; je kleiner das Objekt, desto länger ist die Reaktionszeit. Bei ungünstigen Lichtverhältnissen wird das Auslösen zusätzlich erschwert.

Größter Vorteil einer Spiegelreflexkamera ist das breite Angebot an Wechselobjektiven, die keine Wünsche offen lassen: Makroobjektive sind von 50 bis 200 mm Brennweite zu haben; Weitwinkelobjektive kann man vom Fisheye aufwärts in fast allen Brennweiten kaufen, und bei den Zoomobjektiven kann man seinen Wünschen entsprechend den Bereich wählen, der am universellsten einsetzbar ist.

Wer sich ernsthaft mit der Unterwasserfotografie befassen möchte, tut gut daran, sich für eine Spiegelreflexkamera mit Gehäuse zu entscheiden. Vor dem Kauf sollte man sich bei Gehäuseherstellern erkundigen, welche Gehäuse vorrätig sind und welchen Bedienungskomfort sie bieten. Oft ist für das neueste Kameramodell noch kein Unterwassergehäuse lieferbar. In Tauchmagazinen findet man Testberichte mit nützlichen Informationen, die die Entscheidung erleichtern können. Die Blitzsynchronisation sollte mindestens 1/250 Sekunde sein, sonst muss die Blende bei Gegenlicht oder im hellen Flachwasser zu weit geschlossen werden. Die Bilder sind dann oft unterbelichtet, da die Blitzleistung ab einer bestimmten Entfernung nicht mehr ausreicht.

Je nach Konstruktion und Hersteller gibt es Gehäuse, die unter Wasser gewichtsneutral sind – ein erfahrener Fotograf weiß das zu schätzen! Auch sollte man wissen, welche Bedienungsmöglichkeiten man dann unter Wasser hat. Folgende Funktionen – außer dem Auslöser – sollte man in Erwägung ziehen:

- Autofokus ein/aus,
- Zoomeinstellung,
- Makrolimit (bei manchen AF Makroobjektiven),
- Programmumschaltung,
- ±-Korrektur,
- manuelle Blende und Belichtung.

Das Blitzgerät

Sobald man ins Wasser eintaucht, reduziert sich das Tageslicht beträchtlich, weil ein Großteil des Lichts von der Oberfläche reflektiert wird. Je schräger das Licht auf die Wasseroberfläche trifft, umso mehr Licht wird reflektiert. Die beste Zeit für Tageslichtaufnahmen ist mittags, wenn die Sonne am höchsten steht.
Mit zunehmender Tiefe nimmt die Helligkeit weiter ab, weil Schwebeteilchen das Licht streuen. Es entsteht ein diffuses Licht mit wenig Kontrast. Das Wasser hat außerdem eine starke Filterwirkung, die die Farben in folgender Reihenfolge absorbiert: rot, orange, gelb, grün und blau.
Wenn man ohne Blitzgerät unter Wasser fotografiert, werden die Bilder deshalb blaustichig und kontrastarm. Wegen des geringen Restlichts muss die Blende weit geöffnet werden, sodass die Schärfentiefe besonders im Nahbereich auf ein Minimum reduziert wird. Mit einem Blitzgerät kann man diese Nachteile weitgehend ausgleichen. Heute sind fast nur noch Elektronenblitze mit TTL-Blitztechnik im Einsatz. Sie ermöglichen, dass wir Motive in verschiedenen Entfernungen fotografieren können, ohne dass an Blitz oder Kamera eine Einstellung vorgenommen werden muss. Das hat bei Bewegungsaufnahmen einen großen Vorteil, denn man weiß vorher nie, wie nahe ein Fisch an die Kamera herankommt.
Beim Kauf eines Blitzes darf man kein leistungsschwaches Gerät wählen, weil bei Gegenlichtaufnahmen die Blende weit geschlossen werden muss. Ein Taucher, der etwa 2 m entfernt ist, wird dann so schlecht ausgeleuchtet, dass er nur als Silhouette erscheint. Die besten Erfahrungen machte ich mit Blitzgeräten der Firma Hartenberger. Die Bereitschaft des Gerätes ist so schnell, dass man praktisch gar nicht darauf achten muss.
Fotografieren wir am Tag, sollten wir auch versuchen, das Tageslicht und die eindrucksvollen Unterwasserlandschaften im Bild einzufangen. Mit einer kleinen Blende ist die Schärfentiefe zwar sehr groß, aber das Tageslicht reicht nicht aus, den Film zu belichten. Das Foto wirkt dann wie eine Nachtaufnahme, weil der Hintergrund schwarz wird. Damit man gute Mischlichtaufnahmen erzielt, sollte das Tageslicht etwa 1–2 Blenden unterbelichtet werden, sonst wirkt das Bild zu blass.

Tieraufnahmen

Es gibt viele Tierarten in tropischen Meeren, die uns das Fotografieren leicht machen. Es hat manchmal den Anschein, als wenn sie nichts lieber täten, als Modell zu stehen. Das sind aber fast immer die gleichen Arten: Rotfeuer-, Fledermaus- und die beliebten Anemonenfische, die ihre Anemone nicht verlassen können.
Dann gibt es die ortsgebundenen Arten, die zwar nicht vor uns fliehen, aber sich mit einer Impertinenz von uns abwenden, dass man sich schier die Haare ausreißen könnte, weil man sie nie so bekommt, wie man sie gern hätte. Zu diesen gehört der Strahlenfeuerfisch, von dem man selten ein Foto von vorn oder schräg von vorn zu sehen bekommt. Bei den schnellen Schwimmern, die nur gelegentlich an Riffen vorbeikommen, muss man gleichfalls schnell sein, damit der erste Schuss gleich sitzt, denn eine zweite Gelegenheit gibt es oft nicht.
Viele Unterwasserfotografen machen den Fehler, dass sie auf die Tiere zuschwimmen. Damit erreichen sie genau das Gegenteil von dem, was sie erreichen wollten. Scheue Tiere

schlägt man auf diese Weise nämlich am schnellsten in die Flucht, und die anderen kommen von selbst nahe genug. Also warum auf die Tiere zuschwimmen?

Dann gibt es noch viele Arten, die bei unserer Annäherung Schutz in einer Höhle suchen, wie Barsche, Wächter- und Schläfergrundeln. Barsche sind aber vielerorts angefüttert und deshalb leicht zu fotografieren. Bei den kleinen Arten hilft oft nur viel Geduld. Wer die nicht hat, wird keine guten Fotos nach Hause bringen.

Die schwierigsten Fotoobjekte sind Tiere mit großer Fluchtdistanz. Manchmal kommt dabei der Zufall zu Hilfe. Lange versucht man erfolglos, ein bestimmtes Tier nahe genug vor die Linse zu bekommen. Dann kommt man in ein anderes Gebiet, und die gleiche Art ist in ihrem Verhaltensmuster ganz anders und schwimmt uns vor der Nase herum. Auch jahreszeitlich bedingte Veränderungen wie Paarungsverhalten oder Brutpflege bringt manchmal den lange ersehnten Erfolg.

Aber eine ganz wichtige Voraussetzung ist unser Verhalten. Das Fotografieren von Tieren wird oft als Fotojagd bezeichnet. Genau wie ein Raubfisch seine Beute anvisiert, machen wir das Gleiche mit unserem Fotoobjekt. Das empfindet das Tier verständlicherweise als eine Gefahr und geht uns aus dem Weg. Je länger wir es verfolgen, umso scheuer wird es. Es ist also besser, wenn wir uns dem Tier wie zufällig nähern und es nur gelegentlich aus den Augenwinkeln beobachten. So kommen wir schneller zu brauchbaren Ergebnissen.

Wir sollten uns auch vorher überlegen, aus welchem Aufnahmewinkel wir ein Tier fotografieren wollen. Ein Fisch von der Seite aufgenommen, kann ein gutes Bestimmungsfoto sein, aber auf einen Betrachter langweilig wirken. Ein spektakuläres Foto von vorn dagegen ist als Bestimmungsfoto nicht zu gebrauchen. Jede Art der Fotografie hat ihre Reize, man muss sich nur darüber klar werden, was man möchte.

Wohin mit den Bildern?

Das, was für den konventionellen Fotografen die Filme sind, sind für Digitalfotografen die Speicherchips. Chips sind leichter als Filme und bequemer zu transportieren. Außerdem kann ihnen der Röntgenapparat am Flughafen nichts anhaben.

Wer viel fotografiert, braucht viel Speicherplatz. Man hat aber die Möglichkeit, alle Bilder schon im Urlaub zu begutachten und weniger gute zu löschen; so gewinnt man wieder Platz auf den Speichern. Wem der Transport eines Computers in den Urlaub nicht zu riskant oder zu schwer ist, braucht nur 2 Chips zum Wechseln und kann die gelungenen Aufnahmen mit einem USB-Kabel auf den Computer laden. Eine andere Möglichkeit bietet ein preisgünstiger mobiler Festspeicher von Pearl (7in1 Photobank): Mit ihm kann man ohne PC die Bilder auf CD-Rs brennen. Man braucht nur die Speicher-Chips einschieben und in 2 Minuten hat man 128 MB gespeichert. Die Arbeitsschritte werden auf dem LCD-Display angezeigt. Außerdem kann man das Gerät auch als CD-Player nutzen. An einem PC angeschlossen, arbeitet es als CardReader und als externer CD-Brenner. Das Ganze für 129 Euro.

Fotografen, die sich noch nicht mit der digitalen Fotografie anfreunden können, ersparen sich mit einigen Kenntnissen über das Filmmaterial viel Ärger. Wie überall geht auch hier der Geschmack weit auseinander. Es ist aber ratsam, auf Negativfilme zu verzichten, obwohl einige Fotografen

auch damit Erfolge vorweisen können. Wenn man von einem Negativfilm Bilder machen lässt, korrigiert die Entwicklungsmaschine Fehlbelichtungen und Fehlfarben. Die ungewöhnlichen Lichtverhältnisse unter Wasser erkennt die Maschine als fehlerhaft und korrigiert, auch wenn der Film perfekt belichtet wurde. Das führt meist zu unbefriedigenden Ergebnissen.
Wer sich Enttäuschungen ersparen will, greift deshalb besser gleich zum Diafilm. Jede Firma hat ein eigenes Herstellungsverfahren, das sich auf die Farbwiedergabe auswirkt; Agfa z.B. bevorzugt Pastelltöne, während Fuji eher zum Gegenteil neigt. Diese Unterschiede sind bei Aufnahmen an Land nicht gravierend, aber bei Unterwasseraufnahmen wirkt sich das extremer aus.
Wenn Filme falsch gelagert werden, können sie sich farblich stark verändern, auch der Kontrast kann darunter leiden. Aber nur Wärme schadet den Filmen; kühl gelagertes Filmmaterial kann jahrelang aufbewahrt werden. Im Kühlschrank bleibt die Zeit stehen! Aber achten Sie darauf, dass der Film nicht sofort aus dem Kühlschrank in die Kamera eingelegt wird. Er muss erst der Umgebungstemperatur angepasst sein, damit sich keine Feuchtigkeit niederschlagen kann.

Bevor man in den Urlaub fährt

Bei einer neuen Kamera oder neuem Blitz kann es nicht schaden, Probeaufnahmen zu machen, denn die Angaben der Hersteller stimmen nicht immer mit der Praxis überein. Dazu muss nicht unbedingt ein aufwändiger Tauchgang im Süßwasser gemacht werden, ein Schwimmbecken mit möglichst viel Tageslicht tut es auch. Für Makro- oder Nahaufnahmen genügt schon die Badewanne. Damit das Licht an den weißen Wänden nicht zu stark reflektiert, legt man zweckmäßigerweise die Wanne mit einem Tuch aus, das nicht zu hell und nicht zu dunkel sein sollte. Plastikblumen, Puppen oder anderes farbiges Spielzeug können als Fotoobjekte nützliche Dienste leisten. Die aus diesen Ergebnissen gewonnenen Kenntnisse können sich sehr positiv auf die nächsten Urlaubsfotos auswirken.

Umweltschutz

Wenn man beobachtet, wie die Menschheit mit dem Meer umgeht, könnte man meinen, es handele sich um eine sich selbst regenerierende Müllanlage: Giftstoffe, Säuren, Öle, Plastik und andere Abfälle werden dem Meer überlassen – aus Unwissenheit, Nachlässigkeit oder Egoismus. Es ist bekannt, dass oft nur kleine Eingriffe in der Natur große Folgen auslösen, aber beim Meer scheint man um das ökologische Gleichgewicht kaum Bedenken zu haben. Niemand hat Angst davor, dass es zu einer für uns schädlichen Reaktion kommt, geschweige, dass es zu einer lebensbedrohlichen Situation führen könnte.
Das Meer existiert – gemessen an einem Menschenalter – so unvorstellbar lange, dass es bildlich nicht auszudrücken ist. Und doch ist es den Menschen gelungen, in wenigen Jahren an weiten Strecken der Küstengebiete eine deutlich sichtbare Veränderung

zu verursachen. Seit vielen Jahren warnen Wissenschaftler und Naturbeobachter vor dieser Zerstörung, aber es ändert sich kaum etwas. Man scheint sich gegenseitig in Bauleistungen und dem Fortschritt übertreffen zu wollen, der leider oft Vernichtung bedeutet. Auch wenn die schädlichen Einflüsse nur relativ kleine Gebiete – gemessen an der Größe der Ozeane – verändert haben, wissen wir nicht genau, wo die Belastungsgrenze liegt.

Das größte Problem unserer Zeit, die Überbevölkerung, wird von der Menschheit ignoriert – sie vermehrt sich hemmungslos weiter!

Alle Prognosen über den Bevölkerungszuwachs auf der Erde wurden bei weitem übertroffen. Weder Politiker noch Religionsführer haben offensichtlich ein Interesse, etwas gegen diese – für unsere Nachkommen – bedrohliche Situation zu tun. Durch den steigenden Lebensstandard – besonders in den sogenannten Schwellenländern – steigt die Schadstoffbelastung weiter an, und das Treibhausgas CO_2 erwärmt nicht nur die Erde, sondern auch das Wasser. Schon geringe Veränderungen können verheerende Auswirkungen in dem sensiblen Ökosystem Korallenriff verursachen, wie uns El Niño im Indopazifik vor wenigen Jahren gezeigt hat.

Die Abfallprodukte »menschlicher Zivilisation« gelangen zum Teil durch Niederschlag und Wind in Bäche und Flüsse oder werden direkt in die Gewässer eingeleitet. Außer den natürlichen Stoffen, wie Laub, Sand und Schlamm, kommen jetzt noch giftige Chemikalien, Plastik und Dünger dazu. Tag um Tag, Jahr um Jahr werden so ins Meer ungeheuere Mengen schädlicher Stoffe eingeleitet. Die Gifte werden nicht nur im Meerwasser gespeichert, sondern auch in den Körpern von Tieren. Diese kommen dann als Nahrung auf unseren Tisch und gelangen so in unseren Körper – die Schadstoffe, die wir selbst produziert haben! Noch ist der Giftanteil nicht so groß, dass man in Panik geraten muss, aber die Chemieproduktion läuft unaufhaltsam weiter. Viele Gifte, die wir herstellen, bleiben uns letztlich erhalten, in welcher Form auch immer. Es gibt heute schon Gebiete auf der Erde, in denen Menschen nicht genug Nahrung haben. Je größer die Bevölkerungsdichte wird, umso mehr Gebiete werden davon betroffen. Die Fischbestände der Meere sind deutlich zurückgegangen, und es ist an der Zeit, weniger zu fischen, damit sich die Bestände erholen können und diese Nahrungsquelle erhalten bleibt. In der Praxis sieht es aber so aus, dass die Maschen der Fischernetze verkleinert werden, damit man möglichst so viel fängt wie vorher. Die Bestände gehen dadurch weiter zurück, und die Ernährung der Zukunft wird noch mehr gefährdet.

Auf den Philippinen wird immer noch mit Dynamit gefischt. Die verheerende Wirkung von Sprengstoffen unter Wasser ist bekannt. Nur ein kleiner Teil der getöteten Fische kommt an die Oberfläche, 90% sinken zum Grund! Die Anzahl der getöteten Kleinfische, Larven und Eier ist unvorstellbar groß. Dabei werden auch die Korallen zertrümmert, so dass sich viele Jahre keine Fische ansiedeln können, da Versteckmöglichkeiten fehlen. Auch Steinkorallen wachsen auf dem losen Korallenschutt nicht mehr.

Die Diskrepanz zwischen denen, die die Natur schützen wollen, und denen, die sie rücksichtslos ausbeuten, ist so groß, dass es kaum Verständigungsmöglichkeiten gibt, weil keiner den anderen begreift. Also wenig Hoffnung, dass sich daran etwas ändern wird.

Es ist bewundernswert, mit welcher Hingabe und Liebe viele Aquarianer ihre tropischen Fische und Wirbellosen in Seewasseraquarien pflegen. Sie scheuen weder Kosten noch Mühe, wenn es um das Wohlbefinden ihrer Pfleglinge geht. Geradezu grotesk dagegen sind die Methoden der Einheimischen, die in den tropischen Riffen die Tiere fangen. Nur wenige der gefangenen Fische erreichen lebend und gesund ihren Bestimmungsort. Wenn die Aquarianer wüssten, dass sie mit dem Kauf der Tiere diese brutalen Fangmethoden auch noch finanzieren, würden sicher viele von ihnen darauf verzichten.

Die Fangmethoden variieren sehr stark. Die Fänger betrachten ein zu fangendes Tier nicht etwa wie ein Aquarianer, der mit viel Geduld und Vorsicht den Fisch möglichst unbeschadet in ein Aquarium bringen möchte. Tiere sind lediglich eine Einnahmequelle, für die sie keine Emotionen haben. Entsprechend rücksichtslos geht man mit ihnen um.

Bei dem relativ harmlosen Fang mit Netzen benutzen die Fänger meist viel Blei und treten im Raum um den zu fangenden Fisch auf dem Grund herum, so dass viele Korallen abbrechen. Der in einem Plastikbeutel verpackte Fisch wird dann auf das Boot gebracht und liegt oft in der prallen Sonne; die Wassertemperatur steigt, der Sauerstoff wird knapp! Dazu kommt der Stress des Fangens und bald schon schwimmen die Ersten auf der Seite. Wenn die Fänger erkennen, dass der Fisch für das Aquarium nicht mehr am Leben erhalten werden kann, ist er für sie wertlos. Er fliegt über Bord, manchmal noch im Plastikbeutel, denn Plastik ist billig in der Dritten Welt. Aber selbst wenn ein Fänger sich die Mühe macht und den Fisch ohne Plastikbeutel ins Meer wirft, hat der Fisch kaum eine Überlebenschance.

Aber es gibt noch schlimmere Methoden! Am meisten werden die Riffe durch Gift geschädigt, das zwischen die Korallenstöcke gespritzt wird, damit die Fische ihre Verstecke verlassen müssen. Nur ein sehr kleiner Teil der gefangenen Tiere überlebt. Noch mehr betroffen sind aber die sessilen Lebewesen, etwa Korallen, die nicht aus der Giftwolke fliehen können. Auf diese Weise werden in manchen Ländern (wie Indonesien, Sri Lanka und den Philippinen) große Teile der Riffe zerstört. Das ist sicher nicht im Sinne der Meeresaquarianer. Aber es ist sehr schwer für uns zu verzichten. Verzicht ist aber der einzige Weg, dieses schmutzige Geschäft mit der Natur zu unterbinden.

Es gibt sicher noch viele Themen, die man nicht oft genug erwähnen kann, aber aus Erfahrung wissen wir, dass viel über Umweltschutz geredet, aber viel zu wenig getan wird. Deshalb möchte ich nur noch Punkte anschneiden, auf die Taucher achten könnten, wenn sie das entsprechende Umweltbewusstsein haben.

Leider glauben viele, dass »ihre kleinen Sünden« im Verhältnis zu dem, was heute noch zerstört wird, nicht ins Gewicht fallen würden. Wenn aber jeder so denkt, dann finden die Verursacher großer Schäden auch eine Begründung für ihre Vergehen. Die Summe der vielen kleinen Fehler ist aufgrund der großen Zahl von Tauchern und Schnorchlern letztlich doch eine große Belastung für manche Gebiete.

Wie verhält man sich richtig?

An bestimmten Tauchplätzen, z. B. vor Sinai, kann man in der Umgebung der Einstiegsstellen der Taucher kaum noch eine lebende Koralle finden. Das liegt aber weniger daran, dass Taucher bewusst rücksichtslos mit der Natur umgehen. Die meisten sind eher naturverbundene Menschen, die Tiere in ihrer natürlichen Umgebung beobachten wollen und aus diesem Grund erst Tauchen gelernt haben. Häufig begegnet man Anfängern, die ganz erstaunt sind, wenn sie erfahren, dass Korallen lebende Tiere sind. Es liegt also in erster Linie daran, dass die wenigsten Tauchschulen den Schülern diese wichtigen Kenntnisse vermitteln. Woher soll jemand, der das erste Mal in einem tropischen Meer diese neue Welt sieht, auch wissen, was er da alles vor sich hat.

Es geht hier nicht darum, Schuldige für die Schäden vergangener Zeiten zu finden, sondern Anregungen zu geben, damit künftig dieses herrliche Stück Natur so unverändert wie möglich erhalten bleibt. Welcher Taucher würde nicht gern einen Tauchplatz, den er in guter Erinnerung hat, genauso schön wieder vorfinden, wenn er ihn nach Jahren wiedersieht? Schon unbedeutende Kleinigkeiten können Korallen schädigen.

Fast jeder Taucher wirbelt mit den Flossen Sedimente auf – der eine mehr, der andere weniger. Lebenswichtige Funktionen der Korallenpolypen sind u. a. Nahrung fangen und die Koralle sauber halten. Wenn eine Koralle versandet, muss sie umgehend wieder von den Polypen gereinigt werden. Wenn in bestimmten Gebieten die Belastung groß ist, sind die Polypen mit der Reinigung der Koralle so beschäftigt, dass sie kaum zur Nahrungsaufnahme kommen und die Kolonie abstirbt.

Es gibt natürlich auch eine Staubentwicklung durch Tiere, z. B. Meerbarben bei der Nahrungssuche. Das geschieht aber in so großen Zeitabständen, dass die Korallen dadurch nicht gefährdet werden.

Die wichtigste taucherische Fähigkeit, die wir beherrschen müssen, ist das Tarieren. Man kann zwar in relativ kurzer Zeit einen Tauchkurs absolvieren, aber richtig Tauchen lernt man, genau wie das Autofahren, durch die Praxis. Schüler und Anfänger sollten nicht sofort in einem Korallenriff tauchen, weil sie oft Grundberührung haben und ungewollt Korallen abbrechen. Es wäre wünschenswert, dass Tauchlehrer weniger Ehrgeiz darauf richten, den Anfängern viele Tiere zu zeigen, sondern mehr Wert darauf legen, dass ...

- die Bleigewichte ständig so weit wie möglich reduziert werden,
- die Schwimmlage verbessert wird,
- Schüler sich bei ungewollter Bodenberührung ruhig verhalten und nicht mit den Flossen schlagen,
- Schüler sich richtig vom Grund abheben, ohne Korallen abzubrechen und Sedimente aufzuwirbeln.

Beim Abtauchen nimmt das spezifische Gewicht eines Tauchers durch das Komprimieren der Luft in der Ausrüstung ständig zu. Wer schnell auf Tiefe gehen möchte, empfindet diesen Abtrieb als angenehm. Man muss nur rechtzeitig vor dem Erreichen des Grundes genügend Luft in die Tarierweste bekommen, damit man nicht hart aufsetzt. **Möglichst Grundberührung vermeiden!**

Ein großer Teil der Taucher nimmt mehr Blei als notwendig. Zum Ausgleich muss deshalb mehr Luft in die Tarierweste. Dadurch liegt der Körper nicht flach, sondern die Beine sinken ab. In dieser schrägen Haltung werden eher Korallen abgebrochen und Staub aufgewirbelt. Also: **Möglichst wenig Blei benutzen!**

Bei vielen Gelegenheiten halten sich Taucher unter Wasser fest. Aus Angst vor Verletzungen ziehen sich auch viele noch Schutzhandschuhe an. Damit greift man aber viel unvorsichtiger und fester zu und beschädigt viel mehr. **Gute Taucher brauchen keine Schutzhandschuhe!**

Viele Schnorchler und Taucher, die vom Ufer ins Wasser gehen, laufen im flachen Wasser so weit wie möglich, damit sie nicht so weit schwimmen müssen. Aber auch im Flachwasser tropischer Meere gibt es viele Korallen und andere empfindliche Organismen. **Nicht auf Korallen stellen!**

Viele Hersteller von Schwimmflossen achten mehr auf Design als auf Zweckmäßigkeit. Seit vielen Jahren werden Flossen mit so genannten JET-Düsen hergestellt und verkauft. Die Schlitze haben aber den Nachteil, dass man leichter an Korallen hängen bleibt. Viel besser und auch wirkungsvoller sind glatte Flossen mit Peitscheneffekt. **Keine Flossen mit Schlitzen benutzen!**

Immer wieder kann man einzelne Taucher beobachten, die mit dem Messer in der Hand durch das Riff schwimmen, als wenn sie sich gegen einen Feind verteidigen müssten. Leider wird es aber dazu benützt, Seeigel zu zerschlagen oder Muscheln an Fische zu verfüttern. Das ist ein Eingriff in das ökologische Gleichgewicht der Riffe und genauso schädlich wie das Sammeln von Muscheln und Schnecken. Dazu gehört natürlich auch das Harpunieren. Eigentlich sollte dieses Thema schon lange ausdiskutiert sein, aber es gibt sie immer noch, die Harpunettis. Es ist seit langem bekannt, dass dadurch die Bestände nicht nur dezimiert, sondern alle Fische scheu werden und nicht mehr aus der Nähe beobachtet werden können. Deshalb: **Keine Tiere im Meer töten!** (Angeln schadet kaum.)

Scheinbar ist der Kauf von Muscheln und Schnecken nicht schädlich, da die Tiere bereits tot sind. Man vergisst dabei, dass sie nur wegen der Nachfrage getötet werden. Wenn keiner Muscheln kaufen würde, hätten sie zumindest eine viel größere Überlebenschance.

Noch rücksichtsloser ist das Töten von Wirbeltieren zum gleichen Zweck. Seepferdchen werden gefangen, getrocknet und an Touristen verkauft. Unser egoistisches Bedürfnis, alles besitzen zu wollen, was uns gefällt, wird vielen Lebewesen zum Verhängnis. So auch den Igelfischen, die als Nahrung wertlos sind. Man füllt sie bei lebendigen Leibe mit Sand und trocknet sie. Dann werden sie als Lampenschirme oder als Dekoration verkauft. Korallenfächer mit ihren vielen Polypen werden zum gleichen Zweck getrocknet. Käufer dieser Souvenirs fühlen sich erstaunlicherweise dabei völlig unschuldig!?

Jede Art des Sammelns von Tieren schadet der Natur. Für das Tritonshorn, eine große Meeresschnecke, zahlen Sammler hohe Preise; mit dem Resultat, dass es in vielen Korallenriffen zu einer drastischen Vermehrung der Dornenkrone gekommen ist, da ihr natürlicher Feind, das Tritonshorn, stark dezimiert wurde. Die Dornenkronen fressen Korallenpolypen und töten ganze Riffgebiete ab. In toten Riffen aber können nur sehr wenige Tierarten leben. Am besten: **Keine Souvenirs aus dem Meer kaufen!**

Das Füttern von Tieren im Meer ist sehr populär und wird vielerorts praktiziert. Korallenfische, Muränen und auch Haie werden von Hand gefüttert und viele dadurch zutraulich. Ich muss gestehen, dass ich das früher selbst gemacht habe, weil es damals keine negativen Erfahrungen gegeben hat. Der Nachteil dabei ist, dass viele Taucher dies sehen und animiert werden, derartige Experimente nachzumachen. Es hat dabei schon genügend versehentliche Bisse mit teilweise erheblichen Verletzungen gegeben. In manchen Gebieten sind große Muränen ziemlich aufdringlich und folgen Tauchern mehrere Meter ins Freiwasser. Es ist durchaus denkbar, dass unvorbereitete Taucher erschrecken, falsch reagieren und dann gebissen werden. Aber selbst das Füttern der Korallenfische hat Nachteile: Schwärme unterschiedlicher Arten umkreisen die Taucher oft so dicht, dass man nicht dazukommt, die natürliche Lebensweise der Tiere zu beobachten. Besser: **Keine Tiere im Meer füttern!**

Seit langem fangen Taucher Tiere; sie lassen sich von Schildkröten durchs Wasser ziehen, fangen Kugel- und Igelfische, damit sie sich aufblasen, und halten sich zum Spaß an harmlosen Ammenhaien fest. Tauchzeitschriften sind an dieser Entwicklung nicht unschuldig; derartige Action-Fotos wurden noch bis vor wenigen Jahren veröffentlicht. Für die Tiere ist das aber kein Spaß, sondern eine extreme Stresssituation, denn sie wissen nicht, dass die Taucher keine wirklichen Feinde sind. Durch diesen Stress können Kugel- und Igelfische sterben. Ammenhaie, die von Tauchern berührt werden, reagieren nicht spontan, wenn die Berührung nicht zu heftig ausfällt. Sie kommen aber nie wieder an diesen Platz zurück. In kurzer Zeit kann man interessante Tauchplätze auf diese Weise verderben. **Bitte keine Tiere anfassen!**

Filmen und Fotografieren ist ein sehr schönes Hobby und vermittelt vielen, die nicht selbst die Korallenriffe sehen können, die Vielfalt dieses Lebensraumes. Auf den Bildern kann man aber nicht sehen, wie sie entstanden sind. Leider vergessen viele der Fotografen, dass es außerhalb ihres Kamerasuchers auch noch Tiere gibt; denn sie klammern sich manchmal mit ihren Beinen an Korallenstöcken fest, als wenn sie in einer Turnhalle wären. Rücksichtslos quetschen sie sich, in Neopren gehüllt, in Spalten, die dicht mit Organismen bewachsen sind, damit sie auch bei Strömung in Ruhe ihre Fotos machen können. **Bitte etwas mehr Rücksicht auf Wirbellose nehmen!**

Bei Nachttauchgängen braucht man Licht. Das Angebot an Lampen ist groß. Für Filmaufnahmen benötigt man relativ starke Lampen, damit die volle Farbenpracht der Unterwasserwelt zur Geltung kommt. Diese Lampen werden aber auch oft für Nachttauchgänge verwendet, obwohl keine Notwendigkeit dazu besteht. Die ruhenden oder schlafenden Tiere werden zum Teil geweckt und taumeln schlaftrunken aus ihrem angestammten Schlafplatz, den sie später nicht wiederfinden. Sie sind dadurch mehr gefährdet, weil sie erst am nächsten Tag ihr Versteck aufsuchen können. **10-Watt-Lampen genügen für einen Nachttauchgang!**

Tauchen und Boote sind eine fast untrennbare Einheit. Nur in wenigen Gebieten ist Tauchen ohne Boot möglich. Ankern kann man weitgehend vermeiden, wenn man an Stammplätzen einen »Hafenanker« auf dem Grund befestigt, der mit einer Boje versehen ist, an der das Boot festgemacht werden kann. Während eines Tauchganges kann das Boot auch in der Nähe bleiben, ohne dass der Anker in die empfindlichen Korallen geworfen wird.

Bei Kreuzfahrten kommt noch das Müllproblem dazu. Alle Küchenabfälle werden vom Meer problemlos verarbeitet. Aber Verpackungsmüll und Batterien sind eine starke Belastung; Schildkröten verwechseln oft Plastik mit Quallen und können daran ersticken. Wenn bei der Ausfahrt des Bootes Platz dafür da war, ist es auch zumutbar, dass diese Abfälle wieder mit zurückgenommen werden.

Abends in gemütlicher Runde fliegt so mancher Bierverschluss gedankenlos über Bord. Es gibt aber noch genügend Personen, die nicht nur die Verschlüsse, sondern auch die Bierdosen ins Wasser werfen. **Keine Abfälle ins Meer werfen!**

Das Grundwissen über den Schutz der Meere wird bedauerlicherweise nur von wenigen Tauchschulen und Verbänden an Schüler vermittelt. Es ist aber eine der wichtigsten Aufgaben der Ausbilder, diese Kenntnisse den Schülern weiterzugeben, damit jeder Taucher von Anfang an unbewusste Fehler vermeidet.

Literatur

Allen, Gerald R. & Steene, Roger C.: Reef Fisches of the Indian Ocean. T. F. H. Publications, 1987.

Allen, Gerald R.: Riffbarsche der Welt. Mergus-Verlag, Melle, 1991.

Bone, Q. & Marshall: Biologie der Fische. Gustav Fischer Verlag, Stuttgart und New York, 1985.

Eichler, Dieter: Gefährliche Meerestiere erkennen. BLV Verlagsgesellschaft, München, 2005.

Eichler, Dieter & Lieske, Ewald: Korallenfische, Indischer Ozean. Jahr Verlag, Hamburg, 1994.

Eichler, Dieter & Myers, Robert: Korallenfische, Zentraler Indopazifik. Jahr Verlag, Hamburg, 1997.

Fricke, Hans W.: Korallenmeer. Chr. Belser Verlag, Stuttgart, 1972.

Fricke, Hans W.: Berichte aus dem Riff. R. Piper & Co. Verlag, München und Zürich, 1976.

Göthel, Helmut: Farbatlas Meeresfauna, Fische. Verlag Eugen Ulmer, Stuttgart, 1994.

Grzimeks Tierleben. Bände 1, 3, 5, 7. Kindler Verlag AG, Zürich, 1970.

Klausewitz, Wolfgang: Handbuch der Meeresaquaristik, Seewasserfische. Bände 1, 2 und 3. Engelbert Pfriem Verlag, Wuppertal-Elberfeld, 1978.

Kühlmann, Dietrich: Das lebende Riff. Landbuch-Verlag, Hannover, 1984.

Kuiter, Rudie H.: Tropical Reef Fishes of the Western Pacific. Gramedia, Jakarta, 1992.

Lieske, Ewald & Myers, Robert F.: Korallenfische der Welt. Jahr Verlag, Hamburg 1994.

Lindner, Gert: Muscheln und Schnecken der Weltmeere. BLV Verlagsgesellschaft, München, 1999.

Mebs, D.: Gifttiere. Wissenschaftliche Verlagsgesellschaft mbH, Stuttgart, 1992.

Mioulane, Patrick & Raymond, Sahuquet: Tauchparadiese. BLV Verlagsgesellschaft, München, 1994.

Myers, Robert F.: Micronesian Reef Fishes. Coral Graphics, Guam, 1989.

Randall, John E.: Coastal Fishes of Oman. University of Hawai'i Press, Honululu, 1995.

Randall, John E.: Fishes of the Maledives. Immel Publishing, London, 1992.

Randall, John E.: Red Sea Reef Fishes. Immel Publishing, London, 1983.

Randall, John E.: Sharks of Arabia. Immel Publishing, London, 1983.

Riedl, Rupert: Fauna und Flora des Mittelmeeres. Verlag Paul Parey, Hamburg und Berlin 1983.

Schmid, Peter & Paschke, Dietmar: Unterwasserführer Rotes Meer. Band 1, Niedere Tiere. Verlag Stephanie Nagelschmid, Stuttgart, 1987.

Schumacher, Helmut: Korallenriffe. BLV Verlagsgesellschaft, München, 1991.

Schumacher, Helmut & Hinterkircher, Johann: Niedere Meerestiere. BLV Verlagsgesellschaft, München, 1996.

Steene, Roger C.: Falter- und Kaiserfische. 2 Bände. Mergus Verlag, Hans A. Baensch, Melle, 1977/79.

Stevens, John, D.: Haie. Jahr-Verlag, Hamburg, 1987.

Tardent, Pierre: Meeresbiologie. Georg Thieme Verlag, Stuttgart, 1979.

Tresher, R. E.: Reproduction of Reef Fishes. TFH Publ. Neptune City, New York, 1984.

Vine, Peter: Red Sea Invertebrates. Immel Publishing, London, 1986.

Wheeler, Alwyne: Das große Buch der Fische. Verlag Eugen Ulmer, Stuttgart, 1977.

Fachwortverzeichnis

Ambulakralsystem flüssigkeitsgefülltes Röhrensystem der Stachelhäuter
Benthos auf dem Boden von Gewässern lebende Tiere oder Pflanzen
Ciguatera Vergiftung durch Ciguatoxin, das in einzelligen Algen (Dinoflagellaten) vorkommt, die von Vegetariern gefressen werden. Die größte Konzentration befindet sich in Raubfischen, die am Schluss der Nahrungskette stehen
Cilien (biol.) Flimmerhaare, die in eine Richtung schlagen
Cirren tentakelartige Körperanhänge von Tieren mit Bewegungsfunktion
Cuvier'sche Schläuche drüsige Anhangsgebilde im Enddarm verschiedener Seegurkenarten
Detritus zerfallene Gewebsteile von Tieren und Pflanzen
endemisch Verbreitung auf ein bestimmtes Gebiet beschränkt
Hermaphrodismus siehe Zwitter
hermatypisch riffbildend
Klasper zapfenartige Gebilde an der Afterflosse männlicher Haie, von denen einer bei der Kopulation in die Kloake des Weibchens eingeführt wird
Klebekapseln kleine Bläschen der Nesseltiere, die bei Berührung platzen und einen klebrigen Faden ausschleudern, der Beutetiere festhält
Kloake Afteröffnung, in die auch das Geschlechtsorgan mündet
Larven Jugendstadien von Tieren, die meist der Gestalt der erwachsenen Tiere nicht gleichen; die Ausbildung der Organe kann unvollständig sein
Medusen Quallen; eine pelagische Generation, die sich geschlechtlich fortpflanzt
Nekton im Wasser lebende Tiere, die sich gegen die Wasserbewegung vorwärts bewegen können
Nesselkapseln kleine Bläschen der Nesseltiere, die bei Berührung platzen und einen Schlauch (zur Verteidigung oder zum Beutefang) einem Lebewesen in die Haut injizieren, durch den das Nesselgift fließt
Operculum 1. Deckel zum Verschließen von Schneckengehäusen, 2. Kiemendeckel der Fische
ovipar Eier legend; vor der Befruchtung oder in einem frühen Entwicklungsstadium
ovovivipar Eier legend; die Embryonen sind bei der Eiablage schon entwickelt und schlüpfbereit
pelagisch im Freiwasser lebend
Phytoplankton pflanzliches Plankton
Polyp 1. festsitzendes Hohltier mit sackförmigem Körper und einer Mundöffnung, die von Tentakeln umgeben ist, 2. volkstümliche Bezeichnung für Kraken
rezent gegenwärtig lebend
Sedimente Stoffe, die sich am Boden eines Gewässers ablagern
sessil festsitzend
solitär einzeln lebend
Spermatophore kompliziertes Gebilde von zusammengeklebten Samenzellen
Tetrodotoxin starkes Gift der Kugelfische, das sich in den inneren Organen und der Haut befindet
vagil frei beweglich
vivipar lebendgebärend
Weidegänger Tiere, die den pflanzlichen oder tierischen Bewuchs vom Untergrund abweiden
Zooplankton tierisches Plankton
Zooxanthellen Algen, die in Geweben von Tieren eingebettet sind und mit diesen in Symbiose leben
Zwitter zweigeschlechtliche Lebewesen, die sowohl Samenzellen als auch Eizellen hervorbringen; entweder im gleichen Lebensstadium oder hintereinander durch Geschlechtsumwandlung (bei Fischen sehr häufig)

Register

Eine kleine Auswahl aus unserem großen Programm

Michael Lohmann
Der BLV Tierführer für unterwegs
Details erkennen – sicher bestimmen: Säugetiere, Vögel, Reptilien, Amphibien, Insekten und andere in naturgetreuen Zeichnungen; Kennzeichen, Vorkommen, Lebensweise und interessante Fakten.
ISBN 978-3-8354-0054-2

Thomas Schauer/Claus Caspari
Der BLV Taschenführer Pflanzen
Besonders handlich – ideal für unterwegs: über 350 Pflanzen – Gräser, Bäume und Sträucher, detailgenaue Zeichnungen für zweifelsfreies Bestimmen, zuverlässiger Farbcode für schnellen Zugriff.
ISBN 978-3-8354-0139-6

Mario Ludwig/Friedrich Kögel
Die Erde – Rätsel, Fakten und Rekorde
Lesevergnügen rund um die Erde: Rekorde und Superlative, Fakten und Irrtümer, Staunenswertes und spannende Storys; mit heiteren Illustrationen von Jan Gulbransson.
ISBN 978-3-8354-0141-9

Der Tier- und Pflanzenführer für unterwegs
Das kompakte Bestimmungsbuch mit 900 Tier- und Pflanzenarten und 1350 Farbfotos – ideal für unterwegs; mit bis zu 5 Fotos pro Art und Sonderteilen, die das Bestimmen zusätzlich erleichtern.
ISBN 978-3-8354-0019-1

Die zuverlässigen Berater

BLV Bücher bieten mehr:

- mehr Wissen
- mehr Erfahrung
- mehr Innovation
- mehr Praxisnutzen
- mehr Qualität

Denn 60 Jahre Ratgeberkompetenz sind nicht zu schlagen!

Unser Buchprogramm umfasst über 750 Titel zu den Themen **Garten · Natur · Heimtiere · Jagd · Angeln · Sport · Golf · Reiten · Alpinismus · Fitness · Gesundheit · Kochen.** Ausführliche Informationen erhalten Sie unter **www.blv.de**

BLV Buchverlag GmbH & Co. KG
Lothstraße 19 · 80797 München
Postfach 40 02 20 · 80702 München
Telefon 089/12 02 12-0 · Fax -121
E-mail: blv.verlag@blv.de

MEHR ERLESEN!